本书由四川师范大学影视与传媒学院资助出版

西方电视
受众理论研究

唐忠敏 著

中国社会科学出版社

图书在版编目(CIP)数据

西方电视受众理论研究/唐忠敏著. —北京：中国社会科学出版社，2023.8

ISBN 978-7-5227-2273-3

Ⅰ.①西… Ⅱ.①唐… Ⅲ.①电视—受众—研究—西方国家 Ⅳ.①G223

中国国家版本馆 CIP 数据核字(2023)第 133802 号

出 版 人	赵剑英
责任编辑	张　玥
责任校对	周　昊
责任印制	戴　宽

出　　版	中国社会科学出版社
社　　址	北京鼓楼西大街甲 158 号
邮　　编	100720
网　　址	http://www.csspw.cn
发 行 部	010-84083685
门 市 部	010-84029450
经　　销	新华书店及其他书店
印刷装订	三河市华骏印务包装有限公司
版　　次	2023 年 8 月第 1 版
印　　次	2023 年 8 月第 1 次印刷
开　　本	710×1000　1/16
印　　张	16.5
插　　页	2
字　　数	223 千字
定　　价	89.00 元

凡购买中国社会科学出版社图书，如有质量问题请与本社营销中心联系调换
电话：010-84083683
版权所有　侵权必究

目 录

绪 论 …………………………………………………………（1）
 一 相关研究情况概述 …………………………………（2）
 二 关于本书研究方法、内容的说明 …………………（11）

第一章 电视崛起：受众的狂喜与焦虑 ……………………（15）
 第一节 电视受众研究的背景 …………………………（17）
  一 社会背景 ………………………………………（17）
  二 学术背景 ………………………………………（24）
 第二节 电视走进家庭的中心：重塑受众的认知、
    态度与行为 ……………………………………（29）
  一 "瞭望世界的窗口"抑或"带毒的插座" ………（30）
  二 电视中的象征性暴力与受众的暴力行为 ……（34）
  三 电视传播的中介变量与受众群体的复杂性 …（40）
 第三节 美好的电视网：受众在观看中实现暂时的
    心理解放 ………………………………………（45）
  一 看电视有助于满足受众的某些获益性期待 …（46）
  二 受众难以躲避特定电视内容的影响 …………（51）
  三 电视受众的使用与满足之间的关系不可预测 …（53）

第二章 多频道切换：开放的电视文本与受众的意义再生产 …… (61)

第一节 电视文本的结构化编码与受众的策略性解码 ……… (63)
一 电视话语的编码与解码之间存在结构性差异 ………… (63)
二 "接合"编码、符码与意识形态规范：电视受众的
策略性解码 …………………………………………… (69)
三 受众的阶级差异性与电视解码的多义性 …………… (73)

第二节 作为多重话语主体的电视受众 …………………… (77)
一 作为社会个体的电视受众及其与多重文本之
互动过程 ……………………………………………… (78)
二 家庭权力关系影响受众的电视观看行为 …………… (82)
三 "文化丛"中的电视受众及其意义生产 …………… (84)

第三节 电视的"语符民主"与受众的微观抵抗 …………… (93)
一 电视受众之作为社会主体和文本主体 ……………… (94)
二 电视的文本间性与受众的快感生产 ………………… (98)
三 电视的"符号民主"与受众的微观抵抗 …………… (101)

第四节 女性受众的"他者化"表征及其愉悦机制 ………… (107)
一 女性作为特殊的电视受众群体 ……………………… (108)
二 女性形象的"他者化"表征 ………………………… (110)
三 女性受众的愉悦机制：情感共鸣与叙述乐趣 ……… (113)
四 男性权威下女性电视受众的性别意识 ……………… (116)

第三章 数字电视：粉丝的"心灵社交"、盗猎和展演 ……… (123)

第一节 电视粉丝的身份认同与"心灵社交" …………… (126)
一 电视荧幕与粉丝的"准社交互动" ………………… (127)
二 "准社交互动"：社会交往方式的补偿抑或补充 … (131)
三 身份认同：多重自我的"心灵社交" ……………… (134)
四 从"虚拟偶遇"走向现实互动 ……………………… (138)

第二节　电视粉丝的游牧、盗猎与文化参与 …………… (141)
　　一　粉丝的文本体验与文化体验 …………………………… (141)
　　二　盗猎和游牧：电视粉丝的集体智慧和文化参与 ……… (145)
　　三　以浸入式诠释研究重塑粉丝社群的群体身份 ………… (148)

第三节　电视粉丝的展演、想象及其文化景观 ………………… (152)
　　一　从社会身份再建构的视角反思受众研究范式 ………… (153)
　　二　"景观/展演"范式：自恋、想象力与媒介奇观 ………… (156)
　　三　全球化媒介景观与粉丝身份的自我建构和
　　　　群体建构 …………………………………………………… (165)

第四章　过去与未来：受众之作为视听消费市场中的商品 …… (168)
第一节　受众商品论：电视产业发展与受众的"时间市场" …… (169)
　　一　视听产业与受众的"时间市场" ………………………… (170)
　　二　"经济决定论"抑或"意识形态决定论" ………………… (174)
　　三　电视产业发展、电视研究与公共利益 ………………… (177)

第二节　受众分级论：电视传播系统中的高质量受众与
　　　　　　样本受众 ………………………………………………… (182)
　　一　争夺高质量受众是电视产业革命的制胜砝码 ………… (183)
　　二　样本受众是电视产业发展的核心要素 ………………… (187)
　　三　在媒介传播的系统语境中进行电视受众批判研究 …… (192)

第三节　受众注意力："混合模型"与电视
　　　　　　受众的"观念市场" ……………………………………… (194)
　　一　电视受众的"继承效应"、文化亲近性与行为偏好 …… (196)
　　二　"混合模型"：数字媒介环境下受众研究的综合视角 … (199)
　　三　注意力市场与媒体测量的新机制 ……………………… (202)
　　四　作为隐喻的"观念市场"与受众的两极分化 ………… (204)

结语　当代西方电视受众研究的学术传统、发展前景与启示 …… （209）
　　一　电视受众观念的学术传统与超学科发展前景 ………… （209）
　　二　当代西方电视受众观念研究对中国媒介受众
　　　　研究的启示 ……………………………………………… （217）

参考文献 ………………………………………………………… （222）

后　　记 ………………………………………………………… （256）

绪　论

　　受众（audience）指的是一对多的传播活动的对象或受传者，会场的听众，戏剧表演、体育比赛的观众，报纸刊物的读者，广播电视的收视者，网络媒体的用户，都属于受众的范畴。[①] 受众的雏形诞生于两千多年以前，而电视受众的产生则是随着电视传播的出现而产生的。1945 年以后，西方发达国家的电视机构开始面向社会播放电视节目，电视产业取得了快速发展，电视受众群也在这段时期逐渐形成。在电视传播活动中，受众与电视媒介构成了相互依存又相互冲突的两极关系，也形成了当代信息传播的独特景观。

　　电视受众进入学术研究的视野主要有两个方面的原因：一是电视传播对受众的影响已经引起整个社会的高度关注；二是电视管理机构和传媒公司的业务发展对收视规模、信息到达率、受众消费力等信息的迫切需求。由此产生了两种关于电视受众的研究倾向：理论研究和应用研究。理论研究主要是在大学或研究所里开展，研究内容包括验证和解释电视媒介对受众的影响、受众如何观看电视、受众对电视内容的解读、电视媒介与受众的关系等。应用研究主要是由电视媒介管理机构、传媒公司或视听调查机构主持，大多针对电视节目收视率、受众人数、受众比例、受众喜好等信息进行调查和评估。应用研究可

[①] 参见郭庆光《传播学教程》，中国人民大学出版社 2011 年版，第 150 页。

为管理决策和行业实践提供支持,也可为理论研究提供参考。但有些应用研究纯属商业行为,其调查数据与分析结果往往不会对外公布。理论研究则不同,多种向度的研究视角展现出多样化的受众形态。同时,电视受众研究也会随着电视媒介技术、产业革命、内容制作机制等因素的影响而有新的发展。有鉴于此,本书试图将电视媒介演进与受众观念变迁相结合,从整合视角深入地探讨西方电视受众观念的演变与发展,旨在对数字时代的媒介受众研究有所裨益。

一 相关研究情况概述

从发展历程来看,电视受众研究大约兴起于1948年以后[①],在20世纪五六十年代得到逐步积累,在70年代以后走向繁荣发展。国内外相关研究成果较为庞杂,大多散见于大众传播研究、媒介文化研究等领域的论著当中。这些理论洞见为我们展现了受众研究的不同传统与研究方法。

(一)国外相关研究情况概述

在当代西方受众研究领域,将电视媒介演进与受众观念变迁相结合进行深入研究的成果不多,相关论述散见于罗杰·迪金森等人编著的《受众研究读本》(2006)、罗杰·西尔弗斯通的《电视与日常生活》(2004)、索尼娅·利文斯通的《理解电视:受众解读的心理学》

---

① 目前尚未发现关于西方电视受众研究兴起的具体日期的相关记载,但通过一些文献的梳理,可以作出合理的推断。西方电视事业发展较早、较快的是美国,因此本文将美国的相关研究看作是西方电视受众研究兴起的标志。加里·R. 埃杰顿在《美国电视史》一书中记载:"1934年12月,美国市场研究公司对东海岸和中西部的消费者意向进行了为期一个月的广泛调查,以正确估计公众的电视意识及其对采纳这种新技术的兴趣。"(第38—39页)彼时,美国商业电视事业还处于萌芽状态,绝大多数受众对电视这门技术还不太了解,也没有接触过电视,因此此次调查不是真正意义上的电视受众调查研究。美国媒体史学家道格拉斯·戈梅里(Douglas Gomery)认为电视受众群是在20世纪40年代末形成的,埃杰顿则认为美国电视受众群的形成跟1948年电视从地方性媒体转化为地区性媒体有很大关系。因此,结合二人的观点,我们认为西方电视受众研究的广泛兴起应该是在1948年以后。参见[美]加里·R. 埃杰顿《美国电视史》,李银波译,中国人民大学出版社2012年版,第56页。

(2006)、约翰·塔洛克的《电视受众研究：文化理论与方法》(2010)、尼克·史蒂文森的《认识媒介文化》(2001)、奥利费·博伊德·巴雷特等人的《媒介研究的进路》(2004)、理查德·布茨的《美国受众成长记》(2007)、丹尼斯·麦奎尔的《受众分析》(2006)、弗吉尼亚·奈廷格尔（Virginia Nightingale）等人的《媒介与受众》(2007)以及玛丽·凯利（Mary Kelly）的论文《电视受众》(*The Television Audience*: *A Research Review*, 1991)等论著中。此外，罗伯特·艾伦（Robert C. Allen）的《重组话语频道：电视与当代批评理论》(2008)、利萨·泰勒（Taylor, L.）等人的《媒介研究：文本、机构与受众》(2005)等著作也对西方电视受众理论有所提及，但较为简略。以下将对这些研究成果进行概述分析。

一是对电视媒介与受众的关系进行理论思考。《受众研究读本》以媒介与受众的关系为主线，将受众理论分为"社会、大众与公众"、"个人、影响与效应"和"文化、社群与家庭"三个部分。该书由二十四篇文章组成，展现了电视受众观念的诸多研究传统，试图"平衡展示欧美受众研究传统，并通过带有欧洲批判视野的学术评论揭示其内在联系与冲突"[①]。该书收录的文献大多选自20世纪80年代，彼时有关电视粉丝、电视受众商品论方面的研究已经盛行，但相关理论成果却没有被收录其中。由于这样的剪裁取舍，该书成了特定历史时期一部分媒介受众研究成果的汇编，而这些孤零零的文本也很难让我们窥探出彼时电视受众观念产生的历史语境以及演进逻辑。

在《电视与日常生活》中，罗杰·西尔弗斯通将电视受众研究一分为二：以电视作为传播中介的媒介作用理论和以受众为核心的接收理论。在作者看来，媒介作用理论包括四个层次，"前三个层次以技术、意识形态和文化的媒介作用为基础，趋向于分析电视对观众的长

---

① ［英］罗杰·迪金森等：《受众研究读本》，单波译，华夏出版社2006年版，译者序。

期影响和基本影响。第四个层次注意到了媒介作用在文本中的关键时刻，它的时间性与前三者不同，由此引申出了媒介与它的观众之间更为复杂的联系"①。这四个层次实际上包含了四个方面的研究内容：麦克卢汉关于电视技术与受众的关系的研究，斯图亚特·霍尔、戴维·莫利等人关于受众如何解读电视文本的意识形态属性的研究，乔治·伯格纳的电视受众涵化研究（即"培养分析"），以及索尼娅·利文斯通的电视受众心理研究。以受众为核心的接收理论，主要论述的是伊莱休·卡茨等人开展的电视受众的"使用与满足"研究。罗杰·西尔弗斯通探讨了作为"个体的、社会的和文化实体"的受众与电视媒介之间的关系，厘清了相关研究路径在方法论上的差异。由于罗杰·西尔弗斯通重在阐述电视在日常生活中对受众的影响，因此，也将麦克卢汉、沃尔特·翁等人对电视技术的讨论纳入了电视受众研究的范畴。实际上，马歇尔·麦克卢汉等人对电视的研究重在分析其作为传播技术的性质，电视受众并非他们的主要研究对象。同时，以媒介作用理论和接收理论来概括所有电视受众理论的研究方法，难以充分体现出各类理论之间的细微差异。此外，《电视与日常生活》也没有将电视粉丝、电视受众的商品属性等内容纳入研究范畴。

二是关于电视受众形态的研究。玛丽·凯利（Mary Kelly）的论文《电视观众：研究综述》对90年代以前的电视受众研究进行了综述，将电视受众分为消费者、公众和文化演员（Cultural Actors）②。这样的分类比较简洁，但难以体现出每种受众类型的内部差异。利文斯通的《理解电视：受众解读的心理学》梳理了电视受众研究与社会心理学之间关系的变迁，对相关的研究成果进行了选择性评论，同时从心理学的视角分析了受

---

① [英]罗杰·西尔弗斯通：《电视与日常生活》，陶庆梅译，江苏人民出版社2004年版，第199页。

② Mary Kelly, "The Television Audience: A Research Review", *Irish Communication Review*, Vol. 1, Article 2, 1991.

众形态的相关问题。尽管利文斯通对电视受众研究历程的梳理和评价有着深刻的见解,但她笔下的内容仍然只是西方电视受众观念的一个部分。

在约翰·塔洛克和尼克·史蒂文森的著作中,他们对20世纪70年代以后的电视受众阐释研究、女性主义电视受众研究、电视粉丝研究等理论进行了梳理和评价。约翰·塔洛克将自己作为电视受众的个人经历,以及追求理论反思的学术志向,一并投射到电视受众理论研究当中。这一方面促使他对解码研究、民族志受众研究以及粉丝研究进行反思,另一方面也部分地损害了他对同时期其他电视受众理论的关注。尼克·史蒂文森对各种流行的电视受众观念进行了分析,尤其是对戴维·莫利、约翰·费斯克和洪美恩的电视受众研究提出了质疑。尽管史蒂文森并没有将电视受众研究中所有的批判观点纳入论述的范围,但他抓住了问题的关键,即电视受众的文本阐释行为与其所处的社会语境和意识形态环境都具有密切关系。

三是对受众观念的理论类型与范式变迁的研究。在文章《受众研究的五种传统》中,詹森和罗森格伦依据方法论和研究范式的不同将受众理论分为五大类:效果研究、使用与满足研究、文学批评、文化研究和接受分析。他们认为,效果研究和使用与满足研究依靠社会科学的研究方法,文学批评和文化研究依靠人文科学的方法,而接受分析则使用了上述两种方法。在参考和借鉴上述五种分类的基础之上,丹尼斯·麦奎尔在著作《受众分析》中将受众研究划分为三种研究传统:"结构性""行为性"和"文化性"受众研究。结构性受众研究涉及描述受众构成、统计数据和阐释社会关系;行为性受众研究解释并预测受众的选择、反应和效果;文化性受众研究理解所接受内容的意义及其在语境中的运用。[1] 阿伯克隆比和朗豪斯特在《受众:一种展演

---

[1] 参见[英]丹尼斯·麦奎尔《受众分析》,刘燕南等译,中国人民大学出版社2006年版,第30页。

与想象的社会学理论》(Audiences: A Sociological Theory of Performance and Imagination)中提出了"行为范式""收编/抗拒范式""景观/展演范式"三种受众研究范式。行为范式讨论社会语境中的个体受众，包括效果研究和使用满足研究；收编/抵抗范式关注由社会因素（如阶级、性别、种族等）建构的受众，包括霍尔和莫利的受众研究以及粉丝研究；景观/展演范式探讨由社会（特别是媒介奇观和自恋行为）建构和重构的受众。该书重点论述了景观/表演范式的理论框架，并阐述了受众在身份认同、建构与再建构方面的心理机制问题，但对电视文本、性别权力以及相关的意识形态问题却少有论述。

另外，尼古拉斯·阿伯克龙比的《电视与社会》、弗吉尼亚·奈廷格尔的《媒介与受众》、奥利费·博伊德·巴雷特等人的《媒介研究的进路》、理查德·布茨的《美国受众成长记》、罗伯特·艾伦的《重组话语频道：电视与当代批评理论》、利萨·泰勒等人的《媒介研究：文本、机构与受众》等著作，虽对西方电视受众理论进行了概括、分类或分析，但它们在理论深度和广度方面仍然较为薄弱。限于篇幅，本文不再一一具体分析。总体来看，尽管国外学者较少直接以电视媒介演进与受众观念变迁为研究对象，也较少考虑电视媒介发展与电视受众观念变迁之间的联系、特殊的主导意识形态、媒介环境变迁等问题，但这些研究成果依然可为本书的研究工作提供重要的参考。

（二）国内相关研究情况概述

我国的电视受众调查是从1986年中央电视台实行收视率统计开始的。20世纪80年代末90年代初，广播电影电视部（今为国家广播电视总局）陆续开展了多次大型受众调查，如1988年的农村广播电视受众调查与分析、1990年的电视受众对亚运会的态度调查等。1995年，中央电视台开始实行按收视率高低来安排日常节目的播出时段，收视率分析也因此正式进入学界和业界的视野。此后，收视率调查与分析成为衡量电视受众规模、节目发展水平等的重要指标。从中可以发现，中国的电视受众研究一开始是偏向于将行政管理取向和商业应用取向相结合的路径。

随着移动互联网络技术和电视制播技术的高速发展，传统电视逐步与数字电视（如 SDTV、HDTV、互动电视等）、网络媒体（如网站、博客、IPTV 等）、移动媒体（如微博、社交媒体公众号、移动客户端 App 等）等融合发展。在传统的调查与统计的基础上，电视受众研究增加了云计算、大数据分析、用户预测等方法。在过去 30 多年的电视受众研究历程中，中国学术界在收视率调查与分析方面取得了很多成果，但在理论研究方面还稍显薄弱。在媒介融合时代，电视受众理论研究有了一定的新进展，但也存在着对受众形态理解不够细致、不够全面等问题。比如，受技术决定论的影响，国内学界出现了有关受众地位已发生根本性转变的论述，"电视与受众传受合一""从电视受众转变为电视用户""电视受众转变为生产型受众"等声音不绝于耳。从电视崛起到如今电视与数字媒体相融合，电视媒介与受众的关系确实在不断变化，但这些变化是否带来了受众地位的根本性转变，电视机构和主导意识形态对受众的引导是否随着媒介融合而全然消失等问题仍然值得探讨。电视受众观念的生成有着复杂的原因，在媒介环境、社会语境和学术场域中整体地考察电视受众观念的内涵及其演变、发掘和反思其历史经验是完全有必要的。

具体而言，国内学者对当代西方受众观念的研究是自 20 世纪 90 年代兴起的。这些研究大致围绕以下几个方面展开：一是当前西方受众研究的主要内容和发展历程，包括探讨受众理论研究的兴起和发展框架。如徐贲的《影视观众理论和大众文化批评》（1996）从文化批评的角度探讨了影视文化、观众和社会变革之间的关系。单波的《评西方受众理论》（2002）认为，传播者和受众是同一传播活动中的两个主体；提出从"主体间性"的视角重构受众观念。在《"新受众研究"的学术史坐标以及受众理论的多维视野》（2013）中，曹书乐和何威从传播理论史的视角对"新受众研究"产生的理论渊源和研究方法进行了分析，并对欧美学界的受众观念进行了审视、批判与反思。隋岩的《受众观的历史演变与跨学科研究》（2015）对西方受众观念的演变进行了梳理和论述，提出了在群体传播时代开展受众研究的跨学科方法。上述研究成果大都主要强调受众观念的发展历程和理论价值，但专门针对电视受众观念的论述较少。

二是受众研究的范式问题，包括探讨受众理论的范式类型和范式转换。臧海群和张晨阳的《受众学说：多维学术视野的观照与启迪》（2008）是目前国内在西方受众理论研究方面较为详细的著作。该书从多种学科视角将受众理论分为四个部分：认知、态度与行为的经验研究，公众、文化工业与公共领域的理论，市场、商品与意义生产者的学说，审美经验和文化研究中的"阅听人"。在回顾和梳理了受众观念的发展历程和主要内容的基础上，作者提出了建立跨学科研究的受众学的理论发展前景。该书所论述的受众理论其实大部分跟电视有关，这是电视发展的历史过程以及电视在媒介世界中曾经占据主导地位所使然。但遗憾的是，上述分类方式对各种研究视角之间的分歧与联系的研究不太充分，如作为意义生产者的受众和审美经验的"阅听人"，以及作为市场的受众和作为商品的受众。这些分歧与联系恰恰是电视受众理论研究应该重点讨论的问题。此外，由于严格重视按照西方传播学派的受众研究成果来分类，导致该书忽略了一些非常重要的学者，如艾琳·米汉、尼古拉斯·阿伯克龙比、詹姆斯·韦伯斯特等。

又如，殷乐的《媒介融合环境下欧美受众研究的范式转换》（2010）以身份建构和媒介文化为主线，分析了欧美传播学界具有重要影响力的受众研究范式，反思了它们的理论适用性和局限性。金玉萍的《身份认同与技术转向：新受众研究的发展态势》（2011）以"新受众研究"的发展趋势为研究内容，探讨了身份认同与技术转向如何推动新受众研究的范式转型。这二位学者的分析留给我们很多启发，可以从侧面帮助我们更好地理解受众研究的范式转换问题，但缺少对电视受众观念的研究范式问题的详细论述。

三是对受众理论进行分类研究，包括对电视受众影响研究、伯明翰学派的受众理论、电视粉丝文化、女性主义受众理论等问题的探讨。有学者对电视受众的被动影响和主动使用方面的研究进行了深入的讨论。周葆华的《效果研究：人类传受观念与行为的变迁》（2008）一书以"受众观变迁"为视角对美国的大众传播效果研究进行了分析。书中涉及不少电视受众理论的研究成果，可惜都散落于字里行间，没有形成专门的论述。周莉的《电视观看与受众认知培养：关于涵化研究的后设分析》（2009）对有关涵化研究的理论发展、方法变迁以及模式转变进行了论述，可惜这部分内容不是该书的重点，所以论述也较为简要。潘玲娟的《电视暴力研究：理论与现象之解读》对电视暴力研究及其研究取向的更迭进行了简要的分析。易前良的《美国"电视研究"的学术源流》（2010）也对英美关于未成年受众使用电视的研究进行了探讨。此外，还有蔡骐等人的论文也对这类西方电视受众理论多有提及，限于篇幅，不再一一列举。

有学者从批判视角审视了当代电视受众研究。汪振城的《当代西方电视批评理论》一书用了两章的篇幅分析了电视受众反应批评和女性主义电视受众批评。虽然这两章内容也包含着精妙的见解，但作者并没有涉及其他电视受众理论。石义彬的《单向度、超真实、内爆：批判视野中的当代西方传播思想研究》从批判研究的视角对斯图亚特·霍尔的编码/解码理论、女性主义受众批判和达拉斯·斯麦兹的受众商品论进行了详细的介绍和阐述。冯建三的《传媒公共性与市场》也对达拉斯·斯麦兹的受众商品论进行了深度剖析。这些著作为本书在相关部分的论述提供了很大的帮助。

还有学者关注了电视受众的阐释行为以及受众的身份认同与建构。位迎苏的《伯明翰学派的受众理论研究》将伯明翰学派的受众观念归结为被动性解读、倾向性解读、多样性解读和抵抗性解读四种模式，并且探讨了这些受众观念的特征、建设性、局限性与发展前景。王卓慧的《伯明翰学派的电视观》、章辉的《伯明翰学派与媒介文化研究》、和磊的《伯明翰学派：文化研究的源流与方法》以及陶东风的《粉丝文化读本》，都对霍尔、莫利和费斯克的电视受众理论进行了细致研究，具有重要的理论参考价值。此外，陆道夫的《文本/受众/体验：约翰·费斯克媒介文化研究》以约翰·费斯克的受众研究为核心，全面梳理和阐释了费斯克关于电视文化在文本、受众、体验等三个层面上的理论主张。金惠敏的《积极受众论》从哲学角度探讨了斯图亚特·霍尔和戴维·莫利的电视受众理论，提出了"积极受众论"。这些研究成果展示了不同研究路径的学者是如何将自己的研究旨趣投射到电视受众观念的探索当中，但他们也同样较少从专门化或系统化的视角来论述电视受众观念问题。

  从上述介绍可以看出，电视受众观念研究虽然起步不久，但内容庞杂，并且各种受众观念在研究视角、研究方法、焦点问题、理论来源等方面也存在着较大差异。数十年的研究之路有很多经验需要总结和反思，也有很多宝藏需要挖掘。遗憾的是，在我国有关媒介研究、大众传播理论、电视研究等领域的论著中，较少有将电视媒介的演进和受众观念的变迁结合起来进行整体观照和细致审视的研究成果。同时，随着视听传播技术的发展和媒介环境的变化，电视研究界急切需要运用各种受众观念来分析前沿问题，却缺乏对这些理论进行深究的兴趣和耐心。对电视受众观念的理论内涵、演变历程、发展前景等进行梳理和阐释，辨清电视受众观念的研究门径，窥其堂奥，不仅有助于促进数字时代媒介受众研究的发展，还可以拓展传播研究的理论范畴。但是，总体来看，目前学术界有关专门将电视媒介演进与受众观念变迁相结合进行梳理和阐释的研究还有待加强，而这正是本书的研究重点。

二 关于本书研究方法、内容的说明

(一) 关于研究方法的说明

从前述的研究概述可以看出，西方电视受众研究的内容复杂多样，大量的英文论文和著作可以为本研究提供丰富的第一手资料；同时，由于国内对该理论的研究还不够充分，因此可以利用的二手资料比较有限。鉴于此，本书研究以相关英文资料为基本文献素材，以国内相关论著为参考，以文献研读和阐释为主要研究方法。

在浩瀚的文献资料中选定研究对象是一件十分艰难的工作。有学者选择以20世纪70年代以后跟英国伯明翰学派密切相关的电视受众理论作为主要研究内容，也有学者将与美国经验学派和英国伯明翰学派都相关的电视受众研究作为核心内容。这些选择都没有问题，只是遗漏了同样重要的其他内容。为了更为准确而全面地展现西方电视受众观念的面貌，本书以当代西方电视研究和传播研究中对电视受众问题有深入探讨且见解独特的理论成果为研究对象。所以，本书将重点论述电视崛起时代、电视网时代和数字电视时代的电视受众观念，具体包括：电视受众的态度、认知与行为研究、电视的使用与满足研究、电视受众解码研究、女性主义电视受众研究、电视粉丝的身份建构机制研究、电视受众的景观/展演研究、电视受众商品论、电视受众分级论以及电视受众的注意力研究。在这些研究成果中，有些是单个学者提出的学术见解，有些是学术群体集体研究的结果。不管是个人成果还是集体成果，本书都将在尊重理论发展原貌的基础上，对上述电视受众观念的研究成果进行爬梳整理。这样既有助于较为全面地展现当代西方电视受众研究的理论成果，也有利于较为清晰地展示出电视受众研究的发展轨迹。鉴于此，本书不完全以时间线索为研究脉络，而主要通过散点透视的方法对电视媒介发展各个时期的电视受众观念进行呈现，进而较为完整地阐述媒介受众研究和电视传播研究的意义。

现代解释学认为，文献资料都是由文字书写而固定下来的理论作品。在对这些理论文献进行解释的过程中，本书参考了法国著名哲学家保罗·利科尔（Paul Ricoeur）有关文本解释的观点和方法。在《解释学与人文科学》中，利科尔提到了"解除语境关联"和"重建语境关联"的文献解读方法，"……本文必须能够使它自己在一种情境下可以'解除语境关联'（decontextualise），并在一种新的情境下可以'重建语境关联'（recontextualise）——它是通过阅读行为来准确地完成的"①。"解除语境关联"就是将理论与其产生的具体语境相剥离，站在整个理论体系的视野之下分析其价值与意义；"重建语境关联"，即在阅读和理解了理论的内涵与意义的基础之上，梳理该理论发展的脉络与轨迹。本书将采用"解除语境关联"和"重建语境关联"相结合的方法来解读文献。一方面，将当代西方电视受众研究的文献从其诞生的学术语境和社会语境之下脱离出来，审视其理论价值与发展前景；另一方面，回到具体的历史语境和整个理论发展的历史长河之中，对其进行客观化的呈现。这两种方法缺一不可，否则就会出现对理论的误解或过度阐释。因此，在进行具体研究时，既需回到特定的历史语境之下进行解读，又要跳出具体的语境回到理论体系发展的历史浪潮之中。

（二）关于全书内容的说明

全书分为五章，每章都围绕"理论产生的背景—理论的发展脉络、内涵和学术价值—理论研究的启示"这一主线展开。

第一章以电视网时代受众的狂喜与焦虑为主要研究内容。在电视崛起初期，西方电视受众研究主要关注电视对受众的影响，如电视对受众的政治态度的影响、暴力影像对受众暴力行为的影响、电视对未成年人的影响等。当电视对受众产生直接影响的假说很难被证明时，

---

① ［法］保罗·利科尔：《解释学与人文科学》，陶远华、袁耀东等译，河北人民出版社1987年版，第142页。

绪 论

学界又提出了电视对受众的态度、行为乃至信仰存在长期、间接影响的假说。其实,绝大多数有关电视影响的假说都没有得出明确的结论。这使得一部分研究者对这类假说不再抱以希望,而转向了在"使用与满足"研究的理论框架之下寻找新的答案。"使用与满足"研究认为,受众不是被动地接受电视的影响,而是主动使用电视,因此对受众如何使用电视、有何需求以及获得何种满足等开展了大量研究。英国学者刘易斯指出,从20世纪50年代到70年代,"使用与满足"论将受众从被动接受电视信息的假定角色中解放出来,为更复杂地分析收看过程提供了空间。[①] 影响论和"使用与满足"论在受众理论研究领域影响深远,相关论述不断被后继学者拿来验证新媒介的传播现象以及受众的新媒介使用行为。

第二章以多频道切换时期电视受众的意义解读和意义再生产为研究内容。20世纪70年代以后,随着DVD、遥控器、磁带录像机(VCR)、有线转接器等电视制播技术的发展和普及,电视内容越加丰富,观看时间也更加自由。此时,受众使用电视的有效性、电视内容如何打动受众、电视媒介如何实现受众需求等成为学界和业界关注的话题。学术界开始强调受众之于电视内容的能动性、生产性和创造性。由于文化研究、符号学、语言学、社会学、人类学、马克思主义政治经济学等学术思潮的影响,电视受众研究广泛汲取各种理论资源发展自身,取得了丰硕的研究成果。在跨学科的研究视野之下,英国的文化研究学者们关注到了受众的解码差异、日常生活环境、"符号的权力"以及相关的意识形态问题。

第三章以多频道切换时期电视粉丝的参与式文化生产机制为研究内容。作为特殊受众群体,电视粉丝的身份建构机制也得到了细致的阐释。一般而言,电视粉丝是指过度的、狂热的电视使用者。与对某

---

① 参见[英]J.刘易斯《你在收看我么?》,胡正荣译,《世界电影》1994年第3期。

类电视内容狂热的受众不同，粉丝是对电视文化倾注了强烈情感的群体。电视粉丝文化包括从过度的电视观看经验中产生出来跟电视内容相关的使用行为和文化形态，其核心是粉丝群体的身份建构机制问题。其中，电视粉丝的身份认同的内在机制研究、粉丝圈的参与式文化、粉丝身份建构与再建构研究等问题受到学术界的高度关注。这些研究为我们理解电视粉丝的身份建构机制问题提供了理论支持。

第四章主要论述自电视网时代、多频道切换时期、数字电视时代都存在的受众的商品属性问题。在电视媒介演进及其与新媒介的融合发展历程中，受众观看电视不仅是一种媒介消费行为，也是一种经由电视产业被引导和控制的社会化过程。在马克思主义政治经济学理论和欧洲批判研究思潮的影响下，电视受众的商品属性、电视受众分级、电视受众的注意力市场等问题得到了深入分析。政治经济学的研究视角为学术界进一步探讨媒介产业对受众的引导与控制提供了重要启示。

第五章梳理当代西方电视受众观念的发展脉络，分析媒介融合时代背景下电视受众理论的发展前景，并试图提出对数字传播时代媒介受众研究的有益启示。

第一章 电视崛起：受众的狂喜与焦虑

随着媒介技术的发展，人们的日常生活被各种图像所包围和渗透，这些图像来源于报纸杂志、街边广告、电影等渠道。第二次世界大战以后，电视技术的崛起开辟了影像传播和渗透的新时代，亦即是阿曼达·洛茨所说的"电视网时代"①。电视影像广泛地融入人们的家庭生活，成为传播速度最快、波及范围最广、影响最大的图像传播机器。在20世纪60年代的美国人眼里，每天花六七个小时做"沙发上的土豆"是一种时髦，也是一种幸福。

从媒介技术的发展来看，"电视网时代"的电视技术还处于起步阶段，因而也强化了受众相当一致的电视体验：

> 电视机从空中只能收到极少的信号，这样的功能定义了"电视网时代"的技术体验，而使用户外天线与社区共用天线（CATV）则对一些观众而言进一步增加了使用的复杂性和局限性。但是，这些设备还不得不努力使观众在农村或山区也同样能获得他们在城市弟兄享有的媒介。无论哪种方式，观众都不具备对电视的

---

① 根据电视媒介演进过程中的生产要素特征，阿曼达·洛茨将电视的发展进程分为三个阶段：大约1952年到20世纪80年代中期是"电视网时代"，20世纪80年代中期至20世纪90年代为"多频道切换时期"，21世纪初为"后电视网时代"。参见［美］阿曼达·洛茨《电视即将被革命》，陶冶译，中国广播影视出版社2015年版，第10页。

技术控制能力，并且对电视的内容也几乎没有选择权。……对于大多数人而言，一个在家里既没有遥控器也没有录像机的电视，是"电视网时代"技术经验的主要特征。这种使用的一致性对电视产业的制片生产过程有帮助，因为它使电视业设置了一定的观看条件并依赖观众观看电视网确定的播出时间表。[1]

正因为电视普及程度甚高，许多人开始担心电视内容会给社会造成负面影响。为了验证电视对受众是否具有实质性影响，美国政府和学术界开展了电视影响研究（即效果研究），考察电视与受众的认知、态度和行为之间的联系。由于影响研究在方法、视角、结论等方面均存在一些争议，部分学者开始将研究视角转向电视受众的"使用与满足"研究，试图从受众主动性方面去探索电视的使用与满足之间的关系。

美国传播学者伊莱休·卡茨（Elihu Katz）曾指出，美国大众传播研究的历史似乎总是在"强大的媒体"和"强大的受众"之间来回摆动。[2] 不管研究的重点是"强大的电视"还是"强大的受众"，影响研究和"使用与满足"研究对于西方电视受众观念的发展都有着重要意义，因为它们对电视受众形态的思考构成了西方电视受众研究的理论先锋。在有些研究者看来，电视影响研究不属于电视受众研究的核心范畴，它过于关注媒介内容而将受众置于想象和虚构当中。而另外一些学者则把它都看作是和"使用与满足"研究、文化性受众研究一样重要的理论传统。这两种看法都有其合理之处，但要厘清这种争论产生的原因，则必须重新回到理论发展历程本身，承认这两类研究在电视受众研究中所具有的先锋地位，肯定它们对电视受众观念的发展所

---

[1] ［美］阿曼达·洛茨：《电视即将被革命》，陶冶译，中国广播影视出版社2015年版，第45页。

[2] Livingstone, S., "The Rise and Fall of Audience Research: an Old Story with a New Ending", Journal of Communication, Vol. 43, No. 4, 1993, pp. 5 – 12.

作出的贡献，同时分析它们的理论发展困境。

第一节　电视受众研究的背景

从古罗马、古希腊时期的剧场和竞技场上的观众，到15世纪印刷物的读者，再到20世纪电子媒介的听众和观众，有关"受众"的观念总是随着传播媒介的演进而不断变迁。"受众"在不同的历史时期具有不同的内涵，以至于有学者发出这样的感叹："从流行杂志、书籍、国会辩论、成千上万电视效果的科学研究，到人文学科有关接受理论的学术论战，关于受众的这个话题无处不在。"[①] 所以，在讨论电视受众观念的发展和变迁之前，有必要对电视受众研究的背景进行扫描。

一　社会背景

在西方媒介受众研究领域里，"受众"（audience）是一个包含"读者"（reader）、"听众"（listener）、"观众"（viewers）和"用户"（user）的集合概念。美国传播学者威尔伯·施拉姆（Wilbur Schramm）用"接收者"（receiver）来表示这个概念，指在一对多的传播活动中接触媒介的人或者对象。中国台湾学者常把受众翻译为"阅听人"。

关于"受众"的概念衍变以及历史分期，英国著名学者丹尼斯·麦奎尔曾在其著作《受众分析》中进行过详细论述。他把受众分为古代受众和现代受众：古代受众产生于两千多年以前的剧场和竞技场，而现代受众则是伴随印刷媒介的产生而形成的。古代受众占据着固定的物理场所——"受众席"，有着规模小、相互沟通以及团体性的特点。现代受众往往不占据固定的物理场所，并且随着媒介技术的革新

[①] ［美］理查德·布茨：《美国受众成长记》，王瀚东译，华夏出版社2007年版，第6页。

而愈发具有大规模、私人性等特点。另一些学者则认为，广大受众的出现是随着电子媒介的发展产生的，"第一个社会科学意义上的'受众'概念源自电影和电影院的产生，也就是说，真正意义的现代'受众'是在电影院里诞生的"[①]。甚至有学者提出，"受众"只是学术论述中的一个名词而已，并不存在于现实空间中。可见，不同时期的受众有着不同的特征，而观察视角的变化又更增加了受众内涵的丰富性。

媒介受众研究的兴起有其独特的社会背景。虽然"媒介"作为一个固定术语被使用是20世纪40年代以后的事，但主流的大众传播研究早在20年代就已经在美国生根发芽了。詹姆斯·哈洛伦认为，媒介受众研究的兴起与现代工业的发展变化紧密相关，"本质上反映了现代的工业化城市社会对关于其运作的经验的、量化的、与政策有关的信息的需求。从整体上看，科学研究就是为了提高媒介的效果，媒介经常被直接看作是研究的客体或作为'中立工具'实现规定的（通常本质上是商业性的）目标与目的。"[②] 具体来说，这些变化主要体现在以下三个方面。

第一，工业革命推动了电报、广播、电影、电视等电子媒介的快速发展。从1844年美国工程师塞缪尔·莫尔斯制造电报线路到1876年他的同胞贝尔发明电话，从1895年法国卢米埃尔兄弟发明电影和意大利科学家马可尼发明无线电通信技术到1920年世界上第一家广播电台KDKA在美国匹兹堡播音，从1925年英国科学家贝尔德发明电视到1936年英国广播公司建立世界上第一家电视台，在不到一百年的时间里，电子信息技术取得了飞跃式发展。电子媒介走进了日常生活，丰富和拓展着人们对世界的认知，也改变了人们对社会的某些看法。正如

---

① 臧海群、邹驯智：《受众：历史渊源和研究起源》，《湖南师范大学社会科学学报》2005年第3期。
② [英]奥利费·博伊德-巴雷特、[英]克里斯·纽博尔德：《媒介研究的进路》，汪凯等译，新华出版社2004年版，第44页。

美国传播学教授彼得斯（John Durham Peters）所指出的那样：

  由于有了电，尽管有距离或表现形式的障碍，交流还是能够发生。这个术语像魔术一样使一连串悠久的梦想招之即来，像天使一样给别离的恋人鸿雁传书，使之心心相印。"交流"似乎比昔日面对面用语言守望相助的生活，不知要强多少倍。它犹如闪电一样迅捷、以太一样细腻、灵犀一样神气。人际关系逐渐经历一番重新描绘，成为用技术实现的远距离传输——在同一频道上接触、收听或关机，接收好消息或坏消息，或者呼叫说"地球呼叫赫伯特，请进！"这个意义上的交流，把人的关系问题变成适当地调频或减少噪声的问题。①

面对日新月异的媒介技术，施拉姆作了如下描述：

  在地球生命时钟一天的最后一秒钟，大众媒介才开始被人使用。那一刻，印刷术和印刷品已经到达地球的各个角落。凡有人烟的地方都有无线电波。60多个国家有了电视。几乎每一个国家都有了电影。在城市里，这些大众媒介被视为理所当然。但在非洲，男孩子们还在灌木丛中奔走相告放电影的大篷车来了的消息；父亲得意扬扬地催促儿子写下名字，向客人炫耀其本事，显示家族首次有了会写字的孩子；凡是看见诸如此类情景的人都绝不会怀疑大众传播那非凡的魅力。②

然而，麦克卢汉则对同一段历史发出了震惊世界的感慨："由于

---

① ［美］彼得斯：《交流的无奈：传播思想史》，何道宽译，华夏出版社2003年版，第5页。
② ［美］威尔伯·施拉姆、波特：《传播学概论》，何道宽译，中国人民大学出版社2010年版，第15页。

电力使地球缩小,我们这个地球只不过是一个小小的村落。"① 媒介技术的蓬勃发展改变了世界联通的方式,为大众传播研究提供了丰厚的物质基础,而媒介类型的多样化和专业化也使得媒介研究逐渐成为独立的学术领域。

第二,城市人口增长和物质生活水平的提升扩大了媒介受众的规模。随着第二次工业革命的完成和城市现代化的快速发展,发达资本主义国家的社会结构也随之发生了极大变化。从19世纪末开始,美国农村人口不断涌向城市,导致城市人口急剧增长。1920年,美国城镇人口已经超过全国人口总数的60%。同期也是美国经济发展的黄金时期,美国人民的经济收入大幅度增加,物质需求得到了前所未有的满足。同时,城市化进程不仅使人口分布在空间格局上发生了变化,也使得人们的生活方式发生了改变,这就使得潜在的媒介受众变成了显在的媒介受众。与日出而作、日落而息的农业生活相比,城里人有更多地闲暇时间和可支配的金钱,这为他们接触媒介提供了可能。此外,城里人对信息的需求也发生了质的变化。他们不再满足于街头巷闻,渴望更多的有关政治、经济、职业、教育、宗教、娱乐等方面的信息。正如有学者所述,"大城市的增长,已经大大扩大了读物的出版规模。这种读物,在乡下曾经是奢侈品,在城市里已变为必需品。在城市氛围内,人们的读和写几乎同说话一样是生活的必需……"② 霍布森则从另一个侧面论述了城市人从媒介的潜在受众转变为显在受众的必然性,"城里人对世界和人的本质有更多的一般知识。他们比村民更机敏,更活跃,更多才多艺,更快捷和善于随机应变。在思想和行动上,这种优势都有表现。城里人有发达的意识。他们的聪明才智经常以千百种方式受到更大、更变幻莫测的社会及更多种多样、更复杂经济环

---

① [加] 马歇尔·麦克卢汉:《理解媒介:论人的延伸》,何道宽译,商务印书馆2000年版,第22页。
② [美] R. E. 帕克等:《城市社会学》,宋俊岭等译,华夏出版社1987年版,第79页。

境的刺激"①。

第三，媒体产业的商业竞争需要受众研究为其提供支持。随着媒介产业的发展，受众成为媒体机构竞相"拉拢"的对象，而广告商的支持也推动了受众调查行业的发展。迫于媒体竞争和广告商的压力，从20世纪初期开始，各类媒介机构就进行了关于受众信息的市场调查。早期的受众调查主要在广播和电影工业机构内部展开。为了解受众的收听情况，广播电台和广告商常常通过电波鼓励广大受众通过写信来反映情况。为获得更多来信，媒体机构有时会不惜以高额酬金刺激受众参与调查。在电影正式上映前，好莱坞电影导演一般会专门邀请观众和制作人员一起观看并讨论影片。1914年，美国的广告商建立了"收听率调查局"。1930年，在英国广告代理商协会和全美广告主协会的联合资助下，美国第一个专门从事受众调查的组织——广播分析合作社正式成立。该合作社采用"电话回忆法"采集收听率数据，然后将调查结果提供给广告商。在美国舆论调查界享有盛名的乔治·盖洛普博士的协助下，美国的克拉克·胡珀（Clark-Hooper）公司在1934年开始对受众进行同步电话调查，并借助这个技术进入了电视收视率调查领域。随着市场竞争激烈程度的提高，也为了提高受众调查的准确率和有效率，各大媒介机构开始将受众人口结构、媒介接触、文本内容等元素进行综合考察。

在此，不得不提到各种商业基金会对受众研究的大力资助，如洛克菲勒基金会（Rockefeller Foundation）、佩恩基金会等。石油大亨约翰·洛克菲勒（John D. Rockefeller）为美国的学术研究提供了巨额经费支持。没有他的资助，传播研究的历史也许会被改写。1890年，芝加哥大学在洛克菲勒的资助下建立起来。1913年，洛克菲勒基金会成

---

① Weber Adna F., *The Growth of Cities in the Nineteenth Century*, New York: Cornell University Press, 1963, p. 398. 参见王章辉、黄柯可主编《欧美农村劳动力的转移与城市化》，社会科学文献出版社1999年版，第308页。

立。该基金会先后支持了保罗·拉扎斯菲尔德（Paul Lazarsfeld）的赴美学术旅行和广播项目研究、卡尔·霍夫兰（Carl Hovland）的人类关系研究和说服研究、库尔特·勒温（Kurt Lewin）在爱荷华大学的研究、哈罗德·拉斯韦尔（Harold Lasswell）的战时传播项目、威尔伯·施拉姆（Wilbur Schramm）在伊利诺伊大学的传播研讨会和教育电视研讨会，等等。

洛克菲勒基金会不仅为传播研究提供经济资助，还促进了传播研究的理论发展。以拉扎斯菲尔德的广播研究项目为例，1937年9月，洛克菲勒基金会帮助当时就职于普林斯顿大学公共与国际关系学院的拉扎斯菲尔德建成了"广播研究所"，并在1937年至1944年提供了189450美元的研究经费。[①] "广播研究项目"也得到了哥伦比亚广播公司的资助。该项目对广播及其听众进行了有史以来最全面、最系统的系列研究，如拉扎斯菲尔德对广播与印刷品的研究、阿多诺的广播音乐研究、赫佐格和坎特里尔的广播剧研究等。这些研究不仅开创了媒介受众研究领域，也为大众传播理论建设提供了思考方向，还为后世的受众研究提供了方法论的指导。同时，这些成果的不同内容也验证了受众研究在应用导向与批判导向上的分歧。由于学术志向和研究方法不同，阿多诺的广播音乐研究没有得到资助者的认可，其研究成果也没有得到全部出版或发表。阿多诺和拉扎斯菲尔德的合作也因此无疾而终。

第四，政府对媒介事业的管理需要受众研究提供参考。从古至今，各国统治者或宗教领袖都擅长通过演讲、仪式、出版物等形式宣扬权威、笼络民心和控制社会，如欧洲封建时期的书报检查制度、古罗马和古代中国的战争宣传等。20世纪以来，电子媒介与大众的联系日益

[①] 参见［美］E. M. 罗杰斯《传播学史：一种传记式的方法》，殷晓蓉译，上海译文出版社2002年版，第149页。

紧密，电子媒介也成了政府在治理国家、宣传动员等方面不可或缺的工具。电子媒介为政府工作提供了有效的宣传手段，使得统治者的影响力远远超过历史上的任何一个时期。两次世界大战中战争宣传的覆盖面和激烈程度就是明证。

阿道夫·希特勒在战争中对"纳粹"的宣传，让各国的统治者和学者更加重视媒介的力量。美国学者拉斯韦尔曾在《世界大战中的宣传技巧》中指出："国际战争宣传在上一次战争中扩大到了如此令人震惊的范围，是因为战争蔓延到了如此广阔的地区，它使得动员人民成为必要。没有哪个政府奢望赢得战争，除非有团结一致的国家做后盾；没有哪个政府能够享有一个团结一致的后盾，除非它能控制国民的头脑。"[①] 统治者们意识到，现代战争不仅仅是人力和物力的决斗，更是士气人心的较量。交战各国的统治者意图充分利用媒介进行宣传，动员普通百姓，增强士兵信心，促进盟国合作，寻求中立国支持以及挫败敌方士气。切特罗姆也一针见血地指出了战争与媒介受众研究之间的密切联系，"战争造成了人们对大众媒介的说服力量的强烈关注，以及对它们直接改变意见、态度的潜在力量的关注"，"随之而来的许多内容分析和受众研究都与特定的战争问题有关，如德国宣传的实践和实质，英国的战时传播系统，及美国战争情报局鼓舞公民士气的方式。其他的研究提出了怎样使商业性的传播内容——比如在白天的连续广播节目——更多地与军事斗争相符合"[②]。第二次世界大战期间，霍夫兰应美国军方邀请，对电影《我们为何而战》在新兵中的说服效果进行了实验研究。该项目通过电影传达了美国为什么参加第二次世界大战、谁是美国的敌人、谁是美国的盟友、怎样操作军事设备、怎样打败敌人、为何要

[①] [美] 哈罗德·D. 拉斯韦尔：《世界大战中的宣传技巧》，张洁等译，中国人民大学出版社2003年版，第22页。

[②] [美] 丹尼尔·杰·切特罗姆：《传播媒介与美国人的思想——从莫尔斯到麦克卢汉》，曹静生等译，中国广播电视出版社1991年版，第142—143页。

誓死而战等信息。美国军方的目的，是通过电影放映对士兵进行说服教育、鼓舞士气和激发战斗积极性。此外，勒温在第二次世界大战期间也与政府"特殊服务局"有过合作，曾就受众心理和战争宣传进行研究。

二 学术背景

学术研究总是在先前的理论背景和理论基础上进一步推进的。分析电视受众研究的兴起，就必然要追溯它的学术背景。电视受众研究的学术思想基础有很多，限于篇幅我们不能一一阐述，只能选择对其影响较大的理论进行论述。查看有关媒介研究、大众传播研究、社会研究等领域的文献，我们发现，电视受众研究主要是在大众社会理论、实证主义、行为主义等学术思潮的共同影响下兴起的。

首先是大众社会理论为电视受众研究提供了理论基础。学术界普遍认为，作为社会学概念的"大众"，是指现代工业社会以来的、处于分散状态的社会人群。按照社会学家的观点，工业社会以后社会分工越来越明确，人与人的关系维护也从主要依靠传统习俗、生活习惯和亲情伦理转变成主要依靠社会契约或职业关系。大众社会中的大众往往相互之间信息交流和情感沟通较少，心理隔绝且归属感较弱，大众传播媒介成了他们获取信息和娱乐的主要途径。芝加哥学派社会学家赫伯特·布鲁默（Herbert Blumer）在谈到"大众"时也曾指出，"'大众'是现代社会中的新型社会群落。……大众主要指电影、广播以及大众报刊所到达的阅听观众。其数量庞大，分布广泛，具有匿名性和异质性，彼此间缺乏互动，也缺乏自我意识与认同，无法以一种组织化的集体行动来达到共同的目标，其消费倾向与政治行为易受大众媒介的引导和操控"[①]。

---

① Alfred McClung Lee, *New Outlines of the Principles of Sociology*, New York: Barnes and Noble, 1946. 参见许静编著《传播学概论》，北京交通大学出版社 2013 年版，第 121 页。

大众社会理论主要关注传统社会向现代社会转型过程中的各种问题，认为大众社会、大众文化的产生是工业化发展的结果。有学者认为，大众社会和大众文化的出现与生产方式的变革有关，"在大众社会和大众文化出现的背后，是与土地相联系的以劳动为基础的土地所有制的消除，紧密结合的乡村社群的瓦解，宗教的衰落和科学知识的增长相联系的社会的世俗化，机械化、单调的、异化的工厂劳动的扩展，在拥塞着毫无个性特征的人群的、庞大杂乱的城市中建立的生活模式，以及道德整合作用的相对缺乏（在大众社会理论看来，这些后果要由工业化和都市化的进程来承担）"。[①]

教育界和宗教界的领袖们指责大众媒介，认为大众媒介用他们认为是极端有伤风化的、低级庸俗的内容来吸引读者。这种对大众媒介的不满，甚至是恐惧，使得那些大众媒介研究和社会研究的学者们思考媒介在个人成长过程中所扮演的角色的问题，并提出了一系列的假设。这些假设主要有：

1. 媒介是一种非常有害的、癌症一般的社会力量，必须对媒介进行净化或者对媒介进行彻底的重构。

2. 媒介具有直达普通人头脑，并直接影响普通人头脑的力量。

3. 一旦普通人的头脑被媒介腐蚀，各种不良的、长期的后果不仅会破坏个人的生活，还会产生大规模的社会问题。

4. 普通人容易受到媒介影响是因为他们被从与传统社会机构的关系中隔绝和孤立出来，而以往正是这些传统社会机构，在保护人们不被操控。

5. 建立极权社会秩序就一定能解决由媒介引发的社会混乱。

[①] ［英］多米尼克·斯特里纳蒂：《通俗文化论导论》，阎嘉译，商务印书馆2014年版，第14页。

6. 大众媒介不可避免地降低文化的高度，从而带来文明的总体衰落。①

六项假设中有三项都提到媒介对受众能够产生直接、迅速、全面的影响，这也成为之后媒介受众研究中的焦点问题。可以看出，不管是社会学者还是传播学者，他们大都认为是媒介破坏了整个社会的和谐。总体来说，"大众社会理论并不是一个严密的理论体系，而是一种看问题的视角或方法"，这种视角或方法"一个主要的问题是它的精英史观"②。

其次是实证主义研究方法的影响。实证主义理念源自欧洲经典社会学研究，最早开创实证主义哲学研究的是"社会学之父"孔德。孔德认为"实证"具有以下特征：（1）真实的而非虚幻的；（2）有用的而非无用的；（3）肯定的而非犹豫的；（4）精确的而非模糊的；（5）肯定的而非否定的。③ 实证研究关注社会现实，主张运用自然科学的方法（如观察法、比较法、实验法等）研究社会、探寻社会规律，"人们相信就像在经典物理学中所归纳的那样，科学的方法和逻辑形式也可以应用于对社会现象的研究"④，从而将社会科学研究从传统经院式的、思辨式的哲学领域分离出来。美国社会学研究和大众传播研究深受欧洲实证主义哲学理念的影响，芝加哥社会学派的早期学者如罗伯特·帕克、乔治·赫伯特·米德等都曾直接或间接地受过欧洲经典社会学家的教诲。"青出于蓝而胜于蓝"，芝加哥学派在欧洲经典的"实证主义"理念基础上提出了切实可行的、可被广泛扩散的研究方法。

---

① [美] 斯坦利·巴兰等：《大众传播理论：基础、争鸣与未来》，曹书乐译，清华大学出版社2004年版，第51—52页。
② 郭庆光：《传播学教程》，中国人民大学出版社2011年版，第153页。
③ 参见 [法] 孔德《论实证精神》，黄建华译，商务印书馆1996年版，第20—30页。
④ [英] 安东尼·古登斯：《社会学方法的新规则：一种对解释社会学的建设性批判》，田佑中、刘江涛译，社会科学文献出版社2003年版，第235页。

随着时间的推移和传播研究的深入，实证主义注重实践、经验、量化的研究方法逐渐成为美国传播研究的主要方法，而实证主义范式则成为大众传播研究的主流范式之一。

再次是行为主义心理学、认知心理学等理论对大众传播研究的影响。早期的传播研究者们大都经历过心理学的知识训练，如盖洛普、拉斯韦尔、拉扎斯菲尔德。有的研究者本身就是社会心理学家，如霍夫兰、勒温、奥尔波特等。他们几乎都在20世纪20年代就开始进行舆论调查、消费者行为研究和大众传播研究，一直持续到20世纪50年代。可以说，行为主义心理学对大众传播的研究方法和理论建构都具有重要的影响，以至于20世纪五六十年代的传播研究大都以行为主义为研究范式。

行为主义是20世纪初世界心理学界对动物行为进行研究后提出的理论。主要代表人物有美国的心理学家桑代克（Thorndike Edward Lee）、苏联的生理学家巴甫洛夫和俄国的生理学家别赫捷列夫。行为主义理论的真正创建是以美国心理学家约翰·华生于1913年发表的《行为主义心目中的心理学》一文为标志。因此，华生被称为"行为主义"的创建人。学术界普遍认为，行为主义对大众传播研究有两个重要影响：一是行为主义的基本观点影响大众传播研究的学术方向；二是行为主义的刺激—反应论（Stimulus-Response，简称S-R）对早期媒介受众研究和传播效果研究有直接影响。

行为主义理论主张通过实验的方法来了解人类社会。研究者在实验中观察被测试者由刺激情景所做出的各种反应，并对那些可以用"刺激""反应"等术语进行记录的言语、动作和习惯进行研究。行为主义理论并不否认被测试者的心理活动过程，如认知、思考、情感体验、价值判断等，但认为这些是无法通过客观观察予以研究的。这种排斥心理活动的研究路径彻底把人看作可以观察的客观对象。被纳入主流学术思想的行为主义理论，不仅对大众传播的研究方法具有指导作用，而且对传播效果研究具有重大启发。正如有学者指出的那样，"行为主义的基本观点对传播研究的影响具体体现在：（1）采用客观的实证研究方法，通过可观察和测量的行为或态度变化来研究传播现象。（2）在传播研究早期，相信通过媒介讯息这种刺激的安排，可以获得期望的传播效果。"① 在行为主义方法论的影响下，早期传播研究把传播效果定义为可观察的态度和行为的改变，采用实验法对即时的短期效果进行研究。实证的、客观的实验研究法影响了之后很长一段时间的受众研究方法，如拉扎斯菲尔德的广播听众测试、霍夫兰的《我们为谁而战》的陆军试验等。

在"刺激—反应"模式的影响下，媒介受众研究把媒介讯息看作是刺激，把受众的行为和态度看作是反应，着重考察刺激和反应之间的关系。"刺激—反应"模式认为，所有的受众是无差别的，都在接触信息后立即产生直接的反应，犹如子弹击中皮肤，受众毫无反击之力。这种观点被称为"魔弹论""子弹论"或"注射器论"。"火星人入侵地球"事件便是"魔弹论"最典型的案例。"刺激—反应"模式在考察受众态度时只能观察到态度和行为的改变，而无法看出相同态度之间的强弱有别或态度改变的原因。同时，该模式只能观察到假说预期之内的效果，而无法看出预期之外的效果。更为重要的是，大众传播是在自然环境中发生的，受众的类型、需求和反馈也是多种多样的，这些复杂的条件是在实验室里很难实现的，其多样性的结果也是无法观察到的。因此，新行为主义者托尔曼把决定受众行为的生理和心理因素都作为中介因素，把华生的"刺激—反应"模式改为"刺激—个体生理、心理—反应"模式。托尔曼的新模式仍然研究刺激和反应之间的关系，但侧重于关注人的意识、认知等因素对行为的影响。受到该模式的影响，电视影响研究把受众的文化背景、社会经验、个性偏好、

---

① 刘晓红：《行为主义和传播研究》，《新闻与传播研究》1998 年第 3 期。

社会关系、传播动机、媒介需要等因素作为刺激和反应的中间变量进行研究。

第二节 电视走进家庭的中心：重塑受众的认知、态度与行为

20世纪40年代末，电视以良好的视听效果、讯息的即时传达等优势获得了比广播和电影更多的关注。对大多数人来说，电视不仅丰富了他们的信息接收渠道，还影响了他们的生活习惯和娱乐方式。电视也因此成为整个20世纪后半叶最具影响力的传播媒介。由于各种复杂的原因，政府机构、媒介机构和学术界纷纷开始聚焦于电视的社会影响，电视如何重塑受众的认知、态度和行为由此成为重要的学术命题。

20世纪80年代，西方电视受众研究界出现了一股关注受众在日常生活情境中如何解读电视内容的潮流，有学者将其称为"新受众研究"[1]。相比于40年代的电视受众影响研究思潮而言，新受众研究更关注电视文本，更好地把握了受众对电视文本的解码过程，并把这些过程置于"更充分的社会学语境"中。[2] 其实，对于电视影响研究的质疑由来已久，比如批评它对受众的选择、解读行为和文本内容的关注不够充分等。然而，新受众研究所关注的问题也大多是影响研究领域已经提到过的主张，比如电视受众的能动角色、电视受众的社会地位、电视文本的差异性等。新受众研究对这些问题的进一步研究，虽然说明了电视受众观念的深化和发展，但在否定电视影响研究的理论

---

[1] 参见［英］奥利费·博伊德-巴雷特、［英］克里斯·纽博尔德《媒介研究的进路》，汪凯等译，新华出版社2004年版，第615页。
[2] ［英］奥利费·博伊德-巴雷特、［英］克里斯·纽博尔德：《媒介研究的进路》，汪凯等译，新华出版社2004年版，第617页。

成果时却缺少对电视受众研究的学术逻辑的深思。电视受众研究界迫切需要一种从理论内部对其进行反思的研究视角。

电视影响研究在中国的开展也面临着相似的困境。中国从20世纪80年代初就把美国的实证主义调查方法引入了受众研究当中，一方面为当时的受众调查赋予"科学"的名义，另一方面也是源于对美国学界的实证主义研究路径的认可与推崇。[①] 具体到电视受众研究方面，国内较早的大规模行政调查大都是学习美国实证调查的研究成果，如1988年的我国不发达地区农村广播电视受众调查、1990年的受众对亚运会的态度调查。以及至今仍在广泛使用的AC尼尔森公司的收视率商业调查等。遗憾的是，我国的受众研究并没有随着实证调查数量的增多而取得理论上的重大突破。与此同时，之前广被推崇的研究方法也被看作是受众理论发展陷入困境的主要原因。这导致我们对美国电视影响研究的认知陷入了矛盾的境地，而忽略了对其本身进行由内而外的挖掘和反思。本节试图通过解剖电视影响研究的内涵，将对电视影响研究的肯定话语与否定话语进行并置分析，呈现其中的张力，展现理论发展过程中的复杂性维度。具体来说，本节试图分析以下问题：首先，在电视研究的历史上，有关电视受众的认知、态度与行为的研究是怎么形成的？其次，采用影响研究的框架分析电视受众的困境何在？最后，为什么受到这么多质疑的认知、态度与行为研究依然是美国电视受众研究的主导范式以及我们应该怎样认识这些成果？

一 "瞭望世界的窗口"抑或"带毒的插座"

确切地说，"电视影响研究"指的是20世纪40年代末兴起于美国，探讨电视媒体对受众的态度、认知与行为的影响的一系列调查研

---

① 参见胡翼青《科学主义的困顿：对中国受众研究30年的反思》，《西北大学学报》（哲学社会科学版）2010年第4期。

究。对于美国人来说,电视是20世纪后半叶渗入日常生活最广、最深的媒介。有调查显示,20世纪50年代初期,十户美国家庭中至少有一户拥有电视机。到50年代末期,十户美国家庭中则有八户拥有电视机。这些家庭的日平均开机时间基本都在五小时以上,可以说,观看电视的时间远远多于参加其他娱乐活动的时间。[1] 电视机被搬到客厅的核心位置,吸引人们心甘情愿地成为"沙发上的土豆",这很难不引起社会各界的高度关注。例如,有评论家把电视看作是消息的来源,称其为"瞭望世界的窗口",有广告商宣称"没有电视的孩子是弃儿";而另外一些学者则把电视看作是"带毒的插座",甚至连电视从业人员也讥讽"电视很有教育意义,每次有人把电视打开,我就到另外一个房间看书去了"。当然,也还有一部分观众对电视既爱又恨,如电影导演奥森·威尔士(Orson Welles)所说的:"我讨厌电视。我讨厌它就像我讨厌花生一样,但我还是不停地吃花生。"关于电视影响的一系列调查研究便是社会各界高度关注这一新兴电子媒介的结果。

从20世纪50年代初期开始,美国电视产业内部、国家行政机构、大学科研团体以及个人,先后就电视的影响展开了一系列研究。主要研究成果有:哥伦比亚大学社会应用调查研究所的约瑟夫·克拉伯(Joseph T. Klapper)等人的《大众传播的效果》(研究电视受众的态度),全国暴力成因及预防委员会的《暴力与媒介》(探讨电视节目中的暴力内容对受众的潜在影响),联邦研究基金资助的《电视与行为:十年科技进步及其对20世纪80年代的启示》(研究电视内容对受众的认知和行为的影响),美国卫生总署资助的对电视观看与攻击性行为的分析,美国卫生总署组织的探讨电视观看对受众理解现实的影响的研究,施拉姆等人的《儿童生活中的电视》(*Television in the Lives of*

---

[1] 参见 [美] 理查德·布茨《美国受众成长记》,王瀚东译,华夏出版社2007年版,第250页。

Children，调查并分析了电视对儿童的积极影响和消极影响），波加特（Leo Bogart）等人的《电视时代》（*The Age of Television*，关注电视对儿童的阶级观念的培养），加里·斯泰纳（Gary Steiner）的《看电视的人们》（研究电视受众态度），罗伯特·鲍威尔（Robert Bower）的《电视与公众》和《正在变化的美国观众》（研究受众对电视的正面态度与负面态度）等。这些成果无一例外地聚焦于电视媒介对受众的认知、态度和行为的影响。

除了研究成果细致丰富之外，电视影响研究还有其独特的研究范式。这种研究范式延续了美国学界在广播效果研究方面的方法，确切地说，是继承了哥伦比亚学派在广播效果研究方面的学术路径，即"以功能主义作为理论指导，以行为主义和实证主义作为方法基础，以管理研究作为运营方式的研究体制"[1]。具体而言，这种研究范式把受众观看电视看作是一种客观的社会事实和社会现象，主张通过实验性和调查性的方法对其进行描述和验证，以阐释受众观看电视的效果问题。其研究目的是，通过描述影响或效果产生的规律来预测受众的认知、态度和行为，进而为国家机构和电视产业机构提供具有可操作性的建议。因此，电视影响研究更注重其研究成果的建设性。

电视影响研究有其显著的特征。首先，它以实用价值为出发点，采用理论假设、实验取证和定量分析相结合的研究方法，形成了一套程序简明、评价标准较为清晰的研究思路。其次，它涵盖了电视影响的多种维度。考察对象非常详细：既有短期效果，也有长期影响；既有电视对微观个体的影响，也有电视对宏观社会结构和社会关系的影响；既有来自电视讯息系统的影响，也有来自具体电视内容的影响；既可全面展现态度、认知与行为三个方面的观看效果，也可只展现其

---

[1] 刘海龙：《重访灰色地带：传播研究史的书写与记忆》，北京大学出版社2015年版，第38页。

中某一方面的效果。最后，随着研究的深入，电视影响研究试图克服实验研究和数据堆砌的局限，逐渐形成了通过电视文本分析和媒介环境分析来解释电视影响理论的研究框架。这种研究范式得到了业界和学界的认可，成为20世纪五六十年代美国电视研究的主导范式，至今仍在学术界占据重要位置。

这种研究路径持续时间长且影响甚大，以至于不仅遭到了美国本土学术名家如吉特林、巴克和佩特利等人的强烈批判，还受到了欧洲学者如霍尔、戴维·冈特利特、戴维·白金汉等人的大张挞伐。美国社会学家吉特林在其文章《媒介社会学：主导范式》中指出，注重短期的、可测量的、个体的、态度与行为的媒介影响研究是一种脱离了媒介生产的"狭窄而微观"的研究；过分依赖方法和数据，缺乏理论建设，忽略了受众对于媒介信息的依赖、顺从以及易于受骗。[1] 在《负面效果：有关媒介/暴力的争论》一书中，巴克和佩特利指责电视影响研究是对那些没有受过教育和缺少社会文化意识的受众的指责；忽视了受众的能力和社会权力结构的作用。[2] 文化研究学派学者也指责它过于简单，视受众为被动的、易被操纵的受害者。英国学者戴维·冈特利特认为，电视影响研究没有得出明确的答案的原因在于这种研究模式在研究方法、理论建构、研究趋向以及对受众的认知方面存在十个根本缺陷：（1）从电视暴力内容出发而不是从真正实施暴力的罪犯出发的逆向研究方法难以捕捉电视与社会的本质联系；（2）视儿童为心理上未成熟的人，低估了儿童的影像理解能力、批判能力和抵抗能力；（3）保守思想意识明显，如电视暴力内容的滥用理所应当受到谴责，但也可解释为是对充满压迫的世界的理性反抗；（4）不恰当地定义了

---

[1] 参见周葆华《效果研究：人类传受观念与行为的变迁》，复旦大学出版社2008年版，第8页。

[2] 参见［英］利萨·泰勒、［英］安德鲁·威利斯《媒介研究：文本、机构与受众》，吴靖、黄佩译，北京大学出版社2005年版，第142页。

自己的研究对象，如将"反社会行为"与"反社会节目"、"亲社会行为"与"亲社会节目"等概念中所包含的意识形态的价值判断解释不清；（5）实验环境和仿真生活情境下对电视受众的观察与询问不是真正的人际互动研究，其结果是无效的；（6）有些研究不恰当或不严谨地使用了效果研究的方法，但却对矛盾的研究结果不作出清晰的解释，也没有对因果关系的逻辑联系进行详细阐释；（7）对暴力描写的批评是有选择性的，只考虑虚构性节目中的暴力，而忽略新闻类节目的暴力；（8）电视效果研究者假定自我优于大众，低估受众的选择能力和批判能力；（9）忽略了电视文本的意义在不同情境下对不同受众的可能意义；（10）缺乏具有内在一致性的理论模式，缺乏对观看过程和现象的深层理解。[①] 戴维·白金汉也就儿童与电视研究进行了批评性论述，认为这类把儿童看作电视的"特殊受众"的研究存在着各种道德和意识形态的假定。[②] 可以说，电视影响研究有多少成果，就面临着多少批评，这些批评观点也从侧面印证了电视受众研究的重要性。

反对者从不同的视角对聚焦于受众个体的态度、认知与行为的电视影响研究进行了批判，他们几乎全盘否定其探索性，忽视了它对电视受众研究的重要贡献。电视影响研究确实存在各种问题，但需要我们思考的是：这些理论成果为什么依然被广泛采纳，而且成为美国电视受众研究的主流范式？为了深入理解这个悖论，我们有必要回到美国电视受众研究的历史当中去重新审视其受众的态度、认知与行为研究。

二　电视中的象征性暴力与受众的暴力行为

电视影响研究的学术旨趣，不仅取决于受众所处的媒介环境，也

[①] 参见［英］罗杰·迪金森等《受众研究读本》，单波译，华夏出版社2006年版，第127—138页。

[②] 参见［英］罗杰·迪金森等《受众研究读本》，单波译，华夏出版社2006年版，第139—155页。

取决于它本身在电视研究中的学术处境。由于媒介技术的进步和第二次世界大战后城市"市郊化"的发展，电视媒介在20世纪40年代末得到了快速发展，成为客厅里的新"壁炉"。但电视并非一开始就走入了寻常百姓家，而是首先经历一个在公共区域共同观看电视的历史时期。市场调查研究者博加特（Leo Bogart）曾把早期电视受众的收看习惯概括为三个阶段："酒馆期"、"先行期"和"成熟期"。[①]"酒馆期"，是指20世纪40年代末和50年代初期出现的、广大受众挤在酒馆里观看电视的情形。在酒馆里观看电视的受众多为男性，且以体育节目为主要观看内容。"先行期"，是指电视机最初的拥有者把客人请到家里，和他们一起观看电视的时期。"成熟期"，是指没有外人在场的、只是家庭成员共享的观看模式。随着电视机的普及，购买电视机的家庭越来越多，受众也把越来越多的时间用在了看电视上。据调查，在整个20世纪50年代里，受众观看电视的平均时数是稳步增加的。电视改变了人们的时间表，成为除了睡觉之外花费时间最多的活动。在这样的社会环境下，受众减少了户外活动，甚至放弃了更有价值的活动，成为电视盛宴的饕餮者。

20世纪50年代末期，受众对电视的新鲜劲儿渐渐冷却下来。观看电视逐渐成为家常便饭，一些社会地位较高的、学历较高的受众开始意识到看电视属于不明智的行为，并且把电视搬离客厅而安放在更为隐秘的地方。在一次电视调查中，格里克（Ira Glick）和列维（Sidney Levy）把受众的这种转变描述为：从兴奋扩散到不安、不满、否定和批评的转变。[②] 同时，政治暗杀、校园暴力等社会事件频频发生，传播研究者和文化批评者不约而同地把矛头对准电视。他们普遍认为，电视中的暴力内容对受众的审美和道德造成了不良影响。

---

① ［美］理查德·布茨：《美国受众成长记》，王瀚东译，华夏出版社2007年版，第251页。
② 参见［美］理查德·布茨《美国受众成长记》，王瀚东译，华夏出版社2007年版，第269页。

从学术思潮的发展来看，此时的电视影响研究受到了行为主义心理学、认知心理学等学科理论的极大影响。从20世纪30年代开始，媒介影响研究便是美国大众传播研究的重要领域，而电影、广播和电视正是主要的考察对象。有关电影对儿童行为的影响的佩恩基金会研究、霍夫兰主持的陆军士兵观看电影《我们为谁而战》的效果调查、拉扎斯菲尔德领导的以了解民意为目的的广播受众调查、罗斯福"炉边谈话"广播节目的收听效果调查等，都为电视受众分析提供了方法论上的指导。首先，有关电影受众和广播受众的研究都采用了实证主义调查和实用主义原则相结合的研究方法。其次，它们都关注媒介对受众的态度、认知与行为的影响，如电影对儿童的生理、心理与道德的负面影响；纪录影片《我们为谁而战》如何影响陆军士兵对战争的态度；罗斯福"炉边谈话"能否有效地动员受众为总统选举投票。虽然受众的内涵在上述研究中不尽相同，但对受众的关注程度却是基本一致的：或希望媒介信息能够有效地传达给受众，或担心媒介对受众造成消极影响。总而言之，它们都把受众看作是受媒介环境所左右的群体。

电视受众的态度、行为与认知研究可分为两个向度：其一，受到行为主义和社会学习理论的指导，分析电视暴力内容如何影响受众的态度与行为；其二，基于认知心理学的视角，分析电视如何塑造受众对世界的感知和看法。由于相关的研究成果较多，为了论述方便，本节主要选取由德弗勒所述的十三个大众传播效果研究的里程碑中涉及电视受众研究的相关成果作为论述对象。

鉴于20世纪60年代美国频频发生街头暴动、校园动乱、政治暗杀等影响社会安定的事件，以及这些事件所引起的社会恐慌局面，美国总统约翰逊在1968年下令成立了暴力起因与防范国家委员会。该委员会主要调查暴力产生的原因，并就如何解决暴力问题向总统提供建议和对策。该委员会成立了媒介特派小组，专门负责调查美国电视媒体上的暴力内容与受众的暴力行为之间的关系。在这项规模庞大的政府调查研究中，影响比较深远的有乔治·格伯纳等人承担的电视节目暴力内容研究、路易斯·哈里斯及其舆论研究公司的受众暴力体验研究等。乔治·格伯纳等人发现，电视内容在潜移默化地培养或是涵化着受众对世界的态度和认知，并提出了被大家所熟知的"涵化理论"（即"培养分析"）。哈里斯等人的抽样统计调查结果表明，电视世界中的暴力内容极有可能会强化人们在现实生活中的暴力观念和暴力行为，长期接触电视中的模式化暴力影像既会强化受众的暴力意识，也会促使原本没有暴力意识的某些个体受众行使暴力行为。[1]

媒介特派小组的研究成果汇集在研究报告《暴力与媒体》中。该报告表明，受众对社会的感知与电视所传达的相关信息之间存在联系。报告也表明，电视内容对受众有着短期和长期的影响。短期的影响包括学会怎样实施暴力行动和以暴力行动处理与电视节目内容相类似的事件。长期的影响包括：（1）形成受众对是非判断、非此即彼的僵化认识；（2）对某一阶层、民族、种族和职业群体的不准确的暴力描绘将对社会群体之间的沟通产生毁灭性的影响；（3）暴力内容描述的范围和强度，暗示着世界是一个充满暴力的世界，这些形塑着受众的人生观和价值观。[2] 此外，《暴力与媒体》的编委罗伯特·贝克和桑德拉·波尔还提出，身份认同是电视暴力接触与从这种接触学到暴力态度和行为之间的一个中介因素。[3] 这份向总统提交的调查报告，证实了电视不是受众暴力行为的根本原因，但暴力内容对受众的态度与行为有一定的影响。总体来说，媒介特派小组的调查没有得出令人诚服的答案，它

---

[1] 参见［美］洛厄里、［美］德弗勒《大众传播效果研究的里程碑》，刘海龙等译，中国人民大学出版社2004年版，第281—282页。
[2] 参见［美］洛厄里、［美］德弗勒《大众传播效果研究的里程碑》，刘海龙等译，中国人民大学出版社2004年版，第283页。
[3] 参见［美］洛厄里、［美］德弗勒《大众传播效果研究的里程碑》，刘海龙等译，中国人民大学出版社2004年版，第284页。

的深远影响与其说是解决了社会暴力问题，不如说是提出了与受众暴力行为相关的很多问题。

同样关注电视暴力内容与受众行为的关系的，还有那些渴望有所政绩的政府官员。1969年，参议员佩斯托及其同僚拨付100万美元研究经费给卫生局长，责令其协同国家心理健康研究所就电视暴力内容与青少年、儿童行为之间的关系进行研究。在这样的契机之下，班杜拉、格伯纳等人开展了大量研究，其成果主要体现在1971年出版的五卷本《关于电视与社会行为的卫生局长报告》当中。《关于电视与社会行为的卫生局长报告》证实了收看电视暴力节目与儿童攻击性行为之间的关系，但这次研究更关注那些具有攻击性倾向的儿童和那些生活在特定环境中的儿童。虽然此次研究也没有得出什么具体的答案，但它证明了此类研究的重要性，此后科学界仍然以相当高的热情参与各种电视影响研究活动。

整个20世纪70年代，美国的社会暴力事件并没有因为前期大量的政府调研而有所减少，人们依然对暴力事件持恐惧感，依然怀疑电视内容与暴力行为之间存在因果关系。1982年，联邦机构对近十年来的电视影响研究文献进行了全面、综合的整理，并把其中具有代表性的研究成果收录在《电视与行为：10年的进展》一书中。该书涵盖了电视暴力、健康、亲社会行为、收视的认知与情感、家庭及人际关系、社会信仰与社会行为、电视对美国制度的影响等七大领域。电视内容与受众暴力行为之间的因果关系在这里得到了进一步强化。该研究还提出了观察学习理论、态度转变理论、合理化过程理论、社会期待理论等。值得注意的是，虽然该书没有从根本上显示出受众如何理解电视内容以及这些内容如何影响受众，但它关注到了电视对受众的健康状况、亲社会行为、情感、信仰等方面的长期影响。

其实，为了回应社会各界对电视的指责，电视机构早在政府立项调查电视影响之前便开始了电视受众调查。如哥伦比亚广播公司（CBS）出于市场导向的需要，先后资助了赖利在1948年进行的关于儿童和电视效果的调查、约瑟夫·克拉伯关于大众传播效果的调查（其中涉及电视效果）和斯坦纳（Gary Steiner）在1960年主持的全国性的电视效果调查等。这些调查研究都不同程度地否定了电视的负面影响，支持了受众的电视使用行为。

值得关注的是，在为广告商做电视受众调查的同时，研究者们除了发现电视使用与受众的态度、认知与行为有联系之外，还发现电视观看与受众的社会阶层有极大的关联。有关收视模式阶级差异性的最重要的系统阐述之一，来自格里克和列维从1957年到1961年为众多广告商所做的市场调查报告。在那些报告里，他们建构了受众对电视的三种定位类型：接纳（embrace）、适应（accommodation）和排斥（protest），分别和劳动阶级、中下层阶级与中上层阶级家庭相联系。[①] 劳动阶级的热情接纳者也是典型的电视迷恋者，他们花费大量时间观看电视。格里克和列维把儿童、闲居的老年人和劳动阶级归入这一群体范畴。排斥者们往往是中上层阶级、受过学院教育的人以及电视批评文章的作者和读者们。他们控诉电视对儿童培养的有害影响，反对它低下的美学标准，认为电视传播是对社会资产的潜在浪费。他们极少看电视，把电视的使用限制在自我完善、教育、信息和文化提升的目标上，并严格控制自己和孩子的电视收看时间。格里克和列维把适应者描绘成企图在其他两种对应类型中"保持平衡"的那些受众，他们在劳工阶级不分青红皂白地沉溺于电视和中上层阶级旗帜鲜明地批评电视之间折中妥协。社会学家甘斯（Herbert Gans）、伯杰（Bennett Berger）和布卢姆（Alan Blum）也发现，劳动阶级受众总是以他们自

---

① 参见［美］理查德·布茨《美国受众成长记》，王瀚东译，华夏出版社2007年版，第275页。

己的亚文化价值来阐释电视节目，并且积极地重新建构媒介信息。甘斯认为，这些观众"只接受反映他们自身价值的主题，拒绝其他的主题，因为其展示了外部世界的不道德和不光彩"；他特别描述了男人使用电视来"既确认相同的族群社会，又排斥外部的世界"；大众媒介"经过了各种个人特质的过滤，以至于没有任何信息能完整无损地被接受者获得"。[①] 可见，电视影响研究除了聚焦于受众的态度、认知与行为，还关注特定历史环境下受众与电视的复杂关系。

然而，上述类似于文献研究综述的内容并不能掩盖效果研究框架下电视受众理论本身所存在的发展困境。

三　电视传播的中介变量与受众群体的复杂性

电视影响研究对受众问题的讨论在传播研究历程中产生了很大影响，也引起了诸多争议。施罗德（Schroder）曾指出，传统的电视受众研究存在以下五个问题：（1）传统研究关注的是个体的、行为的和短期的效果，而不是长期的社会效果；（2）注重态度变化而非普遍意义上的一致性，而这也应该受到重视；（3）关注作为个人的态度与观点，而不是把这种态度和观点作为某种结构化信念系统的一部分来看待；（4）高估了人际关系在传递电视影响上的重要性；（5）他们仍然坚持其熟悉的量化方法，尽管这种方法无力捕捉媒介符号结构的多面性与复杂性，以及受众经验中存在的含糊不清与自相矛盾。[②] 可以看出，施罗德把传统电视受众研究的弊端归结为实证研究和社会心理学研究在方法论上的缺陷。确切地说，他认为人的认知、态度与行为是非常复杂的，简单地通过量化统计与实证分析来确定因果关系是非常草率的研究方式。这样的观点在戴维·白金汉批判美国儿童与电视的

---

① ［美］理查德·布茨《美国受众成长记》，王瀚东译，华夏出版社2007年版，第280页。
② 参见［英］索尼娅·利文斯通《理解电视：受众解读的心理学》，龙耘译，新华出版社2006年版，第63页。

研究中也同样可以看到。①

还有一些学者批评影响研究对电视受众的定位并不是科学客观的，因为影响研究的结论往往基于未经证实的关于哪些社会群体更容易受到媒体影响的假设。巴克和佩特利认为，影响研究实际上是对那些没有受过教育和缺少社会文化意识的电视受众的指责，因为"媒体的效果到底作用于哪些人？不是那些'受过教育'和'有文化'的中产阶级，这些人要不根本不看那些'垃圾'，即使看，也能有效地处理它们的内容"②。他们还发现，影响研究对受众的考察还与政界和商界的资助有很大关系，因此，研究不得不与意识形态和市场导向相联系。

以上两种对电视受众研究的指责并非完全没有道理，这些批评引导我们进一步思考从事电视影响研究的学者们尽管后来不断地修正其理论观点却始终难以逃脱受责难的原因。最主要的原因在于，对于受众的高度复杂性而言，任何企图通过量化和实验来客观展现电视与受众的态度、认知与行为之间的因果联系的研究都很难有明晰的结论。

首先，量化的、操作化的和实验性的研究方法必然面临着一些质疑。把抽象的认知、态度问题转化成量化的、操作化的事实会面临两个问题：一方面在于能否准确、客观地呈现电视受众在日常生活中的收视行为；另一方面涉及如何对受众的态度和认知等抽象的心理特征进行可操作化的界定。于是，对电视受众进行实证研究得出的结论要么不完全符合社会事实，要么是一些无须进行理论论证的常识。前者是关于电视受众到底是主动受众还是被动受众的争论。"主动"与"被动"是一枚硬币的两个面，它的界定需要一个客观的事实或标准；

---

① 参见［英］罗杰·迪金森等《受众研究读本》，单波译，华夏出版社2006年版，第139页。
② ［英］利萨·泰勒、［英］安德鲁·威利斯：《媒介研究：文本、机构与受众》，吴靖、黄佩译，北京大学出版社2005年版，第142页。

否则，要对这对看似矛盾的概念作出科学的判断是很难的事情。因此"主动受众"的说法也被认为是为了摆脱"控制论""刺激—反应论"或行为主义心理学研究的权宜之计。后者如施拉姆关于儿童与电视的实证研究所得出的似是而非的结论："对于某些情况下的某些儿童而言，某些电视是有害的。对于同一情况下的其他儿童而言，或对于其他情况下的同类儿童而言，电视可能是有益的。对大部分情况下的大部分儿童而言，大部分电视或许既不是特别有害的，也不是特别有益的"①。正如有学者所述："实证研究就依据方法的可操作性做出如下两种处理：操作化之后的事实就是事实本身，不管它是否真的就是社会事实的本来面貌；可操作化处理的就是研究的问题，不可操作化的就不是实证研究关注的问题。这些本末倒置的做法不但使传播实证研究的课题与经验事实脱节，而且使之面临许多不能胜任研究领域的问题。"② 总之，实证研究的方法很难明晰地回答电视受众的认知、态度与行为这类较为抽象的命题。

其次，实证研究方法或可呈现出电视使用与受众行为之间的因果关系，但这种做法也会把复杂的受众和电视传播现象简单化。实证研究往往通过严格的实验把随机确定的受众组置于各种特定的电视内容之下曝光，以此比较不同受众的反应。在这里，受众之间的个体差异、事先安排好的电视内容、曝光量的多少、实验室的非自然环境、获取数据的方法、研究的理论框架等因素都会影响到最后的实验结果。例如，有实验研究显示，看过暴力节目后的孩子在目击其他人使用暴力行为时，会更迟缓地寻求成人的帮助。但是，如果按照社会学习理论的框架来研究孩子的暴力行为，得出的结论应该是孩子会尽快

---

① Wilbur Schramm, Jack Lyle, and Edwin Parker, *Television in the Lives of Our Children*, Calif: Stanford University Press, 1961, p. 13. 参见殷晓蓉《战后美国传播学的理论发展——经验主义和批判学派的视域及其比较》，复旦大学出版社 2000 年版，第 70 页。

② 胡翼青：《传播实证研究：从中层理论到货币哲学》，《新闻与传播研究》2010 年第 3 期。

地寻求帮助。两个不一致的结论暴露出了实证研究难以解释的问题：孩子们是如何学会把行为和结果联系起来的？他们又是怎样认同和评价不同形象的？特定的曝光材料往往有别于完整的故事或节目内容，其意义也常常是被肢解了的，这极易影响受众对材料的判断。此外，实验过程中的非自然环境以及其他变量（如有的暴力实验采用电击方式激发攻击性行为或促使被实验者模仿利他行为）都会影响受众的认知、态度和行为，从而影响研究结果。因此，这一类实验研究大多是给相关的社会问题提供证据，很难为电视受众研究积累理论贡献。

乔治·格伯纳的涵化研究放弃了在实验环境里观察受众，而是通过在自然环境中以问卷调查、内容分析、人口统计等方式，对特定时间段内暴力影像对受众的现实观念的影响的研究。格伯纳发现，"重度收视者"（即看电视较多的人）比"轻度收视者"（即看电视较少的人）更倾向于按电视所建构的社会现实来看待世界，而轻度收视者对现实的建构更接近于实际情况。他认为，电视对暴力犯罪的过分渲染所建构的并不是有关暴力或法律秩序的信息，也不应该因此而假定受众看了会更具攻击性。动作片的意义应该被看作是增强和重新建立我们对于法律和秩序的信心，增强我们对现状的满意度以及对社会正义信念的坚守。从守法受众的"公正的世界"信念角度看，"坏蛋们"总是被抓或被杀死。因此，格伯纳指出，如果我们把"影响"重新定义为间接的、积累性的、综合性的和符号性的，那么电视对受众是有一致性影响的，尽管这种影响有时候表现得不是那么明显。格伯纳有关电视对受众具有"潜在影响"的论断实际上同样是"退回到局部文本如暴力内容和效果之间的机械关联，把整体压缩为只有中心化'显文本'的存在，把深层的因果关系简化为表层的统计对应关系"，"在基本精神上它是违背了涵化理论而实际上只是一种改头换面的实验室式的思维方式：把整体割裂为可操控的局部，而无视整体中其他因素对这种局部效果不可避免的影响"。[①]

因此,从研究方法来看,对电视之于受众的影响进行实证研究的缺陷在于,它既想如实反映受众对电视的消费情况,又想基于消费事实找到观看电视与受众行为之间的客观联系。而实际上,人们的电视使用与认知、态度和行为之间的联系是非常多元化的。通过实验的、操作的以及非实验的各种调查研究对受众复杂性的探讨还不够充分,因此,它的理论主张往往是具有争议性的。

从上述内容可以看出,对电视受众的态度、认知与行为进行实证研究存在很多问题,得出的结论也不尽如人意,但它依然得到了较多研究者的青睐。原因之一在于它的实用价值。正如国内学者胡翼青所说的那样:"实证研究技术的存在合理性并不遵循价值理性的游戏规则,而是遵循工具理性的游戏规则,它追求成本最小,收益最大的原则,而不是不惜一切代价追求理论建树的原则。"[②] 确实,实证研究的工具价值是其广受欢迎的主要原因之一,这一点也可从研究经费的来源中看出。电视影响研究的经费主要来自三个方面:一是政府,指望借助研究结果寻找社会管理的具体方案;二是财团和企业,力图通过研究媒介为企业的经营管理谋取市场信息;三是基金会,期望资助社会科学的发展。可见,电视影响研究主要服务于政治管理和经济利益。对于美国商业化电视传播系统来说,定量分析的方法确实可以总结出电视传播中的一些具体问题,如儿童社会化过程中电视的效应问题等。英国学者罗伯茨和巴钦曾指出,在影响研究领域存在着一种严重的"问题导向",即研究工作总是围绕着公共舆论关注的问题打转,有时是电视暴力,有时是广告宣传。这种遵循"工具理性"的研究取向取得了丰富的研究成果,但也因此成为日后

[①] 徐翔:《"涵化"理论及其在效果研究应用中的主要矛盾》,《西南民族大学学报》(人文社会科学版) 2010 年第 3 期。

[②] 胡翼青:《传播实证研究:从中层理论到货币哲学》,《新闻与传播研究》2010 年第 3 期。

学术界批评的"靶子",影响研究好像"一个橡皮口袋,一个靠借贷度日的领域,没有统一的理论,是各种边边角角的研究集合"①。更为重要的原因或许在于,电视影响研究对理论建构的不懈追求。总体而言,对电视受众的认知、态度与行为的考察,虽然是在实证研究和实用价值的逻辑前提下进行的,但其价值远远超越了行政管理和商业利益上的意义。这些研究大都致力于对电视受众的普遍性问题进行探讨,通过对电视受众的研究实现理论建构是它们的重要目标。我们认为,正是这种对普遍性问题的不断探究造就了电视影响研究的理论魅力。

第三节 美好的电视网:受众在观看中实现暂时的心理解放

电视的"使用与满足"(Uses and Gratifications)研究是20世纪六七十年代在美国兴起的有关人们如何使用电视的一系列研究成果的集合。学界普遍认为,是美国著名的传播学者伊莱休·卡茨首先正式提出了"使用与满足"学说。卡茨在《大众传播调查和通俗文化研究》(1959)中提出,传播学研究不应当仅仅关注于"媒体对人们做了什么",还应该仔细地研究"人们对媒体做了什么"。② 在电视受众观念的理论"星丛"中,使用与满足研究往往被看作是对影响研究路径的修正。研究者认为,如果受众没有观看电视,即便电视内容的影响力再强大,也不会影响到受众个体。受众的个人偏好、兴趣以及社会角色等是先于影响而存在的,受众是在有所倾向地选择他们所看的内容。

---

① [英]索尼娅·利文斯通:《理解电视:受众解读的心理学》,龙耘译,新华出版社2006年版,第20页。
② Katz, E., "Mass Communication Research and the Study of Popular Culture: An Editorial Note on a Possible Future for This Journal", *Studies in Public Communication*, Vol. 2, No. 1, 1959, pp. 1–6.

受众是具有主动性和能动性的电视使用者和消费者,而不是消极的"受害者"。从此,这种以受众为本位的研究路径成为受众研究中长盛不衰的研究框架之一。

但也有学者指出了使用与满足研究的诸多不足,如菲利普·帕尔姆格林批评它"从根本上是缺乏理论性的"[①]。国内有学者也指出,使用与满足理论"迄今为止的研究仍然只是罗列和提供范例,尚没有进入对所罗列的东西进行系统解释和概括的阶段"[②]。这一系列的批评,都指出了该研究在理论阐释和研究方法方面存在着一些局限。

然而,就是这样一种在理论阐释和研究方法上都尚未形成共识的研究框架却成了大众传播领域里被引用次数较多的理论,并长期影响着学界对受众的媒介使用行为的解释,这就引起了我们的重视和深思。影响如此之大的使用与满足研究在电视受众方面的研究路径是怎样建立起来的?其曾遭受过哪些质疑又曾做过哪些理论发展的努力?使用与满足研究的发展困境何在?

一 看电视有助于满足受众的某些获益性期待

使用与满足研究与聚焦于受众的态度、认知和行为的电视影响研究有所不同,前者从使用动机的视角考察受众的使用行为,将受众看作是主动使用者,而不是被动影响者。受众的电视使用与满足应该是影响产生之前的阶段,只有受众使用了电视,才会在认知、态度和行为方面产生影响。

对于使用与满足研究这股潮流兴起的原因,学者们总结出了三个方面:一是新的调查方法与数据分析技巧使研究与解释受众使用与满

---

① [美]菲利普·帕尔姆格林:《利用与满足的理论研究》,载常昌富、李依倩选编《大众传播学:影响研究范式》,关世杰等译,中国社会科学出版社2000年版,第235页。
② 殷晓蓉:《战后美国传播学的理论发展——经验主义和批判学派的视域及其比较》,复旦大学出版社2000年版,第167页。

足的新策略能够发展起来;二是一些研究者在20世纪70年代越来越意识到人们对媒介的积极使用才是媒介产生影响的重要原因;三是研究者们也意识到效果研究过于关注无意中的、负面的效果,而忽视了有目的的、积极的媒介使用。① 实际上,早在1949年的研究中,拉扎斯菲尔德就曾提到受众对广播内容的选择性使用。赫尔塔·赫佐格也发现,受众是带着不同的动机在收听广播节目。此外,还有贝雷尔森(1949)在报业罢工时对工人阅读报纸新闻所获得的满足的调查、赖利等人(1951)对儿童阅读冒险故事的动机的调查等,都证明不同的受众在使用同一传播媒介时具有不同动机。总体上看,这些早期研究主要描述了受众为什么使用媒介,较少分析受众使用媒介的过程。

随着有关中介因素对大众传播效果的影响以及媒介与受众关系研究的深入,使用与满足研究逐渐盛行起来。学者们慢慢认识到,审视特定媒介类型的使用情况,可以更清楚地了解受众在使用某一特定媒体内容方面的具体的满足感。因此,已经走入千家万户的电视成为主要研究对象。电视使用的动机和目的、使用与满足的过程、受众的动机和期望、社会环境对使用与满足的影响等成为电视受众研究的重要议题。1964年,麦奎尔与杰伊·布卢姆勒对电视的政治传播内容和受众的期望与满足之间的关系进行了研究,其成果体现在著作《政治中的电视:使用及影响》(*Television in Politics*:*Its Uses and Influences*,1968)中。学术界高度评价了此项研究,认为"对电视和政治感兴趣的研究者们会难以想象有比这更好的研究了"②。

然而,"使用与满足"作为一个理论概念,是直到1974年卡茨等人在编纂论文集《大众传播的使用》时才正式被提出的。他们认为,使用与满足研究的核心要素是"由社会因素和心理因素产生了需求

---

① 参见蔡骐、黄金《百年广播电视与传播研究:一项跨学科的探索》,湖南教育出版社2006年版,第223页。

② 刘燕南:《麦奎尔学术背景探源》,《国际新闻界》2013年第1期。

(needs)，这种需求又导致了人们对大众传播或其他信源的期待（expectations），这种期待引起了不同类型的媒介接触（或者其他行为），其结果导致需求的满足和其他后果（可能多数是无意的）"[1]。这一观点的提出被认为是主动受众研究的开始。80年代以后，电视的使用与满足研究逐步深化，研究的问题拓展至阐释使用与满足之间的关系，研究方法从自我报告等传统方法扩展到结构方程、因子分析等，发展出了预期—价值理论、媒介依赖理论等研究成果。

在电视使用与满足研究发展的初期，研究者普遍认为，受众观看电视是为了逃避现实、获得谈资、了解世界或打发时间。较早就受众的电视使用与满足进行研究的是威尔伯·施拉姆、杰克·莱尔和爱德温·帕克，他们在1958—1960年进行了有关儿童的电视使用情况的大型调查。该调查指出了儿童主动使用电视的目的（消遣、幻想和获得指导），并且建构了电视受众的"偶然学习"观。施拉姆等人的观点为日后理解受众的电视使用奠定了理论基础。关于受众的需求与电视使用动机，麦奎尔、布卢姆勒和布朗在1972年的研究中将社会环境、个人背景与寻求满足的行为联系起来观察，创建了"媒介—人互动"的电视使用类型。他们认为，受众的电视观看存在以下四个方面的动机：转移和消遣（即逃避或情感释放）、人际关系（即社会交往）、个人身份（即确认个人特征并强化既有价值观）和监视环境（即获取新闻和信息）。

在上述四种动机类型的基础之上，格林伯格（1974）进一步确认为习惯、放松、陪伴、打发时间、学习、唤醒和逃脱七种动机。帕尔姆格林等人（1981）发现，被采访者一直认为他们从最喜欢的电视新闻节目中获得的满足要比从其他更有竞争力的节目中获得的满足要多（或者他们预感到会获得更多的满足）。鲁宾（1982）也发现，人们所寻求

---

[1] 刘海龙：《大众传播理论：范式与流派》，中国人民大学出版社2008年版，第271页。

的特定满足与收看某种类型的节目相关。当然,也有证据表明,人们的动机不是单一的,而是多样的。就像博加特(Bogart,1965)等人所指出的那样,也许有人是偶然进行媒体消费,而且对传媒的消费受到一些因素的制约,比如是否可接触到某一个媒体以及是否受工作时间的制约。但有一点我们不可否认,那就是动机在媒体的使用中也起到很大的作用。

为了更清晰地阐释受众使用电视的动机,一些学者提出了"预期价值理论"(expectancy value theory)。"预期"也是卡茨等人(1974)在阐释使用与满足研究时提到的一个关键因素。该理论认为,受众的使用行为是基于过去经验所产生的预期,它不是一个客观的标准。该理论区分了预期追求的满足(gratifications sought)和实际感知到的满足(gratification obtained)。"实际感知到的满足"若是高于或等于"预期追求的满足",则满意度较高,媒介的重复接触率较高;相反,受众就会减少或者放弃现有的媒介使用方式。帕尔姆格林等人(1980)通过一般意义的电视新闻来测量受众的"预期追求的满足",而通过电视网晚间新闻节目来测量"实际感知到的满足"。同样,麦克劳德和贝克尔(1982)也通过总统竞选来测量"预期追求的满足",以及通过电视播出的总统辩论来测量"实际感知到的满足"。此外,列维、温达尔(1984)和雷伯恩、帕尔姆格林(1984)则在研究瑞典和美国的电视新闻中测量了"预期追求的满足"和"实际感知到的满足"。这两个研究的结果相似,都认为"预期追求的满足"和"实际感知到的满足"之间有相通之处又有不同的地方。

除了动机的促进作用之外,受众的电视使用还有其复杂的心理机制和社会根源。麦奎尔(McGuire)将受众的心理动机分为十六种类型,并通过深入分析总结出了有关受众的媒体选择的相关理论,如归因理论、一致性理论等。麦奎尔在理论方面获得的成功,与那些缺少心理根源的实际调查形成了鲜明对比。另外,诺兰(Nordlund)、罗森格林和温达尔的调查也注意到心理因素与人们的满足有关。在诺兰的调查中，神经敏感的人会收看电视小测验节目、杂志连载、娱乐节目和电视连续剧，以此从现实生活中脱离出来，并获得与电视中的人物进行类似社会交往的满足。罗森格林和温达尔发现，神经敏感和内向—外向性与人们对媒介及其内容的选择有着很复杂的互动关系。

在关于社会根源的分析中，布卢姆勒指出了三个关键性因素："（1）常见的原因：由于性别、年龄以及社会角色的不同会使人们产生对传媒的特定需求和期望；（2）更多的接触媒体带给人们社交的机会（比如，加入组织、频繁社交）或是由于缺少各种社交的机会，想从传媒那里得到补偿（比如，缺少朋友、很少有电话或没机会放松）；（3）个人对他或她的社会状况的主观的反应或调整（比如，对自己的工作或社会角色的满意）。"① 卡茨等人也认为，媒介的使用与满足并不完全是由受众个人决定的，降低紧张压力、监测环境信息、满足社会交往、确认和强化价值观以及维护群体成员资格等方面的需求都源自社会情境方面的原因。

此外，也有研究者注意到了受众对电视的依赖性。如温纳（1982）提供的数据显示，人们依赖电视上的新闻和纪录片是与人们从社会监督中获得满足有关。但是即使这样，人们对这些节目的依赖更多是为了满足人与人之间的社会交往和辅助性社会交往，这些满足胜于进行监督获得的满足。

总体来看，上述研究为我们理解受众的电视使用与满足提供了三个方面的知识：（1）解释受众是怎样使用电视来满足他们的需求的；（2）发现受众使用电视背后的具体动机；（3）发现受众使用电视所带来的满足。但这样类似于文献综述似的梳理并不能够掩盖"使用与满

---

① ［美］菲利普·帕尔姆格林：《利用与满足的理论研究》，载常昌富、李依倩选编《大众传播学：影响研究范式》，关世杰等译，中国社会科学出版社2000年版，第241页。

足"研究面临的诸多质疑。

二 受众难以躲避特定电视内容的影响

使用与满足研究在发展初期只是一个模糊的研究领域，但随着电视媒介的使用与满足研究的逐渐深入，该研究视角在美国学术界得到广泛关注。詹森和罗森格瑞在对受众研究进行分类时，将使用与满足研究与影响研究并列，看作是五种受众研究范式中非常重要的部分。文化研究学者戴维·莫利尽管激烈地批判了使用与满足研究，但也将其作为受众研究由"受众控制"向"受众自治"结构性转向的标志。但是当这种研究取向走向正式的理论建构时，从事使用与满足研究的学者们却渐渐看清了其存在的问题并对此进行了批评与修正。这些批评与修正进一步推动了使用与满足理论的发展。

第一，在理论建构上缺乏明晰的概念和理论框架。使用与满足研究对需求、动机、满足等核心概念在理论层面没有清晰的界定，不同的研究者往往采取不同的概念框架。这就很大地影响了研究的可比较性及可持续性，导致使用与满足研究更趋向于发展成为一个视角而非建构一个系统的理论。同时，由于使用与满足研究比较分散，对于一些关键问题产生了互相独立的研究结果。它缺少一个被广泛采纳的理论模型，这个模型应该包含特定的因变量和若干基本自变量，以及变量间关系的一套基本的逻辑推理。对使用与满足研究涉及的核心问题缺乏系统性探讨，这已经成为将使用与满足研究发展成一个系统理论的主要障碍。

第二，对受众的主动性问题阐释不清。布卢姆勒（Jay G. Blumler）在总结使用与满足研究的主要形式之后指出，该研究对于理解受众的"主动行为"具有重要的意义。这些意义包括："（1）效用（Utility）：媒介对人们有用，人们使用着媒介的用途；（2）意图（Intentionality）：人们预先的动机指引着对媒介内容的消费；（3）选择性（Selectivity）：

人们对媒介的使用可能反映了他们现有的兴趣和偏好;(4)抵制影响(Imperviousness to Influence):受众是顽固的,他们可能不想被别人或别的什么东西控制,大众媒介也不例外。受众积极地躲避特定类型的媒介影响。"①

但是,不管受众如何使用电视媒介,"受众究竟有多积极"始终是一个无法得到确切答案的问题,主动性的表现形式也无法被确切地描述。韦斯特(Richard West)和特纳(Lynn Turner)认为,主动性(activity)更多的是指媒体消费者做了什么(比如,选择看网络新闻而不是阅读报纸新闻);而主动能力(activeness)则是指受众在大众传播面前所具有的自由和独立性,明确知道自己的需求并将这种需求与一定的媒体消费行为联系在一起。② 同时,不同受众的主动性程度并不相同,同一受众的主动性程度也不是在任何时候都一样。受众的主动性是使用与满足研究的一个基本假设。但是,正如 Bluraler(1979)所说,主动性不应该被当成是一个二分变量(主动或被动);主动性是一个模糊的概念,受众的主动程度因媒介内容和社会心理环境的不同而不同。③

第三,研究方法存在一些问题。大多数使用与满足研究都使用受众个体的自我报告数据,这一点也是有待商榷的。首先,自我报告的数据并不一定准确。其次,受众是否能够对自己的心理学变量(如需求、动机、期望、满足等)有完全充分的认知与描述,这一点也往往被质疑。艾略特(Elliot,1974)批评使用与满足预设了人们的心理过程是可观测的,因此太过心理主义(mentalistic)。④ 但随着研究的深入,很多研究者都综合采用了数据调查、实验分析、因子分析

---

① [美]斯坦利·巴兰:《大众传播理论:基础、争鸣与未来》,曹书乐译,清华大学出版社2014年版,第263页。
② 参见刘海龙《大众传播理论:范式与流派》,中国人民大学出版社2008年版,第276页。
③ 参见陆亨《使用与满足:一个标签化的理论》,《国际新闻界》2011年第2期。
④ 参见陆亨《使用与满足:一个标签化的理论》,《国际新闻界》2011年第2期。

等方法，较为客观地测量了受众的使用与满足，逐渐克服了早期研究在方法上的局限。

第四，忽略了政治经济学和文化意义方面的影响。使用与满足研究忽视了电视内容的生产和提供过程，它只是单纯地就受众与电视媒介的接触行为进行了研究。因此，其不足之处"一方面在于忽视了媒介使用的日常社会环境"，"另一方面在于使用与满足研究者完全割裂了'需求的满足'与受众从媒介内容那儿获得的文化意义"①。与使用与满足研究不同，英国文化研究学派导入了符号学的工具来进行传播分析。借助符号学，英国文化研究学派将传播视为一个编码（encoding）与解码（decoding）的过程。无论是编码或解码，都会受到社会历史背景、文化与意识形态等多种因素的制约，这两者之间存在着或一致、或冲突、或妥协的复杂关系。这种复杂性在使用与满足研究中没有得到体现。埃利奥特（Elliot）指出，使用与满足研究把社会权力和机会分配的不平等排除在外，忽略了不同群体的利益冲突和媒体为了统治阶级利益进行的宣传。② 卡里和克雷林（Kreiling）则批评使用与满足研究过于强调"传播功利性—结果"模式，忽略了文化和象征性符号带来的直接满足。③

三 电视受众的使用与满足之间的关系不可预测

鉴于使用与满足研究受到了来自各方的批评，瑞典学者斯文·温德尔（Sven Windahl）提倡将它与效果研究相结合，从而形成一个综合的"使用与效果"模式。④ 该模式指出，媒介使用行为受到受众的特性、人际交往、对媒介的理解与期望、与媒介内容的接近程度、对

---

① 蔡骐、黄金主编：《百年广播电视与传播研究：一项跨学科的探索》，湖南教育出版社2006年版，第231页。
② 参见刘海龙《大众传播理论：范式与流派》，中国人民大学出版社2008年版，第292页。
③ 参见刘海龙《大众传播理论：范式与流派》，中国人民大学出版社2008年版，第292页。
④ 参见[英]丹尼斯·麦奎尔、[瑞典]斯文·温德尔《大众传播模式论》，祝建华等译，上海译文出版社1987年版，第110页。

媒介内容的态度等方面的影响，并强调可以通过导致结果（效果或后果）的原因来辨析受众使用媒介的情况。可见，温德尔在强调受众主动性的同时，还提出了个人特征、人际交往、对媒介内容的态度等因素是否将导致受众作出使用媒介的决定。

其实早在1964年，美国社会心理学家雷蒙德·鲍威尔在其《顽固的受众》中便已经提出了受众主动性（audience activity）问题。他认为："所谓'顽固的受众'，是指那些并不总是有选择地注意，但是常常有选择地去认知，并且对不需要的信息加以抵制的人。"① 虽然鲍威尔对媒介受众主动性的强度及其意义并没有非常明确的阐释，但这种观点提醒我们不能再把受众看成是完全被动的媒介牺牲品。受众具有主动性越来越成为大家的共识，但就什么是受众主动性，学界却众说纷纭。

拜欧卡（Frank A. Biocca）对相关文献进行了整理，归纳出了学界有关受众主动性的五种表述：选择性、功利主义、有目的性、抵制影响和卷入。"选择性"，是指受众可对媒介和媒介内容进行辨别、挑选和有计划地使用。"极重度地使用媒介（尤其是收看电视）的受众，可能会被视为所谓'无选择性的'（unselective）受众，因而也是非主动的受众。"② "功利主义"，是指将受众看作"自私自利的消费者的化身"，"主动的媒介使用意味着由媒介经验所引导的理性选择，以及如果适当的话，在事后产生的某些预期效用（例如做出有见地的选择的能力）。按照定义，功利主义可以归入'选择性'（selectivity）的范畴，虽然有一些选择行为可能并不带功利主义色彩。"③ "有目的性"，

---

① [英] 丹尼斯·麦奎尔：《受众分析》，刘燕南等译，中国人民大学出版社2006年版，第74页。
② [英] 丹尼斯·麦奎尔：《受众分析》，刘燕南等译，中国人民大学出版社2006年版，第75页。
③ [英] 丹尼斯·麦奎尔：《受众分析》，刘燕南等译，中国人民大学出版社2006年版，第76页。

是指受到明确目的的指引而使用媒介，比如有计划地收看电视或订阅电视节目。"抵制影响"，是指有意识地回避或降低媒介的影响。"卷入"即参与，是一种对媒介信息积极接收、思考与反馈的状态。从以上五种表述可以看出，各项分类指标之间并非完全分离，各种解说也并非完全无懈可击。艾略特（Elliot）认为受众主动性是个缺乏学理性的概念，布卢姆勒也指出受众的媒介使用行为不是"确凿的事实"，而是一个值得调查的问题。这些质疑显示，受众的主动性问题不仅需要进一步的理论阐释，也需要更为充分的实证调查。

针对上述质疑，列维（Levy）和温德尔（Windahl）将使用与满足研究和社会认知理论相结合，就受众的选择性使用行为进行了实证调查和理论阐释。他们发现，"选择性使用"既发生在媒介使用之前，也发生在媒介使用之中和之后，因此需要从两个维度去界定受众的媒介使用行为。其一，按照媒介传播的时间过程序列，将受众行为分为使用前、使用中和使用后；其二，是按照受众的观看取向的特点进行分类，界定出了选择型、卷入型和效用型。这两个维度相互交叉，可以得出九种受众的媒介使用行为类型，涉及受众行为发生的频率、行为之间的关系以及受众对媒介内容的分配等。以电视新闻的观看为例，列维和温德尔论述了受众的认知需求、心理参与、情感满足、准社会交往等在使用前、使用中、使用后三个阶段中的影响。

麦克劳（McLeod）等学者也赞同将受众的媒介使用行为分为使用前、使用中、使用后三个阶段，并通过一系列实证研究阐释了自己的观点。"使用前"阶段，影响受众观看电视的因素主要包括两个方面。一个是受众观看电视新闻的动机和需求，如实用性需求（理性的实际需要）和意向性需求（由受众个人的个性、个人认知结构等因素导向的需求）。另一个是受众对于客观世界和媒介世界的基本观念。麦克劳等学者也认为："受众的世界观、价值观及其对媒介形象和规范角色的认知，是影响其媒介使用行为及媒介效果的重要变量。"① "使用中"阶段，受众对媒介信息的基本定位、选择性接触、注意力集中程度、卷入程度和对影响的抗渗透程度将会影响受众对电视的使用情况。选择性接触、注意力集中程度和卷入程度可以看作是受众在媒介使用中的积极行为，将促进媒介信息的有效传播，而对媒介信息的消极定位、对媒介影响的抗渗透性、注意力分散、逃避信息等将阻碍受众的使用行为。"使用后"阶段，受众对媒介信息的处理策略以及如何与他人进行讨论，是影响受众使用效果的重要因素。② 就信息的处理策略而言，考斯基和麦克劳认为受众对新闻节目的处理策略包括选择性浏览、积极处理和思维整合三个方面，而伊文兰德（Eveland）则主张用"关联思考"取代"思维整合"。不管怎样，以上三个维度都会对受众媒介的使用产生正面或负面影响。从媒介传播的时间序列来研究受众的使用行为，在一定程度上克服了效果研究中忽略受众主观情感与主动行为的弱点，但却难以将媒介使用行为与受众个体的认知行为相匹配。可以说，列维、温达尔、麦克劳等人的研究不仅延展了"使用"的概念内涵，也丰富了"受众能动性"的研究层次和研究视野。

埃利奥特曾批评使用与满足研究缺乏传播过程模型的观照。他认为："在电视消费中，可用性比选择性更重要……（在这一点上）可用性依赖于熟悉……受众更愿意收看他们所熟悉的节目类型，部分是

---

① 周葆华：《效果研究：人类传受观念与行为的变迁》，复旦大学出版社2008年版，第171页。

② "信息处理"（information processing）属于认知心理学的概念，包括信息输入、形成心理呈现、将呈现处理为组织化的结构（如网络、基模或范例）等认知程序。它可能是许多因素的复杂的互动产物：受众异质的信息处理倾向——认知"基模"（schema），受众自我希望与期望、受众的目标、动机和需要，信息接触的情境与环境、信息的内容与形式、受众的符号能力，以及受众最近经常使用的信息"呈现"方式。同时，受众的认知系统有限制，特定时间只能处理一定量的信息。受众对媒介信息的处理，不仅表示受众具有理性的思考、批判和分析能力，而且体现了受众能够积极控制信息处理的结构，与媒介结构与内容产生互动，由此可能对相同的媒介信息产生"不同的解释和理解"（McLeodetal.，1991）。参见周葆华《效果研究：人类传受观念与行为的变迁》，复旦大学出版社2008年版，第175—176页。

因为他们掌握了其中的语言以及规则,还因为他们在一定程度上了解这类节目的社会意义。"① 而列维、温达尔等人的研究正好克服了埃利奥特所述的缺陷。但我们同样也发现,列维、温达尔等人对"认知"的理解与运用缺乏整体观照,受众只能接受媒介信息,而无法建构媒介信息;受众可能选中媒介信息,也可能选不中媒介信息。此外,有关"使用"概念的分类研究实际上暗示了受众的媒介使用活动可以完全不考虑文本的存在。正如索尼娅·利文斯通所言,这样的研究"可以在不考虑文本存在的前提下对观看活动进行分类,因而具有讽刺意味的是,它可能会更为大众传播而非社会研究所重视。按这种分类法,生活可以被轻松地看成是罗夏测试中的墨迹"②。

受众对媒介的使用与认知始终受到传播环境和社会结构的制约,媒介信息也受主导意识形态所规范,因此受众能动性也并不是可以被无限夸大的。按照受众取向和时间序列分类的方法虽然可以证明受众能动性的存在,也能够显示受众与媒介的互动关系,但依然很难对"使用与满足"的概念本质进行准确定位。卡茨等也指出"使用与满足"研究包含:"①对受众帝国主义的拒绝。我们对受众积极行为的强调不应该等同于充分并简单了解受众的自治能力……②社会角色约束着受众的需要、机会和选择……个体是社会结构的一部分,他或她的选择比粗糙的满足说所假定的情况有更少自由度和任意性。③文本在某种程度上也是有限制的。在我们强烈地拒绝承认媒介内容和受众动机之间存在一对一的关系的时候,我们也会做出不那么正确的表态,声称差不多任何一种内容都有可能服务于某一种类型的功能。"③

---

① [英]戴维·莫利:《电视、受众与文化研究》,史安斌译,新华出版社2005年版,第60页。
② [英]索尼娅·利文斯通:《理解电视:受众解读的心理学》,龙耘译,新华出版社2006年版,第53页。
③ [美]斯坦利·巴兰:《大众传播理论:基础、争鸣与未来》,曹书乐译,清华大学出版社2014年版,第283页。

使用与满足研究以受众的电视使用动机和满足为研究起点,这与把受众反应视为电视传播的线性影响的研究视角有所不同,但二者都存在同样的局限。前者采用数据搜集和统计分析的方法,集中关注受众的个人层面和心理层面的变量。虽然研究成果越来越丰富,研究内容越来越细化,但研究路径却和电视影响研究一样属于功能主义取向。麦奎尔在《大众传播模式论》中指出,使用与满足模式的本质是功能主义的,"媒介消费充满着某些功能,而且被认为在实现需求时具有恢复平衡的作用。因而,对功能主义的批评也可适用于使用与满足研究"①。虽然卡茨从提出使用与满足理论开始便希望它有一天能够超越功能主义,但不管是卡茨还是后继学者所努力的结果都使得该理论很难摆脱功能主义的阴影。

在研究受众的个人行为这个问题上,使用与满足研究的众多学者都试图证明这样一个命题:受众的媒介使用行为是可以描述的。麦奎尔、布卢姆勒和布朗在对英国的大量广播电视节目进行研究后发现,受众可以获得消遣、认同、人际关系等方面的满足。他们还发现,受众的媒介使用行为是因为生活中遇到了问题,或是为了解决问题,需求越多则媒介使用的可能性越大。通过调查问卷、访谈、主动陈述、数据分析等方式,他们总结描述了电视使用与受众的媒介偏好、实际选择和观后评估之间的关系。

实际上,受众的媒介使用行为在多大程度上是受到具体的、有意识的动机的支配是一个存在争论的话题。研究者的调查数据也证明,很多受众的媒介使用行为是由于各种各样的机缘巧合,受众并非总是有着一贯的期望和动机,研究者们过高估计了受众的理性和主动性。此外,受众只是在被询问到使用动机时才会重新认识研究者所提到的

---

① [英]丹尼斯·麦奎尔、[瑞典]斯文·温德尔:《大众传播模式论》,祝建华译,上海译文出版社2008年版,第108页。

各种"动机"类别，其中不乏事后对号入座的例子。虽然，为了回避上述问题，使用与满足研究的后继学者不断地对使用的类型与动机进行阐述，对电视受众的偏好与使用模式也进行了划分，但结果都不像预想的那样明晰。在这个思路下，媒介使用被看作是受众在人际关系、社会调节等方面的一种工具、方式或反应。

从研究方法上看，使用与满足研究也会被看作是一种主客二元论功能主义取向。定量研究一直是使用与满足研究的主要方法，虽然研究者不断增加社会因素等多变量因素进行调和，但仍然没有从根本上改变在"人造环境"下收集受众的个人思想和描述其媒介使用行为的研究方法。在"人造环境"之下，受众始终处于研究中的客体地位，这种"数人头"式的数据采集和统计分析研究很难触及受众媒介使用行为的真正原因，更无法对受众的媒介选择和使用作出有效的预测。研究方法方面的功能主义倾向和人为操作的可能性把受众的主观表述或反应具体地描述为各种不同的受众类型，而这些受众类型可能是社会阶层或其他背景变量的反映，也可能是被扭曲的事实。如前所述，使用与满足研究难以给出无可置疑的受众结构模型。

另一个不能回避的问题是使用与满足之间孰因孰果。如果强调媒介使用是受众获得满足的主要原因，就意味着把媒介消费中需要—满足、紧张—缓解等过程看成是具有因果联系的逻辑序列。然而，这种说法恰恰也可以有完全相反的理解，即受众由于从日常生活环境中得到了自我解放而使用媒介。"使用与满足"研究的学者们也反驳其理论不是纯粹的功能主义，甚至认为他们可以超越功能主义。比如菲利普·帕尔姆格林便认为："虽然功能主义有很多种，但大多数都想通过模式或行为的效果或结果（功能）来解释行为的社会模式（结构）。从这个模式看，它并不是对人们使用与满足的解释，它不仅仅考虑到人们从媒体中获得满足对以后行为的反馈作用，而且考虑到使用者的需要、价值观和信念的社会和心理根源，这些形成了人们行为的动机；

它在信念、价值观和社会环境的指引下,通过消费媒体或其他非媒体行为来寻求各种满足。"①

帕尔姆格林认为,媒介的使用与满足是多变量的、复杂的因果关系,"人们寻求的满足"在媒介、人们的认知、社会和心理等变量中既是因又是果或互为因果的关系。尽管帕尔姆格林对媒介使用与满足之间的复杂关系的认知仍然值得推敲,但我们不得不承认,受众的背景、文化选择以及文化经验等方面的差异会对媒介的选择和使用造成影响。同样,媒介技术变革、媒介内容的更新都会使得受众面临着多种选择。所以,使用与满足研究的学者们强调媒介使用与满足之间的因果关系是不合时宜的。然而,帕尔姆格林强调其中既是因又是果或互为因果的关系的视角也同样是功能主义的,因为这会导致受众与媒介之间的动态关系和受众的媒介需求本身的文化属性被忽视。由此可见,在阐述媒介使用与满足的关系时,使用与满足研究的学者们实在难以逃脱其功能主义的陷阱。

理论的演进是一个螺旋上升的过程。总体来看,在使用与满足研究的发展进程中,不仅有宏富的实证调查资料和相应的细致描述,还有尽量追求理论化的阐释。从电视受众研究在 20 世纪 80 年代的发展情况来看,正是使用与满足研究对受众主体地位和内在动力机制的强调改变了过分偏重影响研究的状况,使得主动受众的观念得以凸显,并在理论突破方面取得了较大进展。

---

① [美] 菲利普·帕尔姆格林:《利用与满足的理论研究》,载常昌富、李依倩选编《大众传播学:影响研究范式》,关世杰等译,中国社会科学出版社 2000 年版,第 264—265 页。

第二章　多频道切换：开放的电视文本与受众的意义再生产

电视模拟选择技术和控制技术的提升，带来了遥控器、录像机等设备和有线电视传输技术的发展，促使电视媒介进入拥有更加多元化的电视欧尼到和电视内容的多频道切换。从20世纪80年代中期至90年代，录像机技术的出现帮助受众随时记录和回看电视内容，使得看电视这一行为可以脱离线性的节目时间表而进行。与既没有遥控器也没有录像机的电视网时代相比，"多频道切换时期"的受众行为和观看体验发生了质的变化：他们更多的是录黄金档的节目，而且也更多观看早间节目、新闻和体育直播；同时，多台电视机在家里使用也变得更加普遍。[1]

由于电视内容的丰富性以及收视行为的自主化和碎片化，电视受众的使用行为和需求与内容之间的对应关系逐渐模糊。以往针对电视内容与受众认知、态度与行为之间的直接关系或间接关系的研究取向遭到挑战，学术界转而从日常生活环境、社会结构等角度去考察受众如何使用电视和如何理解电视。此时，受众如何接受电视文本、电视文本如何呈现受众形象、电视传播机制与受众解码之间

---

[1] 参见［美］阿曼达·洛茨《电视即将被革命》，陶冶译，中国广播影视出版社2015年版，第89页。

的关系等话题成为研究者关注的焦点,出现了基于文化研究和接受分析的受众研究传统。

电视受众解码研究兴起于英国,也被称为"新受众研究",其影响力遍及全世界。与电视影响研究和使用与满足研究相比,其较"新"之处主要体现在研究视角、方法、立场等方面。具体而言,着眼点上更关注受众的讯息接受过程,而不是内容生产者、文本、文本产制过程;方法上更依赖阐释民族志,而非量化统计、内容分析或文学批评;立场上更倾向于将人口统计学变量所代表的社会结构因素、大众文化意识形态、文化领导权问题以及媒体力量的影响等看成是有限而模糊的,重于描述受众置身的日常生活及文化情境如何影响特殊个体的媒体讯息接受行为。[①]

一般认为,戴维·莫利所开创的阐释民族志受众研究属于"新受众研究"的起点。在继承编码/解码理论的基础之上,莫利放弃了对电视信息编码的意识形态属性的关注,转而强调受众在日常生活中对电视信息的主动理解。同时期,一批与英国文化研究具有学缘关系的学者也纷纷以"解码"为关键词,就日常生活中受众如何理解电视新闻和电视剧进行研究。这些研究试图分析受众如何解码电视内容、为什么这样解码,以及这种解码与人口学变量、日常生活、文化环境、意识形态权力等方面的关系,因此,也有学者把这类研究称为"接受分析"(reception analysis)。

本章以电视文本的结构化编码、作为多重话语主体的电视受众、电视的"语符民主"、受众的微观抵抗,以及女性受众的他者化表征及其愉悦机制为主要研究对象,检视它们的理论观点、发展脉络以及学界对它们的质疑,思考它们的发展困境,从而尽量避免激进的进步主义观点。

---

① 参见曹书乐、何威《"新受众研究"的学术史坐标以及受众理论的多维视野》,《新闻与传播研究》2013年第10期。

第二章　多频道切换：开放的电视文本与受众的意义再生产

第一节　电视文本的结构化编码与受众的策略性解码

斯图亚特·霍尔（Stuart Hall，1932—2014）是英国当代著名的传播批判研究和媒介文化研究学者。他个人不仅在传媒研究、亚文化研究等方面造诣很深，还在 1968 年以后领导伯明翰大学的"当代文化研究中心"（Centre for Contemporary Cultural Studies，简称 CCCS）对新闻传媒、流行文化、移民、种族、秩序与监控等诸多领域进行了开创性研究，创立了文化研究的伯明翰学派。霍尔也因此被称为是当代英国的"文化研究之父"。

霍尔一生著述甚多。据不完全统计，从 20 世纪 50 年代末期到 90 年代，霍尔的各类著述已经多达 200 余项。[①] 由于霍尔的研究成果甚多，而已经被翻译成为中文的论著却又数量有限，因此，尽管霍尔在国内学术界具有较高的知名度和热议度，但其媒介研究思想，尤其是电视受众研究思想，仍未得到充分的探究。作为西方新左派媒介研究学者，霍尔深受符号学和马克思主义政治经济学的影响，从罗兰·巴特、德里达、葛兰西等学者那里吸收了丰富的理论营养，其学术成果也表现出对多种理论思想的继承与创新。本文从霍尔的电视研究成果出发，以《电视话语的编码与解码》（1973、1980）、《时事电视的"团结"》（1974）等为主要分析对象，试图理解他在电视批判研究方面的思想内涵，进而阐释他对电视受众研究所产生的重要影响。

一　电视话语的编码与解码之间存在结构性差异

在霍尔早期的研究成果中，文章《电视话语的编码与解码》（以

[①] Kuan-Hsing Chen, A Working Bibliography: Writings of Stuart Hall, *Journal of Communication Inquiry*, Vol. 10, No. 2, 1986, pp. 125 – 129. 参见黄典林《重读〈电视话语的编码与解码〉——兼评斯图亚特·霍尔对传媒文化研究的方法论贡献》，《新闻与传播研究》2016 年第 5 期。

下简称《编码，解码》）影响甚大，不仅因为它是霍尔对电视研究的直接贡献，而且也是传播学批判研究范式的代表性论述。这篇论文起初命名为《电视话语的编码与解码》，是 1973 年 9 月召开的关于电视批判研究的学术对话的发言稿。后来，霍尔删除了其中涉及西部片的符号学分析以及传播与文化政策批判的相关论述，淡化了对美国经验学派的批判色彩，并改名为《编码，解码》于 1980 年正式公开发表。[①] 不管是 1973 年的版本，还是 1980 年的版本，这篇论文的核心主旨变化不大。亦即是，从结构主义符号学和马克思主义政治经济学的双重视角阐释电视内容生产机制中的意识形态建构和电视传播过程中存在着的结构性冲突，同时对美国主流媒介研究的理论缺陷进行批判。

《编码，解码》对当时流行的大众传播线性模式进行了批判，认为传播不是实验性的、局部的过程，而是整体的、结构性的社会化过程。以马克思的社会资本再生产理论中有关"生产—流通—分配/消费—再生产"模式作为理论参照，霍尔将媒介传播过程看作是处于社会结构中的传播者和受众之间的"编码—解码"活动。编码和解码存在于电视信息的生产和流通过程："这些实践的'对象'就是以特殊方式组织起来并以符号载体的形式出现的各种意义和信息，它们像任何形式的传播或语言一样，在一种话语的语义链范围之内通过符码的运作而组织起来。因此，机制、关系和生产实践在某个环节（'生产/流通'环节）以符号载体的形式开始运作，这个符号载体是按'语言'规则构成的。'产品'就是以这种话语形式流通的。"[②]

编码/解码活动正是在包含着符号和语法规则的信息传播中"接

[①] 参见黄典林《重读〈电视话语的编码与解码〉——兼评斯图亚特·霍尔对传媒文化研究的方法论贡献》，《新闻与传播研究》2016 年第 5 期。

[②] ［英］斯图亚特·霍尔：《编码，解码》，载罗钢、刘象愚主编《文化研究读本》，中国社会科学出版社 2000 年版，第 351 页。

第二章 多频道切换：开放的电视文本与受众的意义再生产

合"，在复杂的社会文化结构和政治结构的关系网中完成传播过程。在这个复杂的关系结构中，传播者和受众所处的社会文化结构会有所差异，他们各自对电视符码的解读和使用并不完全一致，因此编码和解码也会有所不同。"编码/解码"模式（如图2-1所示）将电视技术、内容生产、编码机制、解码机制等内容与社会结构相联系，推翻了把受众看作是电视信息的被动接受者的传统认识，进而提出了一种新的受众研究取向。

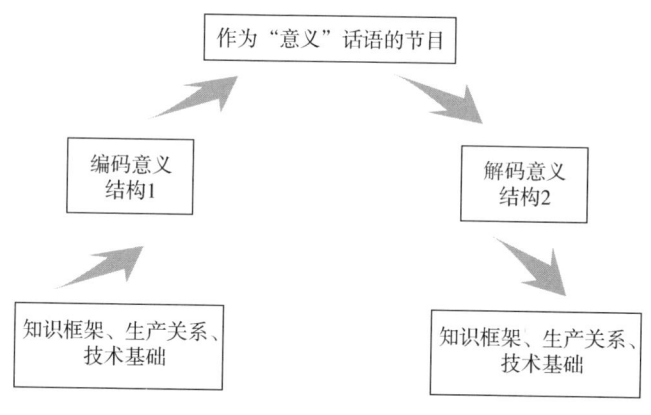

```
              作为"意义"话语的节目
             ↗                    ↘
      编码意义                      解码意义
      结构1                        结构2
         ↑                           ↓
  知识框架、生产关系、        知识框架、生产关系、
     技术基础                    技术基础
```

图2-1 "编码/解码"模式①

霍尔从结构主义符号学和意识形态理论的视角出发，探讨了电视符码的结构化建构过程。美国学者李普曼早就告诫我们，大众传播媒介所传达的信息并不是对客观事实的再现，而是经过筛选、加工、报道等结构化处理后所呈现的信息。霍尔在《编码，解码》中也提到电视符码的结构化建构过程：

> 一个"未经加工的"历史事件不能以这种形式通过电视新闻来传播。事件必须在电视话语的视听形式范围之内符号化。在以话语符号传送的这一环节中，历史事件服从语言所赖以指涉的所

---

① 参见斯图亚特·霍尔《编码，解码》。

有复杂的形式"规则"。用悖论的方式讲,这个事件在变为可传播的事件之前,必须要变成一个"故事"。此时,话语形式的次要规则"占主导地位",当然这并不意味着使它所指涉的历史事件、使这种次要规则于其中发挥作用的社会关系,以及以这种方式被符号化的事件的社会政治后果不复存在。从信息来源到接收者的渠道中,"信息形式"是事件必要的"表象形式"。成为或脱离"信息形式"(或者符号交换的模式)的转换,不是我们可以随便看重或忽略的一个任意"环节"。"信息"形式是一个确定的环节;然而,在另一个层次上,它仅仅形成了传播学系统的表面运动,并且需要在另一个阶段融入到传播过程的社会关系中,传播是一个整体,而它构成这个整体的一部分。①

所有未经符号化的新闻事件是不能通过电视来传播的,易言之,电视传播的所有内容都是被建构出来的符号化内容。电视符码看起来非常自然,所传达的新闻事件也是发生在身边的事情,这一切看起来"任意"的符码(即"外延符码")归根结底是被建构出来的。

接着,霍尔援引了神话理论和文化霸权理论,指出建构电视符码的"复杂的形式'规则'"其实是主导话语结构。主导话语结构是社会义化秩序和政治秩序相互交织的结构,它受到主导意识形态的支持。"但是我们说'主导的',是因为存在着一种'被挑选出来的解读'方案:在这些解读内镌刻着制度、政治、意识形态的秩序,并使解读自身制度化。在'被挑选出来的意义'的多个领域镶嵌着整个社会秩序,它们显现为一系列的意义、实践和信仰:如对社会结构的日常知识、'事物如何针对这一文化中所有的实践

---

① [英]斯图亚特·霍尔:《编码,解码》,载罗钢、刘象愚主编《文化研究读本》,中国社会科学出版社 2000 年版,第 352—353 页。

第二章 多频道切换:开放的电视文本与受众的意义再生产

目的而发挥作用'、权力和利益的等级秩序以及合法性、限制和制裁的结构。"① 因此,电视符码的内在意义(即"内涵符码"),或者说是被受众所选择的"联想意义",是向主导话语结构和意识形态开放的。通过对电视符码的内涵和外延的结构化分析,霍尔阐明了电视符码的意识形态属性,指出电视内容是意识形态的输出手段。

以 BBC 的深度调查节目"全景"(Panorama)为案例,霍尔与当代文化研究中心的媒体小组成员一起分析了电视节目的内容生产和传播是如何被社会结构和意识形态所建构的。其研究成果体现在论文《时事电视的"团结"》(The "Unity" of Current Affair Television)中。1974 年,英国经历了两次国会议员选举,第一次在当年 2 月底结束,但由于上台的工党政府的投票议席较少且没有通过相关议案,因此英国在当年 8 月进行了第二次大选。此时政局动荡,统治阶级内部的矛盾以及人民群众与统治阶级之间的矛盾日益激化,国家财政状况也不容乐观。霍尔等人选择了 1974 年 10 月"全景"栏目中有关此次大选局势的投票前的最后一次节目——"哪一种民族团结"(What Kind of Unity?)进行研究。该期节目的主要内容,是讨论英国国内高涨的民族主义情绪与"联合王国"发展之间的矛盾问题。这期节目邀请了三位不同党派背景的议员就节目规定的议题进行辩论,整个辩论过程在公开、客观、公正的环境之下进行,并通过电视在国内外传播。霍尔等人深入分析这期节目后发现,电视内容的制作方式、操作流程、视觉符号、参与者的口头语言和身体语言等并不是随意的,都是经过主导话语结构建构后再呈现出来的。首先,三位辩论者的选择看似体现了电视媒体在呈现政党冲突时如何尽量客观和公正,但实际上是在引导观众对"联合王国"议会政府的认同与支持。

---

① [英] 斯图亚特·霍尔:《编码,解码》,载罗钢、刘象愚主编《文化研究读本》,中国社会科学出版社 2000 年版,第 360 页。

其次，复杂的政治内容被节目编码者以明白晓畅的符码展现出来，让解码者能够比较轻松地获得节目所传达的信息。霍尔认为，这些看似简单的符码其实包含着多层含义，在表意机制上也存在着"外延符码"与"内涵意义"之间的差异。"电视在自身要求下依靠所能提供的技术和传播的能力来尽量让编码和解码顺利通畅，这会被试图理解为一种意识形态的到达，因此会建立一个主题的优先阅读。参与者、节目中元素的组织构成，作为一个整体节目的先后顺序，都被设计和生产去加强这种优先解读。"[①] 可以看出，电视符码的内涵意义并不是完全一致的，存在着优先主体和偏好意义。因此，不管电视符码的内涵如何囊括整个意识形态话语，它所传播的总是那些能够被大多数人接受的信息。

以美国西部片为例，美国西部的荒野与小镇、牛仔与骏马、阴谋与爱情、文明与野蛮、个人与社会等被程式化地编码为一种特定的电影类型符号，这种稳定的编码规则成为影片制作者和受众共享的符码系统。霍尔从符号学的视角分析了西部片的编码规则，"虽然西部片的叙事类型与历史上真实的西部有关，但西部片叙事模式已经将这种历史真实进行了神话化处理，将其转化为一个神话性西部，从而构成了关于美国人的原型或典型叙事模式"[②]。西部片中往往会呈现文明与野蛮、个人与社会的暴力冲突，因此暴力影像是这一类型片的典型特征。根据符号学中有关语义组合的论述，这些暴力元素都不是单独的语义单元，"它只能在作为整体的讯息的结构化意义层面

---

① Media Group（Hall, S., Connell, I. and Curti, L.），"The 'Unity' of Current Affairs Television", *CCCS Selected Working Papers*（Vol. 2），London: Routledge, 2007, p. 341. 参见王卓慧《伯明翰学派的电视观》，中央编译出版社2017年版，第109—110页。

② Hall, S., "Encoding and Decoding in the Television Discourse", in Gray, A. et al. (eds), *CCCS Selected Working Papers*（Vol. 2），London: Routledge, 2007, p. 389. 参见黄典林《重读〈电视话语的编码与解码〉——兼评斯图亚特·霍尔对传媒文化研究的方法论贡献》，《新闻与传播研究》2016年第5期。

上发挥表意功能。暴力要素的表意功能依赖于它与其他要素或单元的关系"①。一方面，暴力行为总是与正义伦理休戚相关，需要在正义、道德的框架下理解暴力符码的表意功能；另一方面，西部片中的暴力内容也不只是一种暴力行为，更是一种被类型片所规范化的暴力符码。西部片本身拥有一套程式化的符码，而暴力符码则是这套符码的元符码，"其作用是使得外延意义中立化，而使得内涵意义处于流动之中，同一个外延意义单元可以从一个参照符码体系置换到另一个，与不同的内涵意义产生情景化的结合关系"②。因此，霍尔认为："西部片中的暴力元素在本质上不在于暴力内容本身，而是关于行为准则的一系列话语建构。"③

二 "接合"编码、符码与意识形态规范：电视受众的策略性解码

在《编码，解码》的相关研究中，国内学界探讨较多的是其中关于电视受众解码类型的论述。在1973年版的文章中，霍尔提出了四种受众解码类型："主导性或霸权符码（dominant or hegemonic code）、专业性符码（professional code）、协商性符码（negotiated code），以及对抗性符码（oppositional code）"④。而在1980年版中则删减为三种

---

① Hall, S., "Encoding and Decoding in the Television Discourse", in Gray, A. et al. (eds), *CCCS Selected Working Papers* (Vol. 2), London: Routledge, 2007, p. 390. 参见黄典林《重读〈电视话语的编码与解码〉——兼评斯图亚特·霍尔对传媒文化研究的方法论贡献》，《新闻与传播研究》2016年第5期。

② 黄典林：《重读〈电视话语的编码与解码〉——兼评斯图亚特·霍尔对传媒文化研究的方法论贡献》，《新闻与传播研究》2016年第5期。

③ Hall, S., Encoding and Decoding in the Television Discourse, in Gray, A. et al. (eds), *CCCS Selected Working Papers* (Vol. 2), London: Routledge, 2007, p. 392. 参见黄典林《重读〈电视话语的编码与解码〉——兼评斯图亚特·霍尔对传媒文化研究的方法论贡献》，《新闻与传播研究》2016年第5期。

④ Hall, S., Encoding and Decoding in the Television Discourse, in Gray, A. et al. (eds), *CCCS Selected Working Papers* (Vol. 2), London: Routledge, 2007, pp. 396-397. 参见黄典林《重读〈电视话语的编码与解码〉——兼评斯图亚特·霍尔对传媒文化研究的方法论贡献》，《新闻与传播研究》2016年第5期。

解码模式：主导—霸权式、协商式和对抗式。黄顺铭是较早对1980年版的《编码，解码》进行引介的国内学者。在《一个诠释典范：霍尔模式》（2002）一文中，他将霍尔解码模式的来源、基本内涵及其学术影响作了较为细致的梳理。此后，国内出现了一系列阐释、验证霍尔模式的研究成果。霍尔的受众研究挑战了美国主流的行为主义和实证主义受众研究进路，被认为是受众批判研究的典范。在详细分析受众解码类型之前，有必要先对电视传播的有效性问题进行论述。

如前所述，电视的内容生产和传播过程实际上是由主导话语结构所控制的传播系统来把关，这个系统中包含着诸多要素之间的角力和各种结构性矛盾之间的张力。而传统的电视传播研究所关注的"有效传播"常常包含着受众对编码的不熟悉、不理解甚至是误读，因此，他们只能参考"选择性感知"理论来理解这种解码的差异。在《编码，解码》一文中，霍尔对这种研究路径进行了批判，"'选择性感知'几乎从不像这个概念所暗示的那样是选择性的、任意的、私人化的"[1]，"他们真正想说的是电视观众没有在'主导的'或'所选的'符码范围内活动。他们理想的是'完全清晰的传播'。然而，他们不得不面对的是'系统地被扭曲的传播'"[2]。因此，霍尔提出，要实现有"完全清晰的传播"，也就是要让解码与编码精准地"接合"，就必须努力克服系统性的扭曲。对解码者来说，这种"系统性的扭曲"除了与自身的知识框架、社会背景和技术基础相关之外，还与思想系统受到意识形态控制有关。易言之，在霍尔的论述里，电视内容的编码、符码和解码都是局限在意识形态控制之内的；不管是"误读"还

---

[1] [英]斯图亚特·霍尔：《编码，解码》，载罗钢、刘象愚主编《文化研究读本》，中国社会科学出版社2000年版，第361页。
[2] [英]斯图亚特·霍尔：《编码，解码》，载罗钢、刘象愚主编《文化研究读本》，中国社会科学出版社2000年版，第361页。

是"完全清晰的传播",都是高度结构化的符码、编码和解码之间的"接合"。

在《编码,解码》中,霍尔先后提到的葛兰西的文化霸权理论和法兰克·帕金(Parkin)的有关社会阶级的"意义体系"的相关论述是他的理论来源。文化霸权理论描述了统治阶级"通过操纵'精神及道德领导权'的方式对社会加以引导而非统治的过程",也就是说,文化霸权即统治阶级在意识形态方面的领导权。当然,葛兰西也指出,文化霸权不是一种绝对的、自上而下的领导权力,而是统治阶级与被统治阶级在大众文化场域中互相妥协、相互协商的结果。帕金的著作《阶级不平等与政治秩序》指出,不同社会阶级的成员具有不同的道德阐释框架和"意义体系",而西方社会主要包含主导型、屈从型和激进型三种意义体系。根据葛兰西和帕金的论述,霍尔认为,即便是受到意识形态的控制,受众在面对相同的电视符码时还是会根据传受结构的不同而呈现出不同的解码方式,即呈现出主导—霸权式、协商式和对抗式三种不同的解码方式。

主导—霸权式解码,是指受众是在传播者所传达的主导符码范围内解读信息,受众的解码意义和解读过程符合传播者的预期,是一种"完全明晰的传播"形态。协商式解码,是指协商受众可能按照主导话语结构来解读电视符码,也可能将电视符码、主导话语结构与社会现实相结合,从而对主导话语结构进行修正或协商。霍尔指出,协商式解读中包含着相容因素与对抗因素的混合,"它认可旨在形成宏大意义(抽象的)的霸权性界定的合法性,然而,在一个更有限的、情境的(定位的)层次上,它制定自己的基本规则——依据背离规则的例外运作"[1]。换句话说,受众的解码意义与编码的主导意义不完全相同,也不完全相异。

---

[1] [英]斯图亚特·霍尔:《编码,解码》,载罗钢、刘象愚主编《文化研究读本》,中国社会科学出版社2000年版,第364页。

对抗式解码，是指受众的解码意义与编码的主导意义完全相反。虽然编码者主导话语结构是根据大多数人的信息解码习惯预先设计好的，但由于受众所处的特殊接受语境会激发他们以不同的解码方式来对待相同的电视节目。因此，霍尔也指出，三种解码方式之间是相互联系的，它们共处于大众文化的解码场域之中，没有哪一种解码方式始终占据上方或总是处于弱势。

霍尔曾明确指出，受众解码模式是基于对美国受众研究的结构功能主义和行为主义取向的不满而提出来的，希望以一个更积极的"受众"概念取代那些被动的、无差别的"受众"概念。"选择性感知"并不代表受众真正具有任意选择的可能，而行为主义受众研究则不仅过于重视受众的心理需求和满足，将受众研究还原为个人主义的媒介使用行为，还没有将这种使用行为置于宏观的社会环境之下考察。此外，霍尔还批评使用与满足研究对文本意义封闭性的忽视。他坚持认为，受众的主体性不是任意建构的，它必须服从于主导意识形态的规范。

在三种解读策略的分析中我们也可以看到，霍尔其实意识到了受众自身的主体性。不管是主导—霸权式、协商式还是对抗式解读，受众都是在对电视话语的编码进行接受之后才进行解码活动，而解码中也包含受众自身的知识结构和价值判断。在主导—霸权式解码中，霍尔强调受众解码符合传播者编码的预期，换句话说，此处强调的是电视话语能否实现共享。在协商式和对抗式解码中，受众的主体性和特殊性更加凸显，协商是在承认宏观文化霸权的前提之下对电视话语的主导意义进行优先解读并对其持保留意见；对抗式则更加突出受众之于主导话语结构的特殊性。但遗憾的是，霍尔虽然意识到了受众有自己的解码框架，却没有进一步对此进行详细阐释。正如有学者所指出的那样，"作为受众的电视话语一次也未被直接地指及，霍尔所聚焦的是所编之'码'在传播过程中既控制又被修改的过程，而至于被什么、被解码者依据什么所修改则始终语焉不详,似乎总是话到笔端又倏忽溜走了"①。不管怎样,编码/解码模式开创了受众阐释研究的新时代是不争的事实。

三 受众的阶级差异性与电视解码的多义性

有学者认为,受众解码的三种策略并不是霍尔的研究重点,"只是理论大功告成之后的适当联想"②。也有学者提出,"受众的解码策略与意识形态的编码甚为相关,却不存在必然性联系,换言之受众的解码策略的确需要根据其时间性的生活世界"③。即便如此,重新梳理霍尔的研究思路对进一步探讨电视媒介演进与受众观念之间的关系仍然具有历史意义。因为,霍尔的《电视话语的编码/解码》不仅阐明意识形态对电视话语的编码和解码的控制,还为后继学者如戴维·莫利、洪美恩等深入讨论电视受众的主体性问题绘下了学术"蓝图"。

首先是拓展了对电视传播过程的认识。霍尔从电视传播的"产品"入手,认为电视生产实践与流通的产品即"信息",是媒体机构经过内部话语系统生产的组织化符号。这种"组织化的符号"有其依赖的媒介技术、传播制度和组织结构,也有其需要遵循的特定的"语言"规则。这种"语言"规则在生产和传播过程中会受制于意识形态和观念体系的影响,也会不断从社会文化环境、政治系统和知识系统中汲取有意义的资源。"信息"的有效传播是编码—解码—再编码的循环过程,不是简单的刺激—反应过程。受众对电视讯息的接受也不

---

① 金惠敏:《抵抗的力量决非来自话语层面——对霍尔编码/解码模式的一个批评》,《文艺理论研究》2010 年第 2 期。
② 陈力丹、林羽丰:《继承与创新:研读斯图亚特·霍尔代表作〈编码/解码〉》,《新闻与传播研究》2014 年第 8 期。
③ 赵永华、姚晓鸥:《媒介的意识形态批判抑或受众研究:霍尔模式的现象学分析》,《国际新闻界》2013 年第 11 期。

是单纯的被动影响和获得心理满足，而是在复杂的语境下作出的有意义的阐释。霍尔不赞同那种忽视电视传播和社会权力结构联系的研究取向，因为电视传播是在社会文化系统和政治系统交织的网络结构中进行的，电视传播是意识形态机构展现霸权的一种手段。可见，霍尔对电视传播的理解与阐释突破了从技术和物质的角度对电视进行界定的框架，强调电视传播的意识形态属性，并将受众对电视讯息的阐释纳入了研究视野，突出了电视在实现主导话语结构共享方面的功用与价值。

其次是深化了对抽象受众的认识。在有关受众解码模式的论述中，霍尔意识到了受众的主体性问题，但实际上在解释编码与解码之间的差异时却暗示了受众对意识形态控制下的符码的"无能为力"。三种解码模式证明受众的解码意义与传者的编码意义在多数情况下是不相同的，这不仅与编码者和解码者之间的地位差异有关，也与二者所使用的符码不对称有关。编码者与解码者由于受阶级、知识背景、社会文化环境、种族、性别等因素的影响，二者的符码很难完全一致。这些与社会地位相关的因素也会影响到受众对于符码的使用，易言之，不同的解码者也具有不同的符码。

如前所述，电视讯息的编码存在着"内涵符码"与"外延符码"两个层次。"内涵符码"向意识形态话语开放，虽然其中带有特定的优先解读的意义，但可以将不同的话语统一到内涵意义上。"外延符码"往往通过类型化的和普遍化的符码进行展现，这些符码也是由文化系统和主导话语系统深度交织而成，因此往往不易察觉。霍尔认为，虽然"内涵符码"与"外延符码"都很重要，但在编码和解码过程中起主导作用的仍然是"内涵符码"，即主导意识形态。在结构主义符号学和马克思主义政治经济学的双重视角下，不同受众所依赖的社会环境和文化背景，以及由此带来的复杂性和个体性被主导意识形态结构所遮蔽了，受众被抽象化为霍尔所反对的那种简单的、同质化的受众。但实际上，相同的符码可以被解读出不同的意义，不同的符码也可被解读为一致的意义。也就是说，解码者本身的复杂性也会影响电视讯息解码的多义性，而不仅是电视信息天然地决定了受众对符码意义的解读。因此，从反向角度来看，霍尔的电视受众研究并没有真正地呈现出活生生的受众，反而进一步深化了我们抽象受众的认识。

最后是对符号学和马克思主义政治经济学理论的继承与创新。在《编码，解码》（1973、1980）和《时事电视的"团结"》中，霍尔都对电视的视听信息进行了符号学分析。与艾柯、罗兰·巴特等人将符号学分析的重点放在文本上有所不同，霍尔侧重于对受众解码策略的分析。符号学观点认为，电视对现实世界的反映具有"类真实"特点，即电视对现实的反映只是部分真实。既然是"部分真实"，那么那些不真实的部分内容也会被受众所接受，因此受众的解读和感受就不应该被忽略。符号学本身是以文本为中心的研究路径，是一种精英主义的研究视角，而霍尔则将它作为受众研究的理论基础，实现从侧重文本的媒介研究转向了侧重受众的媒介研究。因此有学者指出，"这种处理消退了符号学对文化研究的侵蚀，转而使其成为了文化研究在特定领域的分析工具，打捞了文化主义的传统。霍尔的《编码，解码》也因此成为文化研究跳脱符号学、实现中兴的关键，而非一些研究者所认为的结构主义抬头的推手。他对结构主义符号学的调整，出于文化研究的受众本位思想，是一次基于文化主义传统的习惯性纠正。"[①]

在《编码，解码》中，霍尔援引了马克思主义有关生产与消费的论述，并从中领悟到电视内容生产的结构化问题。霍尔将电视受众的

[①] 陈力丹、林羽丰：《继承与创新：研读斯图亚特·霍尔代表作〈编码/解码〉》，《新闻与传播研究》2014年第8期；曹书乐：《论英国传播研究——一种马克思主义学术传统的考察》，博士学位论文，清华大学，2009年，第57页。

解码行为纳入电视的结构化生产和流通过程中，就此建立起了电视受众研究与马克思主义政治经济学之间的理论联系。但与传统马克思主义对于生产与消费之间"直接的同一性"关系的描述不同的是，电视内容的生产与再生产不是完全等同的，"编码、解码构不成直接的同一性"①。霍尔的这种表述实际上暗含着对马克思主义政治经济学理论的扬弃。其中，"发扬"之处体现在霍尔看到了电视话语的编码、解码和作为电视内容的生产、消费在传播中所具有的普遍相似性。但同时，编码和解码之间的差异又是与生俱来的，因此"直接的同一性"在理论建构中则是必须舍弃的。有学者认为，"这样一个否定的肯定，反映了霍尔对马克思关于生产环节辩证关系的继承，以及在结构主义指导下对'差异'的坚持"②。

探寻电视与受众之间的复杂关系是电视受众研究的核心命题，关注电视传播的意识形态属性和受众的解码策略也是受众解码研究的主要视点。但正如金惠敏所言，霍尔的受众解码研究虽然有其理论缺陷和历史局限性，但他却为戴维·莫利的电视受众研究绘制了理论"蓝图"。与之相呼应，赵永华和姚晓鸥也认为，要发现真正的受众，"霍尔模式所关注的意识形态编码与受众解码的关系，必须补充关涉个体生活世界的时间性的模块才能真正地实现"③。因此，本节对霍尔的电视受众研究思想所进行的扼要介绍和分析，将促进我们对戴维·莫利、约翰·费斯克、洪美恩等学者的相关研究的理解和阐释，也有助于厘清电视受众诠释研究的理论基石和逻辑脉络。

---

① Stuart Hall, Encoding/decoding, in Stuart Hall et al. eds., *Culture, Media, Language: Working Papers in Cultural Studies*, London: Routledge, 1980, p. 119. 参见陈力丹、林羽丰《继承与创新：研读斯图亚特·霍尔代表作〈编码/解码〉》，《新闻与传播研究》2014 年第 8 期。

② 陈力丹、林羽丰：《继承与创新：研读斯图亚特·霍尔代表作〈编码/解码〉》，《新闻与传播研究》2014 年第 8 期。

③ 赵永华、姚晓鸥：《媒介的意识形态批判抑或受众研究：霍尔模式的现象学分析》，《国际新闻界》2013 年第 11 期。

第二节 作为多重话语主体的电视受众

20世纪70年代以来，英国学术界开始对电视的社会角色赋予强烈关注。由于各种复杂的原因，戴维·莫利（David Morley，1949—　）在读博士期间进入了伯明翰大学当代文化研究中心，跟随斯图亚特·霍尔做电视文化研究。[①] 在伯明翰当代文化研究中心的学术锻炼，成就了莫利在当代英国文化研究领域里不可磨灭的历史地位。

莫利对电视受众的研究散见于他的诸多论著中，如《每日电视：〈全国新闻〉》（1978）、《〈全国新闻〉的受众：结构与解码》（1980）、《家庭电视》（1986）、《电视、受众与文化研究》（1997）等。从研究主旨上看，莫利试图阐明受众的电视观看过程不仅是结构化的文本阐释过程，更是一个社会化过程。从主题上看，这是对斯图亚特·霍尔有关电视话语编码/解码思想的延续。不过，霍尔侧重从符号学和马克思主义政治经济学的视角观察电视的传播机制。与霍尔不同的是，莫利更倾向于将受众解码与电视媒介的日常传播环境相结合，"通过广泛考察流行的电视节目，对现实生活中的电视节目的意识形态构架进行分析，进而研究媒介受众所参与的消费与解码的多方面过程；同时也尝试着在一个更为广泛的家庭传播的背景下，重新构建意识形态的研究框架，这涉及了新技术、广电媒介和家庭动力之间的宽泛而又错综的联系"[②]。

[①] 戴维·莫利原计划在肯特大学跟随克里山·库马（Krishan Kumar）攻读博士学位，但恰逢库马外出研究一年，莫利只好转而跟随传统马克思主义者弗兰克·帕金（Frank Parkin）进行学习。帕金给了莫利两点意见：一是自己根本不懂大众传媒，不知道为什么会被指派为莫利的导师；二是如果不去研究电视受众的思考和行为，仅是研究电视媒体的报道是没有意义的。1972年，在帕金的建议下，莫利给伯明翰大学的斯图亚特·霍尔（Staurt Hall，1932—2014）打了电话。之后，莫利处于游学状态。到1972年底，他已经与在伯明翰研究媒体的人有了十分频繁的接触。在霍尔门下，莫利被分派做关于电视的文化研究。参见胡翼青编《西方传播学术史手册》，北京大学出版社2015年版，第71页。

[②] [英]戴维·莫利：《电视、受众与文化研究》，史安斌译，新华出版社2005年版，第1页。

在《电视、受众与文化研究》一书中,莫利将电视受众研究划分为三个部分。第一,重构电视文本,指受众对电视文本的诠释是建立在嵌入社会结构中的文化差异之上的,受众的诠释受到交叉话语的影响。第二,家庭电视消费,是指对家庭收视语境中各种性别权力关系进行社会学和符号学研究。第三,"想象共同体"的建构,这是基于电视对于塑造受众对国家、民族和家庭的集体认同与共同记忆的影响的研究。莫利对电视受众进行了符号学和社会学的分析,并开创性地引用了民族志研究方法。但是,莫利也面临着诸如"割裂了微观语境和宏观语境""没有反映占统治地位的阶级生产意义并使之固定化的过程""过分强调媒介内容的影响方式而忽略了媒介本身就在建构着社会生活"等批评。民族志研究方法也被质疑是"形式主义的、人工的",而研究结果则被这样的方法损害了。即便如此,莫利在电视受众研究学术史上的积极作用也值得我们深入探讨。

一 作为社会个体的电视受众及其与多重文本之互动过程

20世纪60年代以来,英国社会的阶级分化日益明显,种族冲突、学生运动等社会事件频频发作,与之相关的是,学术界也开始对各种媒介文化和亚文化现象产生兴趣。莫利的学术研究之路便是在这样的社会语境和学术潮流下开始的。从理论背景上看,有两个人的理论对莫利影响至深:一是其导师斯图亚特·霍尔有关电视话语的编码/解码理论;二是佩舍(Pecheux)的交叉话语理论。这两个理论启发莫利重新思考受众对电视新闻节目的"主导性"解读问题,进而探索受众的解码行为如何重构电视文本。这样的思考路径使他有了与美国主流的受众研究范式和文化研究领域前辈学者不尽一致的观点和看法。

霍尔对于电视受众研究之所以非常重要,是因为他验证了电视话语的编码和解码的复杂性问题。霍尔认为,电视话语在编码者与解码者之间的传播过程必定是一种"被系统扭曲的传播",内涵意义和外延意义可能随着社会环境的改变而受到影响，因此它们在本质上也是多义性的。这表明霍尔已经注意到了电视话语在传播过程中的变化，以及电视话语本身的多义性。通过对电视传播的"生产、流通、分配、消费、再生产"各个环节的分析，霍尔确定了"编码"和"解码"两个环节的重要作用，并提出了主导式、协商式和抵抗式的三种解码方式。霍尔编码/解码理论的提出，对莫利的《全国新闻》研究以及学术界其他后辈学者进行的有关电视受众的各种探讨提供了理论基础。

从1975年起，莫利便开始以英国BBC晚间新闻节目《全国新闻》（又译为《举国上下》）的受众为对象，研究电视受众的思考方式与行为模式。项目起初由他和夏洛特·布伦斯顿共同开展，旨在验证霍尔模式并了解不同受众对该节目的解码情况，其研究成果集中在由他和布伦斯顿合著的《每日电视:〈全国新闻〉》（*Everyday Television*："*Nationwide*", 1978）一书中。他们对该节目的形式、内容组织方式等进行了文本分析，同时考察受众对这些文本的反应。他们发现，受众在理解了电视文本的编码立场后会调整观看行为。为了进一步弄清楚受众如何解码电视文本，莫利开展了第二项受众研究，并完成了《〈全国新闻〉的受众:结构与解码》（*The "Nationwide" Audience*: *Structure and Decoding*, 1980）一书。在此，佩舍的交叉话语理论对莫利起着极其重要的影响。

电视文本是受众解码的基础，而受众是生存于具体社会语境中的个体解码者。霍尔的编码/解码理论已将阶级背景、教育程度等作为受众的解码立场的重要因素，但在莫利看来：

> 在强调考察个体对讯息的解码时必须考虑他们的社会——文化语境，但这并不代表个体的思维和行动仅仅由社会位置所决定，因而直接而"明了"。这是一种粗糙的决定论，抹杀了作为社会行动者的个人范畴，用社会阶级取而代之——好像所有关于个人

的（尤其是个人对讯息的解码方式）事实都可以被简化到他或她所属的阶级之中。我们不必把这些看成是一个二者必居其一的问题。即要么个体的解码完全不同，要么社会位置和社会阶级可以直接决定其成员的解码方式。相反，我们应该了解二者之间的关系——存在于特定的社会语境之中的个体的、特异的经历与反应，与该语境中相应的文化资源共同作用。这便构想出社会个体——一个给定的社会建构语境中的个体解码者。①

为了使电视受众研究能够超越简单的阶级决定论，莫利引入了他极为赞赏的交叉话语理论。交叉话语理论认为："主体的建构各不相同……这可以被看作一种单一、最初的（以及神秘的）召唤——进入了语言与形象过程——它构建了一个空间，而许多相互召唤的主体在这里相互联结，每一个主体形式都对话语过程的构建起着决定性的作用。因此，话语主体是一个交叉话语，它是主体本身的历史中，话语实践跨越主体所产生的效果的产物。"② 易言之，受众是生存在不同话语领域中的个体，总是处在不同的话语系统里面，受众对媒介讯息的诠释过程总是有其他讯息和话语参与其中。受众对讯息的解码立场，总是取决于这些讯息在多大程度上与他们从其他渠道得来的讯息相符或相悖。在此，交叉话语理论把单一文本与单一主体的关系转换为多重文本与多重主体之间的关系，文本与主体的关系被放置在了更为复杂的话语实践语境之中。

在交叉话语理论的影响下，莫利在考虑电视文本与受众解码的关系时分析了两种制约因素："（a）文本/信息/节目的内在结构和机制，

---

① ［英］戴维·莫利：《电视、受众与文化研究》，史安斌译，新华出版社2005年版，第101页。
② ［英］戴维·莫利：《电视、受众与文化研究》，史安斌译，新华出版社2005年版，第69页。

第二章 多频道切换：开放的电视文本与受众的意义再生产

它们导致了某些确定的解读的出现，同时阻碍了另外一些解读的产生（这些可以通过符号学来说明）；（b）读者/接受者/观看者的文化背景，这需要通过社会学来研究。这两类制约结构的互相影响将决定文本意义的各个特征参量，从而避免了陷入文本可以有无数种解读方式的观念或形式主义认为的意义完全由文本所决定的倾向。"[1] 在分析电视文本的内在结构和传播机制时，莫利认为，不仅要关注文本的显性讯息，更要看清文本背后的隐含意义，因为隐含意义是促使受众的个体选择不同于其他人的解码立场的重要原因。这就不仅强调了电视话语在巩固受众已有解码立场的过程中所扮演的角色，更说明电视话语在构建受众新观点方面的积极作用。可以说，通过对受众社会背景的考察，莫利进一步丰富了电视受众作为话语主体的概念。

与卡茨等人重点强调电视受众的个体心理差异、需求和满足不同的是，莫利主张将受众的社会文化背景与其电视解码活动相结合，进而从社会学的视角观察来自不同阶级和文化群体的受众如何解读电视文本。对电视讯息的不同解读不再仅仅表现在个人层面上，更与受众的社会经济地位相联系。受众行为不是由单个个体组成的群体行为，而是由与其相关的次团体和亚文化层层交织的复杂模型。因此，莫利进一步解释了三种受众解码方式：其一是主导性解码，即按照电视讯息的编码框架进行解码；其二是倾向性解码，既接受电视讯息的编码框架，又参照自身的社会语境，因此解码时会部分地改变原来的编码意义；其三是抵抗式解码，即对编码框架进行抵抗式解读，但不一定是完全错误的解读。在这样的解码方式支配下，同一阶层的受众对同一个电视文本会有不同的看法，不同阶层的受众又可能对同一文本表现出一致的解码。

---

[1] ［英］戴维·莫利：《电视、受众与文化研究》，史安斌译，新华出版社2005年版，第85页。

总之，在这一时期，莫利特别关注了电视受众解码的复杂性，即解码不完全是由电视文本决定，电视文本也不存在单一的解读方式，受众与文本是一种互动与重构的关系。一般认为，美国学者在"强大的媒体"与"强大的受众"之间来回摆动，而莫利的电视受众研究则表现出"对不同的情境的更加敏感和不断精化"的特征。

二 家庭权力关系影响受众的电视观看行为

莫利电视受众研究的出发点是验证霍尔模式，但在对《全国新闻》的受众解码情况进行仔细观察后发现，霍尔模式并不能解释所有的解码情况。阶级差异的影响并未如霍尔所说的那么强烈，工人阶级和白领阶层都有可能对电视节目进行主导性解读。可见，受众对电视文本的解码比霍尔所述的更为复杂。因此，莫利的《全国新闻》研究也被视为"编码/解码模型开始坍塌的节点"[①]。但莫利本人并不认为霍尔模式存在学理上的不足，相反，他把这个结果归因于自己的研究方法存在不足所致。因为，他认为自己的研究方法既不是在自然的收视语境之下对受众进行访谈，也没有给受众提供更多的节目素材。因此，为了解决上述问题，莫利决定以电视受众收视的家庭语境作为进一步研究的起点。

电视受众研究不能仅仅研究电视荧屏上的节目，而且应该关注"多余的部分"，这是莫利及其前辈的共同观点。然而，与霍尔将受众看作是特定社会结构的产物不同的是，莫利认为受众是社会的主体，但受众的主体性位置及其所带来的影响并不能从特定的社会结构中推演出来。人是在其所生存的环境中积极参与文化行为的主体。电视受众的观看行为发生在家庭环境之中，通过对家庭成员的观看行为进行

[①] [英] 戴维·莫利：《电视、受众与文化研究》，史安斌译，新华出版社2005年版，第12页。

第二章 多频道切换:开放的电视文本与受众的意义再生产

参与式观察和深度访谈,或可更深入地了解他们的收视行为。因此,莫利将电视节目类型、节目内容、家庭成员文化背景等因素相结合,试图探讨不同文化背景的社会主体对不同类型的节目素材采取何种理解,以及收看电视过程中所涉及的家庭权力问题。

1985年春天,莫利以伦敦南部的18个失业的白人工人阶级或中产阶级家庭为样本进行了深入调查。调查发现,家庭成员使用电视主要是把它当作社会交往的谈资、安排家庭活动的方式、孩子的休闲娱乐工具等。更为重要的是,研究也发现,不管电视节目的类型和风格是什么,也不管家庭成员观看电视的目的是什么,观看电视的行为都与不同家庭成员的角色权力有关,并且这种性别特性明显地表现在所有家庭和社会等级当中。

莫利发现,受众在收视活动中的性别特色,不是由其性别特征决定的,而是由他们在家中所扮演的角色所决定的。在接受采访的家庭中,男主人总是控制其他家庭成员的收视方式和收视内容,并且还控制着电视机、遥控器和录像机的操作。在谈到收视时长时,绝大多数调查者都承认男人看电视的时间远远超过女人。男人看电视时总是全神贯注泰然处之,而女人由于承担着家务工作似乎总是漫不经心或带着歉疚的心情去看电视。在家里看电视,对于男人来说是放松和休闲,而女人则总需要在愉悦和负疚之间寻找平衡。莫利认为这是由男性和女性在家庭语境中的社会角色差异造成的。男性和女性对家庭环境的理解不同,男性更多的是把家看作放松和休闲的地方,职场女性则把家看作第二个工作场所。因而,男性和女性的电视观看习惯也有所不同:男性希望能在安静的、不被打扰的环境里看电视,女性则更倾向于在看电视的同时做家务。许多女性承担着做家务的责任,她们觉得如果在看电视的同时不做点家务就是对时间不可饶恕的浪费。

当然,男人控制电视的局面也会遭到其他家庭成员的反对。调查中发现,一位失业父亲长时间地收看电视,对参与家庭之外的各种自由活动充满了抵触情绪，这样的行为引起其他家庭成员的强烈不满。莫利将这位父亲的做法归因于：为了避免在控制电视方面的"绝对权力"的潜在性丧失。在调查节目类型的偏好时，被调查者也一致认为，男性更偏爱事实性节目或写实性的虚构节目，女性更喜好虚构性节目，尤其是浪漫类型的虚构故事。对此，莫利的解释是，男性不愿意承认看虚构节目的倾向对他们的社会生活有着实际的影响。男性把女性对电视节目的偏好视为品位低俗，而女性在男性霸权下也接受了这一看法。当家庭里出现收视冲突时，女性总是很难争取到自己喜欢的节目，她们只有等时机成熟时独自收看或与三五好友一起收看她们喜欢的节目，并把看电视的时间安排到家务工作的间歇中。

通过对《全国新闻》的人种志调查研究，莫利得出了有关家庭收视与性别权力关系的结论："家庭关系和所有的社会关系一样，不可避免地包含了权力关系……研究在家庭的社会关系中看电视的行为如何进行，就是在研究看电视的行为如何在权力关系的语境下进行，还要考虑到不同家庭成员的角色——包括性别和年龄——所导致的权力上的差异。"[①] 从原计划的以家庭为考察单元到侧重以"个别男/女"的分析，莫利在分析焦点上的转移迫使本次研究提出的问题比它能回答的更多，其理论意义也没有得到充分发挥。由此可见，莫利试图通过家庭电视研究勾画出更为客观的电视使用观念和模式的学术理想还没有完全实现。

三 "文化丛"中的电视受众及其意义生产

在莫利电视受众研究的理论成果中，极为重要的一点是对于电视与日常生活中的受众关系的阐释。遥控器和录像机的使用，为电视观

---

① [英]戴维·莫利：《电视、受众与文化研究》，史安斌译，新华出版社2005年版，第161页。

第二章 多频道切换：开放的电视文本与受众的意义再生产

看带来了更多便利，电视节目也更深程度地影响着人们的生活。同时，媒体从业者开始通过对遥控器的使用频率或电脑化的"被动式人均计量表"来测量受众的观看情况，这种"数人头"式的定量分析往往过高地估计了受众的注意力。收视率调查并不能如实地反映受众的收看情况，也难以判断收视选择与语境之间的关系。莫利在前期的电视受众研究中也发现了此类问题，因此，他沿着前期的关注点进一步探索电视与受众之间的关系。

莫利援引了人类学研究中的人种志调查研究方法对自然情境下的电视使用行为进行分析，家庭的日常互动环境为探讨日常生活中的意义生产和意义消费提供了"实验室"。在对人种志研究方法进行使用的同时，莫利也从西尔弗斯特提出的"传播是条鲤鱼"的观点中受到了启发。"传播是条鲤鱼"最初的灵感来源于中国绘画大师画鲤鱼的方法，即除了画鲤鱼本身的形态，还会加入芦苇、石头、水波等环境元素。

> 要画一条鲤鱼，中国画家会提醒你，光是知道鲤鱼的形态，研究它的形态或是理解它的生理结构是不够的。他们告诉我们，也有必要考虑到鲤鱼每天早上寻找食物时穿过的芦苇，它隐藏自己的长方形石头，或是它游到水面时产生的皱纹。这些因素并不仅仅是鲤鱼的环境，也不仅仅是它的生长空间，也不是仅供作画取景之用的天然背景。它们属于鲤鱼本身……我们必须这样理解，鲤鱼具有某种力量，影响了世界也被世界影响。[①]

沿着这样的思路，莫利提出，电视受众研究必须整合电视和受众

[①] 参见［英］戴维·莫利《电视、受众与文化研究》，史安斌译，新华出版社2005年版，第212页。

所生存于其间的日常生活环境，通过对日常环境的多角度审视来考察电视受众问题。

（一）受众不看电视也会受到电视文化的影响

为了更为充分地理解电视和电视受众，莫利和西尔弗斯特在布鲁内尔大学开展了"信息和传播技术的家庭应用"（1989）的调查计划。该调查把电视看作是多种信息和传播技术（如电脑、电话、收音机、随身听、立体声音响等）中的一员，从而将电视及其受众重新放置在一个更为广泛的技术和文化的阐释框架里。"信息和传播技术的家庭应用"计划的研究视角，在很大程度上超越了之前占主导地位的、传统的电视受众研究方法。按照这样的思路，要探讨电视渗入日常生活的复杂性，就必须将充分语境化的电视受众作为优先考察对象。

莫利引用了洪美恩和西尔弗斯特的相关论述。在洪美恩看来，"看电视"是一个没有定义清楚的术语，日常生活中"看电视"与"不看电视"之间的区别比较模糊，"在每日的实际生活中，受众身份已经越来越不具有主体位置的色彩；人们从'电视观众'的身份中进进出出，因为他们把看电视与其他许多兴趣和行为随心所欲地混合在一起"[①]。"看电视"是多种情境交互行为的过程和体验。同样，西尔弗斯特也指出，在几乎家家户户都有电视机的社会里，"它们的文本和它们的影像，它们的故事和它们的明星为我们提供了日常生活的大量谈资。电视已经被很多人广泛地研究过了。然而电视是如何被整合到人们的日常生活中的，这个问题却被学术界遗漏了"[②]。结合洪美恩和西尔弗斯特的论述，莫利倾向于将"不看电视"也视为"看电视"，因为受众即便没有专注地看电视也难以逃脱电视文化的广泛影响。在

---

① ［英］戴维·莫利：《电视、受众与文化研究》，史安斌译，新华出版社2005年版，第229—230页。
② ［英］戴维·莫利：《电视、受众与文化研究》，史安斌译，新华出版社2005年版，第230页。

此基础上,莫利试图在家庭微观环境中考察作为社会文本和传播技术的电视是如何被整合到受众的日常生活中的。

(二) 受众的私人领域会随着电视传播逐步社会化

随着电视传播技术的发展和广泛运用,电视在政治传播中的意义也引起莫利的关注。获益于人类学和文化地理学的理论滋养,莫利从空间的社会组织的视角来理解电视传播,并着重分析电视在"接合"家庭、个人与政治、公众两个不同领域中所扮演的角色。莫利的目的在于,揭示出作为横跨私人领域和公众领域的电视是如何将受众的家庭生活和国家体制运行结合起来的。

莫利借用斯坎内尔的观点告诉我们,电视机构是在空间中制作并编排节目的。这些节目从何种空间发言以及人们在何种空间内收听或收看这些节目,都是我们在分析电视传播语境时必须考虑的相关问题。电视作为国家媒体,其空间的社会组织结构中必然包含着权力和意识形态等问题。在研究当代英国时事型和杂志型电视节目之后,莫利和布伦斯顿发现,这些节目以核心家庭受众为默认的传播对象,而且往往通过讲述富有人情味的故事来强调社会事件与家庭生活之间的关系。这些节目与受众的日常生活经验相协调,是政府部门建构"家庭式社会"的有效途径。广电媒体还要干预家庭生活和家庭成员内部关系,这体现在不仅要负责把新的电视技术引入家庭当中,还要对成人和孩子的收视内容和收视时段实施限制。正如斯坎内尔所说的:

> 以时间作为媒介的广播电视已深刻地蕴含于现代社会的时间节奏之中……全国性的广电系统,其意义远远超越了任何意识形态和再现等因素所扮演的角色。他们的首要任务是对现代性的传递、对社会领域的标准化和对私人领域的社会化。它们通过不断地对公众生活和个人日常生活进行生产和再生产来完成这些任务……不是把它们逐个分开,各个击破,而是把它们彼此相比紧密而又有

条不紊地联结在一起。现代的大众民主政治，其论坛必须在一个与以往不同的新型公共领域中展开，而这一领域正是由广电媒体所建构出来的。同时，广播和电视在个体语境、人际语境以及制度语境中，维持了我们在平时生活中视之为理所当然的以及每天都要做的那些事情。①

电视为受众提供了一种共同的历史记忆，使受众对民族国家具有共同的认同感，也对国家的政治理念有了共同的认知和体验。同时，电视也会将受众带入仪式化的日常生活中。每天固定时间收看电视新闻节目，新闻节目也按照固定的流程播放着我们或熟悉或陌生的事物。在获取新闻信息的同时，我们保持着机械式的仪式感与参与感，维持着一种来自影像的安全感和共享感。

（三）电视传播的历史语境、文本与受众之间的修辞关系

为了更好地描述电视与受众之间的关系，有学者主张将"使用与满足"取向和"文化研究"取向相结合，但莫利却认为电视受众研究必须对它们有所扬弃。由于过于重视从心理分析的角度研究电视受众，"使用与满足"取向受到莫利等人的指责。"文化研究"取向注重"解读"模式，也同样遭到了洪美恩等人的不满。洪美恩认为，单一的文本解读模式比较适合娱乐型节目，而不太适合时事新闻类节目。然而，这并不代表着降低了"文本"在电视受众研究中的重要性，而是提醒我们应该将文本放在具体的历史语境下进行解读。

关于文本与受众的关系，莫利提出了四个需要注意的问题。第一，受众在面对电视时所解读出的意义并不全然取决于收视情境，而是在各种因素的综合影响下产生的。第二，电视受众同时还是广播听众、

---

① [英] 戴维·莫利：《电视、受众与文化研究》，史安斌译，新华出版社2005年版，第306页。

电脑和电话的使用者，以及杂志、书籍和报纸的阅读者。在复杂的媒介传播环境中对电视受众进行准确定位，要求我们更加小心地区分电视使用的特殊性。第三，既然我们对电视内容的关注程度不同，而且经常在看电视的同时进行着其他活动；既然电视是一种家庭媒介，而我们和电视的关系又常常受到日常生活中一些特殊情况的制约，那么，我们就必须承认"模态"——目前还缺乏一个更为恰当的说法——的重要性。如果我们要重新考虑"解读"电视和其他媒介之间的关系，那么就应该留心我们所关注的这些媒介的运行机制：在经意或不经意之间，电视受众已经接纳了所有媒介提供的意义。第四，电视媒介的各种不同的表达方式通过何种方式与受众以及不同的社会文化环境相互作用。这实际上讨论的是电视"文本"和"解读者"之间关系是"如何"产生的。西尔弗斯特认为修辞分析是细致阐释上述问题的可行路径。修辞学的观点强调深入探寻生产、文本和受众的动态关系，反对在任何情况下赋予上述任何一个层面决定性的地位。既然电视是在社会中产生和被接受的，那就可以通过探讨其传递过程中涉及的语言和符号技巧以及整体性的修辞过程来分析受众问题。确切地说，不仅要从修辞的角度来考虑电视的文本性，而且要从文本和修辞的角度综合考虑文本与受众的关系。

莫利指出，可以从四个层面对电视与受众的关系进行修辞分析。第一个层面和同族对应（homology）有关，它包括了文本的暂时性和经验的暂时性之间的对应。如收音机和电视在节目的编排和叙事性上的同族对应关系，以及广电媒介的发展历史与受众家庭生活历史之间的关系。第二个层面是认同（identification）。所谓认同，不仅意味着一个收看者和他喜欢的某个角色之间一一对应的关系，还意味着总体上的认同——在不同的层面上的、展现在荧屏上的内容与观众的生活、理解和情感之间的认同。第三个层面是隐喻。电视具有调动、延伸、强调或转移日常生活的隐喻功能。第四个层面是两种修辞策略——添加和抑制。任何社群的日常生活经验都有其独特的社会结构，而媒体提供的议程必须让社群能够在这个结构中稳定运行。这里涉及传播媒介作为信息提供者对信息的持续不断的"附加"和"抑制"，即重新建构相互之间的联系，又以激进的方式将其放置于"日常生活的迂回式修辞"的框架中。用"修辞"来修正"解读"这个概念，表明受众和电视之间存在着一种"结构化的自由"（Structural Freedom）关系。

总的来说，莫利认为只有理解了上述的媒介层面、收看电视的模态以及修辞介入电视研究的多种机制，才能够充分地理解电视和受众之间的关系，最终通过这一关系阐明当代文化背景下处于电视受众研究核心地带的意义生产和观看行为之间的动因。

利萨·泰勒在《媒介研究：文本、机构与受众》中指出，莫利的电视受众研究在继承霍尔模式的基础上又进行了发展，其《全国新闻》受众研究开创了文本和受众之间的动态关系的研究路径。利萨·泰勒认为："莫利的工作的确证实了霍尔的主要观点，即受众不是等待媒体对其书写信息的石板——事实上正好相反。莫利通过经验研究表明，意义永远不会只存在于文本之中；意义存在于文本和受众互动中形成的解读。认为媒介的力量足以决定意义的观念确实受到了挑战。"[①]在《全国新闻》的研究中，莫利运用了霍尔的编码/解码理论，并结合社会学和符号学的理论知识，对电视文本的内在结构和传播机制以及受众的文化背景进行研究。研究发现，大多数受众对电视节目的解读情况与霍尔模式一致，但也发现了一些霍尔模式没有解决的问题。为了更为深入研究那些尚未解决的问题，莫利利用人类学的民族志研究方法，从受众的文化背景、社会结构等宏观视角以及家庭环境和日常生活的微观视角嵌入在解码差异之中，也就是在受众所属的"文化丛"中进行研

---

① ［英］利萨·泰勒、［英］安德鲁·威利斯：《媒介研究：文本、机构与受众》，吴靖、黄佩译，北京大学出版社 2005 年版，第 154 页。

究。在比较了霍尔和莫利的研究成果之后，约翰·费斯克指出，"莫利的研究突破了霍尔在《编码，解码》中提出的理论模式。霍尔关注的是观众解码文本的方式，落脚点依然是文本，而莫利关注的是电视观众的欣赏这一社会过程本身"[1]。尼克·史蒂文森也认为，莫利对电视收视的社会学和符号学特性的观察，开辟了媒介研究的各种重要视点。

同时，莫利挑战了美国电视受众研究的实证主义研究路径，将民族志研究方法引入电视受众研究当中，实现了电视受众研究方法的拓展。莫利在他的总结性著作《电视、受众与文化研究》当中，将实证主义研究与批评研究、经验主义的电视受众研究与霍尔的诠释性研究、定量研究与定性研究相结合，丰富了电视受众的阐释性研究路径。他在阐释电视文本与受众解码之间的复杂关系的同时，也启发我们从日常生活、家庭环境、公共领域与私人空间、全球性和地方性等角度去理解电视受众。当然，理论演进总是曲折的，他自身的研究方法和理论逻辑仍存在一定的局限。

一方面，因采取了与传统文化研究"文本阐释"的研究思路不完全相同的视角，同时又不再把电视受众看作是铁板一块的讯息接受者，莫利的电视受众研究遭到了一些学者的批评。有学者从电视收视的性别意义的角度指责莫利，"太关注家庭的性别/权力关系，以至于忽视了日常生活和其中的互动……把日常生活简化为权力关系行为，意味着跳过日常生活中的特定事件也能够局部地解释媒介的用途"[2]。有学者认为"家庭电视"研究是失败的，因为"它不再直接关注意识形态"，"研究的中心从文本分析转变到在家庭语境中对电视消费的理解，这就磨损了此项研究在政治上的锋芒"[3]。尼克·史蒂文森也从政

---

[1] 胡翼青：《西方传播学术史手册》，北京大学出版社2015年版，第73页。
[2] [英]戴维·莫利：《电视、受众与文化研究》，史安斌译，新华出版社2005年版，第184—185页。
[3] [英]戴维·莫利：《电视、受众与文化研究》，史安斌译，新华出版社2005年版，第193页。

治经济学的视角指出了莫利存在的种种硬伤：缺乏对微观和宏观语境的交叉点的分析，忽视了对受众的阶级地位与文化权力的关系的阐释；更强调受众对主导地位意识形态的抵抗，而不是反映占统治地位的阶级生产意义并使之固定化的过程；和其他马克思主义传统的批判理论一样，过分强调媒介内容的影响方式，而忽略了媒介本身就在构建着社会生活，电视本身就制造一种休闲的意识形态——这种休闲意识形态不可能在文本中找到。①

莫利认为这些指责多是属于对他的研究结论进行了过于宽泛的诠释而引发的误读，所以在《电视、受众与文化研究》一书中，他努力对这些误读进行澄清。同时，莫利也接受史蒂文森的指责，承认没把政治经济学的洞见融入文化研究中是当前学术界普遍存在的问题，这个问题也将成为限制学科理论未来发展的重要因素。莫利提出，需要认真思考文化研究中存在的过度文本化倾向，摆脱过去那种完全以媒介自身为中心的理论框架，把关注焦点调整到影响媒介存在和发展的具体问题上来，这样的研究才不会脱离媒介所处的不断变幻的社会、经济和政治脉络。为了达到这个目标，莫利选择从跨学科的视角来分析受众的收视行为，采取的研究路径是将传媒与文化并置于政治经济学的框架下来理解和研究。莫利在后来的《认同的空间》和《媒介、现代性和科技》等著作中也践行着将多种视角和跨学科理论相结合的方法来研究媒介与技术。

另一方面，民族志研究方法在电视受众研究上的运用给莫利的理论建构带来了益处，但也造成了不容忽视的问题。其一是电视传播行为本身具有模糊性。电视文本和受众的解码信息本身具有多种意义，这就给在自然环境中进行访谈并追求科学性和客观性的学术研究带来

---

① 参见［英］尼克·史蒂文森《认识媒介文化》，王文斌译，商务印书馆2001年版，第134—141页。

难以避免的困难。其二是民族志研究访谈也存在简单化的倾向。莫利的研究焦点是日常传播实践，关注的是情景化的日常行为的逻辑运作，从而理解传播过程如何在自然的情境下实现，以及在这样的语境中，各种不同的公共媒介又是如何被动员起来"闯入"私人化的世界中。然而，完全进入各家各户的私人领域是不太现实的，它总有一个程度问题——每个家庭都会有不许外人接近的"圣地"或"禁区"。所以莫利强调，民族志研究者必须意识到他/她进行的描述肯定会具有片面性、不完整性及结构性的差异。

此外，研究者也是电视受众，往往将"我看见"的主观因素加入"他们描绘"的故事里。莫利承认研究者的主观性问题，并意识到处理好主观性问题的难处所在。他发现民族志研究具有两种趋向：其一是陷入了一种误区，认为与数据统计相比，民族志研究可以直接地传递民众的声音，但却忽视了传播模式的存在以及进行相关意义分析的重要性。其二是研究者和被研究者之间不可避免地存在"权力博弈"的问题，研究者怎样传达被研究者的文化经验，或被研究者怎样引导研究者进行阐述却不得而知。莫利的意思也许是，民族志研究的学术成果不可避免地是被建构出来的。在书写任何民族志著作时，学者必须承认研究者的主观性问题，要谨慎地处理好主观性与客观性之间的关系，并且做出能说服别人的民族志调查。

第三节 电视的"语符民主"与受众的微观抵抗

作为20世纪西方学术界最重要的媒介文化研究学者之一，约翰·费斯克（John Fiske，1939— ）对于电视研究和大众文化研究有着举足轻重的意义。从剑桥大学硕士毕业以后，费斯克先后在英国、澳大利亚、新西兰和美国的高校任教并从事学术研究，"游牧"于跨国界和跨洲界的文化实践和理论思考当中。可以说，费斯克的文化研究理论影响了整整一代美国人和澳大利亚人。

费斯克曾在伯明翰当代文化研究中心主任斯图亚特·霍尔的领导下工作，其对电视文化以及电视受众的研究的兴趣深受霍尔理论的影响。但据说霍尔极不喜欢费斯克，连提都不愿意提起他，这与费斯克对霍尔有关电视受众的抵抗性解读策略的过度阐释有关。[①] 但正是由于对霍尔理论中的激进主义成分的放大，费斯克才把电视受众的一切行为都看作是一种抵抗，进而乐观地认为电视受众是积极能动的、能够进行微观政治抵抗的生产性受众。作为文化研究的重要学者，费斯克和当代文化研究中心其他学者的研究路径确实有些不同，他扬弃了霍尔和莫利的观点，试图开启学界关于电视受众参与意义再生产的新研究模式。那么费斯克有关电视受众的核心观点和研究路径到底是怎样的？为什么会把费斯克看作是法兰克福学派与文化研究学派分道扬镳的重要推动者？这背后的原因是什么？为了更为透彻地理解上述问题，我们以费斯克的电视研究著作《解读电视》和《电视文化》为中心，同时结合他的其他有关大众文化的论著对此进行深入探究。

一 电视受众之作为社会主体和文本主体

费斯克所界定的电视受众，是指作为社会成员的电视文本的"读者"。虽然用"读者"这个术语来描述收看电视的人有些不合适，但费斯克认为相比于"观看者""观众""观众们"等用法，"读者"是最为贴切、最能表达"文本的生产者，意义与快乐的制造者"的词语。[②] 阅读电视是一种社会实践活动，其对象是所有的社会体验、电视文本以及人际关系，那么费斯克所要强调的"读者"便是电视的"文本主体"。"文本主体"是电视文本的意义生产者和传播者，可以

[①] 参见胡翼青、吴欣慰《双面霍尔：从编码/解码理论出发》，《河北学刊》2016 年第 5 期。
[②] 参见 [英] 约翰·费斯克《电视文化》，祁阿红、张鲲译，商务印书馆 2005 年版，第 26—27 页。

第二章 多频道切换：开放的电视文本与受众的意义再生产

说，费斯克的整个电视受众研究都是在阐释电视受众何以成为"文本主体"，以及何以因为是"文本主体"而具有寻求快感、创造意义和抵抗政治的能力。

在《电视文化》（1987）一书中，费斯克专门引用奥沙利文等人对主体性的探讨来提醒我们，主体性是由社会、话语和心理过程等社会关系形成的产物，我们是具有不同社会力量的主体，同时又服从于这些力量，"我们的主体性是一个肯定与否定'同一性'的矛盾混合体"[①]。简单地说，电视受众作为电视的"文本主体"，所"阅读"的不仅是电视文本的意义，而且也是受众主体自身的社会体验。

费斯克以哈特利有关人的主体性力量的论述为例，说明了自我、性别、年龄、家庭、阶级、民族和种族这七种主体性力量对阅读电视文本以及文本之外的意识形态所起到的关键性作用。费斯克发现，人的七种主体性在电视中以统一的、相互支持的方式运作，它们先是被编织进意义协调的文本之内，所构成的符码把这些社会力量及其意义组成协调的文本，再植入到文本外的意识形态时间，最终演变成为电视文化的常识。[②] 他想借此说明，电视为受众建构了一个主体性地位，而上述七种主体性力量（甚至还可以加上教育、宗教、政治忠诚、地区、城市或乡村等社会力量）也在以同样的方式建构着我们的主体性。电视作为意识形态的"传声筒"，企图否认或调和各种社会力量之间的矛盾，但这要取决于受众的主体性与主流意识形态之间的适应程度。

费斯克试图说明，电视受众并不是单一的心理分析或话语分析的主体，而是存在于特定社会结构之中的、具有多元性的复杂社会主体。单一的话语分析和心理分析只会产生单一的文本解读模式，也只会把

[①] [英] 约翰·费斯克：《电视文化》，祁阿红、张鲲译，商务印书馆2005年版，第71页。
[②] 参见 [英] 约翰·费斯克《电视文化》，祁阿红、张鲲译，商务印书馆2005年版，第72—73页。

受众看作是消极的主体。而真正的社会主体绝不是消极被动的主体，也绝非完全自由的主体，而是生活在社会结构之中的历史主体。对社会主体的复杂性的重视，说明费斯克受到了斯图亚特·霍尔思想的影响，但这并不代表着他对霍尔思想的全然赞同。他认为霍尔理论的价值在于，突出了电视文本的意识形态编码和受众对文本的不同解读。但费斯克进一步指出，霍尔所提倡的主流意识形态意义，实质上仍然是把电视看成是一种具有分歧和不平等意义的文本结构。"这是对霍尔模式的解释，并不是对它的否定，因为它仍然把文本看成一种结构上的意义分歧，是一种潜在的不平等意义，其中有些受到特别的青睐，或者受到特别强调，它只能由处于社会环境中的观众对文本和他们自己所处的社会环境进行协调的过程中被激活。"[1] 电视受众对文本的解读，不仅要考虑"文本"本身，还要关注受众/主体与文本之间的碰撞与对话。因此，费斯克特别强调"社会体验"之于电视受众的重要性，并指出电视受众研究不是关心受众如何解读电视文本以及这种解读活动产生了何种意义，而是要关注从社会体验中获得普遍常识的过程。

霍奇和特里普对澳大利亚肥皂剧《囚犯》的调查研究发现，从文本特征上看，《囚犯》中的监狱与学校有许多相似之处，这些初中生们也从这部以女子监狱为背景的电视节目中得出了与他们的社会体验相联系的意义。霍奇和特里普进一步指出：

> 看了监狱中的员工和囚犯，学生们可以"想到"他们在学校的体验——厉害的学监/老师、温和的新来者、可利用的人、不能利用的人，等等。囚犯中有对现状进行抵制、用种种方法进行斗争的，有循规蹈矩、表现好的，也有表面上循规蹈矩、暗地里对

---

[1] [英] 约翰·费斯克：《电视文化》，祁阿红、张鲲译，商务印书馆2005年版，第91页。

第二章 多频道切换:开放的电视文本与受众的意义再生产

着干的,等等。有些反抗方法,在监狱和学校都适用:在狱吏/老师的鼻子尖底下,他们使用暗语,有时候使用特定的暗语进行联络,但使用更多的是抵手肘、眨眼睛、丢眼色、用双关语。在监狱的公共场所,尤其在许多囚犯都去的洗衣房里,存在着一种带反抗性的亚文化。这与学校的厕所、衣帽间、学校的特定角度里带反抗性的校园亚文化极其相似。在这两个机构里,官方文化一直企图征服和控制这些地区,囚犯和学生都在抵制和反对,并极力把这些地区置于自己文化的控制之下。①

据此,费斯克总结提出,电视受众首先是社会主体,然后才是文本主体,文本主体不能代替社会主体,二者的顺序也不可颠倒。电视受众的社会主体性由社会结构以及各种社会关系所决定,同时它也是受众解读电视文本的认识论基础。话语是由包含阶级、性别、年龄、职业等在内的各种社会信息组成的,而话语主体的表达是通过语言和符号形成的,因此,"话语主体"和"社会主体"之间并无矛盾。文本主体是电视节目制作人在建构文本时为受众造就和预留的位置,它与受众的社会主体性并不完全一致。因此,具体的电视受众首先是具有社会性、历史性和个别性的社会主体,然后才是文本主体,社会主体的位置会直接影响到受众对文本的解读与思考。正如威尔曼(P. Willeman)所言:"在'真正的'读者和由文本书写、塑造和印记的读者之间还有一道不可弥合的界沟。真正的读者是历史的主体,他生活在社会结构中,并不只是某一文本的主体,这两种主体不能混为一谈。"②

从上述分析可以看出,在界定电视受众主体性的过程中,费斯克的思考不但彻底否定了阿多诺的电视受众观,而且也比霍尔的观点更

---

① [英]约翰·费斯克:《电视文化》,祁阿红、张鲲译,商务印书馆2005年版,第96—97页。
② 徐贲:《影视观众理论和大众文化批评》,《文艺争鸣》1996年第3期。

为乐观。作为法兰克福学派的第一代学者以及"文化工业"理论的创始人之一,阿多诺曾发表文章《如何看待电视》专门讨论电视文化问题。[①] 阿多诺认为,电视作为一种新的大众文化形式,把纷繁复杂、思想迥异的大众整合起来,并通过同一性的、重复性的价值观来规范他们的行为,控制他们的思想,最终让大众成为社会准则控制下的木偶。电视成为少数精英阶层控制大众、削弱人的抵抗能力和维护统治权威的工具。在阿多诺眼里,电视是执行意识形态的工具之一,而受众则成了被操纵的、没有思想、容易被骗的消费者。与阿多诺的观点有相似之处的是,霍尔虽然提出了电视受众在解码电视话语时所具有的主体性,但他更强调电视受众所面临的限制。在《表征》中,霍尔借用福柯的观点,"'主体'是在话语内生产出来的。这一话语的主体不能身处话语之外,因为它必须在话语中被主宰。它必须服从于话语的规则和惯例,服从于其权力/知识的处置。主体能成为话语所产生的知识类型的承载者,它能成为权力通过它而得以传递的客体,但它不能作为权力/知识的来源和使作者而站在它们之外。"[②] 在霍尔理论的影响之下,费斯克继承了有关电视受众具有抵抗意识和抵抗能力的观点,从而也确认了受众对电视文本进行颠覆式阅读的能力。与阿多诺和霍尔不一样的是,费斯克肯定电视受众的社会主体性和文本主体性,鼓励受众对电视文本进行颠覆式阅读。

二 电视的文本间性与受众的快感生产

在《电视文化》一书中,费斯克提出了从电视的文本间性和受众

---

① 阿多诺(Theodor Wiesengrund Adorno, 1903—1969),曾于 1954 年发表了用英文写作的电视专题文章《如何看待电视》(How to Look at Television)。该文后来被作者更名为《电视与大众文化模式》,并被收录进罗森伯格的《大众文化》一书中。1992 年,学者王小婴将《电视与大众文化模式》全文译为中文,发表在《外国美学》第九辑上。2013 年,学者叶青翻译此文时保留了最初的标题。叶青的译文收录在由周宪主编的《视觉文化读本》一书当中。

② [英]斯图亚特·霍尔编:《表征——文化表征和意指实践》,徐亮、陆兴华译,商务印书馆 2013 年版,第 82 页。

第二章　多频道切换：开放的电视文本与受众的意义再生产

的意义生产研究电视受众的新视角。费斯克并不认为电视受众是消极被动的或被限定在主导意识形态之下的，而是倡导受众对电视解读的参与、创造与颠覆式阅读。受众有能力根据电视所提供的文本以及与此相关的各种符号资源，得出自己的并且与社会相关的意义。在费斯克看来，电视受众研究的任务在于，探讨电视如何建构了受众的能力，重新评估电视文本与受众在生产意义与快乐方面的力量。由此，电视的文本间性和受众的意义生产与快乐生产成为费斯克电视受众研究的核心问题，而符号学、后结构主义、狂欢理论、快感研究等则为这项研究提供了重要的理论启迪。

文本间性（intertextuality，又译互文性、文际性）是一个最先由法国学者茱莉亚·克里斯蒂娃（Julia Kristeva）提出的后结构主义的文化批评概念，意指要确定一个文本的地位和意义，必须将该文本放在共时的和历时的文本系统中去加以理解。约翰·费斯克也主张把电视看成是一种文化形式，特别是将它看成是文化意义的传播渠道和激励因素。因此，要考察受众对电视文化意义的解读和接受，就必须用文本间性的理念来分析电视文本的形式和表现。

费斯克将电视文本分为初级文本、次级文本和第三级文本。初级文本，是指电视节目的具体形态。次级文本，包括对电视初级文本进行宣传、评价、推广、评述等活动而产生的记者述评、杂志文章、宣传手册、报刊报道、广告等衍生性文本。第三级文本，是指受众对前面两级电视文本的评价、谈论或闲聊。费斯克将这三种文本及其与各种外部文本之间的相互关系的总和称为电视的文本间性，同时又将这种文本间性分为"水平文本间性"和"垂直文本间性"两种。总之，文本间性是理解受众解码电视文本的过程和意义的理论基础。

虽然费斯克认同霍尔关于电视文本是主导意识形态的载体的观点，也承认电视文本被优先赋予意识形态意义的可能性，但他坚信电视受众并非如阿多诺所说的那般麻木和被动，而是会借助电视的文本间性来对抗主导意识形态的控制。关于"抵制"的理解，费斯克借鉴了法国学者德塞都的论述，"'抵制'是在日常生活中，大众'有啥用啥'，完全利用现有的资源，却又改变它们的一些功能，从而尽量符合自身的利益。它体现了生活中无处不在的、弱者的权力"[①]。因此，"抵制"其实是受众与文本的"周旋"。亦即是说，电视文本意义的解读与获取的过程并非简单的、自由的接受，而是"充满了角力与抵抗"，是一个"实现意义控制与反控制"的过程。以电视新闻为例，新闻制作者通常会使用一套常规流程来控制或限制新闻信息的意义，但实际上新闻信息的意义是很难被约束的。然而，受众作为社会主体和文本主体，完全有能力在强大的新闻攻势下找到自己的理解，如只关注新闻提供的表面信息，根本不去深究新闻背后的意识形态内容。此外，费斯克还援引了澳大利亚原住居民对美国白人殖民文化的抵制，阐述了文本间性对亚文化受众群体解读影视文化的影响和作用。

在罗兰·巴特有关"快乐"的阐释和劳拉·穆尔维关于电影受众的视觉快感研究的影响之下，费斯克提出了"电视受众的快感"这一概念。电视受众的快感是多种多样的，对于那些能较好地与主流意识形态协调的人来说，这种快乐既是符合规范的，也是自发的。但对于那些不愿意与主流意识形态保持协调的人来说，快感便来自对意识形态的抵抗。中国香港学者肖小穗也认为，"只有诉诸于'快感'这样一个精神分析学和美学的概念，才足以确立抵抗性/创造性阅读的地位，才有可能抗衡来自主导意识形态操控的'快感'和文化工业资本

[①] 潘知常、林玮：《传媒批判理论》，新华出版社2002年版，第219页。德塞都的抵制理论是福柯有关"知识/权力"的延续。福柯指出话语即权力，他将权力引入到日常生活的范畴。他所指的全景监狱、考试制度等现象都体现了当代社会的权力泛化，权力的网络进入人的身体、性、家庭、知识与技术结构。这种反总体化的权力研究强调一种多重的因果关系。同时，他提出权力不是消极的力量，它包含了弱者的反抗。"哪里有权力，哪里就有抵抗"。福柯的这些思想对于其他理论如民族志观众研究和女性主义观众研究都有一定的启发。

积累的'快感'"。① 费斯克认为，电视受众通过躲避（或冒犯）和生产意义的方式产生快感，并将受众的快感分为生产式快感、冒犯式快感与狂欢式快感三种。"一种是躲避式的快感，它们围绕着身体，而且在社会的意义上，倾向于引发冒犯与中伤；另一种是生产诸种意义时所带来的快感，它们围绕的是社会认同与社会关系，并通过对霸权力量进行符号学意义上的抵抗，而在社会的意义上运作。"② 娱乐节目《摇滚和摔跤》通过身体冲突、打破规则、低俗荒诞和丑怪奇观等文本特点给受众带来了狂欢式的快感，而受众参与益智节目、肥皂剧迷们的闲聊和儿童对电视广告的戏仿等则是按照符合自身利益的方式创造了生产者式的快感。

通过对电视的文本间性和受众的意义生产的研究，费斯克打通了受众解读与电视文化之间的隔阂，试图重新定义电视受众的研究路径。主动参与、创造式解读和抵抗式解读确实为电视受众研究提供了新的方向，但受众对电视文本的理解似乎并非看起来那么简单，电视受众的参与感和权力感可能会被其他的社会或文化因素所主导。换句话说，作为社会主体和文本主体的电视受众是否具有真正的抵抗能力呢？而主要通过自身的电视观看经历来深度描述电视受众的普遍解读情况又是否是可靠的操作方案呢？费斯克意义上的抵抗理论和经验主义的研究方法受到了尼克·史蒂文森、约翰·斯道雷等学者的鞭挞，也为学界探讨电视受众的政治抵抗埋下了伏笔。

三 电视的"符号民主"与受众的微观抵抗

在费斯克的研究逻辑中，很重要的一点便是对文化实践活动所具

---

① 肖小穗：《传媒批评——揭开公开中立的面纱》，黑龙江人民出版社2002年版，第110—111页。
② ［美］约翰·费斯克：《理解大众文化》，王晓钰、宋伟杰等译，中央编译出版社2001年版，第68页。

有的内在政治性的认知和解释,这也是他的电视受众研究中的重要部分。20世纪50年代以来,电视文化广泛且深入地介入了人们的日常生活,电视文化及其受众的解读和阐释成为文化研究学派成员的主要学术课题之一。作为资深电视迷,费斯克从电视中得到了很多快乐,认识到电视能够给人提供不同的快乐,也发现了电视实际上是文化意义生产和传播的斗争场域。这些促进了费斯克对电视文化的"符号民主"和受众的抵抗方式进行思考。

在有关大众文化的论述中,费斯克提出,大众文化研究关注的并不是关于政治经济学、意识形态或公共事务等宏观领域的问题,而是关于弱者对强者的规避式战术的微观政治问题。微观层面上的抵抗往往不以解决宏观问题或推翻统治阶级权力为直接目的,但没有微观层面的对抗便很难有宏观层面的变革。大众文化研究关注的主要是在微观层面上的政治抵抗。费斯克把从属阶级对统治阶级的抵抗分为既相互关联又相互独立的两种形式:一种是与社会经济制度相关的形式,另一种是与意义、快乐和社会身份相关的符号形式。与经济制度相关的形式是宏观抵抗,而符号形式则是微观抵抗的表现。弱者的抵抗战术便是通过参与和创造意义、快感与社会身份等形式进行。

在《电视文化》一书中,费斯克将电视文化的生产和流通分成金融经济和文化经济两个部分。金融经济,是指电视制作者集中人力和物力资源生产出的具体产品,如电视节目、与电视相关的报纸杂志、受众的注意力等。文化经济,主要指作为主体的电视受众所创造的意义、快感和社会身份。对于政治抵抗来说,"金融经济"可为受众的抵抗提供积极支持,而"文化经济"则处于积极对抗的另一方。文化经济的流通保证了受众对电视文本的多样性解读,从而促使受众能够抵制统治者将文本意义单一化的企图,实现受众解码意义对主流意识形态意义的挑战。

"抵制"是费斯克电视受众研究的核心概念之一,但这个概念并

第二章 多频道切换：开放的电视文本与受众的意义再生产

不是单一的，它有多种不同的形式。"抵制"不仅指反对宰制性权力，也是受众权力得以彰显的一种方式。电视受众的多样性解读行为，确定了他们在创造意义、快感和社会身份的过程中所拥有的符号权力。他们可以通过打破电视节目的既定规则和意图，从中找到与自己相关的意义，或发泄情绪，或表达愿望，以此来享受电视带来的参与感和权力感。费斯克在承认电视的宰制性权力的同时，更加重视受众如何通过躲避、幻想、冒犯、转化和颠覆等"游击"战术来抵抗那些宰制性的力量。

当然，电视受众的抵制性阅读和快感创造并不会直接转化为与主流意识形态相对立的社会行动，"但没有直接的政治后果并不意味着没有广义上的政治功效"①。在说明"幻想"如何成为电视受众的"符号权力"的一部分时，费斯克援引了麦克罗比的观点。麦克罗比认为，幻想作为一种私人体验是"抵制或对抗策略的一部分：也就是说，可以诠释为标出其中任何一个无法完全被殖民化的领域"，"（幻想）与替别人照看孩子或待在家里洗东西一样，也是一种体验，也是一种现实"。②可见，"幻想"是受众的体验形式之一。费斯克否定那些把"幻想"看作是一种仅仅发生在主体内在而毫无抵抗权力的观点，断言这种观点低估了受众主体性的政治意味。他认为，"抵制"不仅来源于受众的社会体验，也来源于他们对社会体验的认识与理解。内在的认识与理解可能不会对社会层面的抵制产生直接的影响，但可能会产生一种延迟的、分散的效果。"幻想"有多种形式，但这些形式并不是对社会现实的逃避，而是对主流意识形态及其代表的社会关系的一种直接反映，幻想至少可以维持一种亚文化的差异感。③

---

① ［英］约翰·费斯克：《电视文化》，祁阿红、张鲲译，商务印书馆2005年版，第469页。
② ［英］约翰·费斯克：《电视文化》，祁阿红、张鲲译，商务印书馆2005年版，第458页。
③ 参见［英］约翰·费斯克《电视文化》，祁阿红、张鲲译，商务印书馆2005年版，第459页。

对于上述理论观点，学界一直存在两种不同的评价。正面的看法是，费斯克是平民主义电视文化的辩护者和救赎者，为电视受众研究寻找了一种更为积极乐观的视角，改变了阿多诺等人对受众的精英主义的悲观论调。另一些学者认为，费斯克过于强调受众的创造性解读而落入了空洞的文化民粹主义的窠臼。连费斯克本人也有过这样的表述，他说，"没有什么文本，也没有什么受众，有的只是观看过程——那些发生在屏幕前的各种文化活动"。这是他提出文本主体积极参与创造意义、快感和社会身份的主要原因。基于这样的判断，有一些人质疑费斯克的电视受众研究走向了受众能动性的极端。

的确，费斯克就阿多诺等人对受众参与的忽视进行了修正，但他对阿多诺电视受众观的否定绝不是简单意义上的平民主义对精英主义的颠覆。阿多诺在对电视受众进行建构时侧重于电视工业对他们的欺骗与整合，也就是把电视受众放在电视工业语境下进行思考。在《如何看待电视》里，他注意到电视节目的重复性、同一性和普遍性对受众抵抗能力的削弱，"社会永远是胜利者，个人成了社会准则控制下的木偶"。所谓"社会准则控制下的木偶"，指的是被放置于电视文化工业制度下的、思想迥异但又被"整合"在一起的受众。丰富多彩的电视节目表面上满足了各类受众的观看需求，实际上却成了规范人们行为的工具。十几年后，阿多诺在《文化工业再思考》一文中再次强调了媒介文化产品对受众的控制，并坚持认为：

"上当受骗，心甘情愿"这一谚语从未像现在这样贴切。正如这句谚语所言，民众上当受骗不说，而且如果被骗的确能够带给他们哪怕一瞬间的满足，他们也心知肚明地对这种欺骗趋之若鹜。他们对文化工业传递到他们手里的东西睁一只眼闭一只眼，发出赞美之声，心里则完全知道这些文化产品的目的为何，对自己这样则怀着某种厌恶。他们虽然不愿意承认，但是他们感觉到如果自己一旦摈弃那原本就不存在的满足,生活将会变得完全不可忍受。①

阿多诺的观点里包含了一个基本判断,即受众通过收视得到的满足是电视文化工业所预先设定好的,或者说受众在强大的电视文化工业面前是毫无抵抗能力的。"人类之间最亲密的反应都已经被彻底物化了,对他们自身来说,任何特殊的观念,现在都不过是一种极端抽象的概念:人格所能表示的,不过是龇龇牙、放放屁和撒撒气的自由"②。而在费斯克看来,电视制作者只提供了电视节目,电视文化产生于受众对这些节目的观看与创造性解读。他认为,"(电视文化)大众文化是由居于从属地位的人们为了从那些资源中获取自己的利益而创造出来的,另一方面,这些资源也为支配者的经济利益服务。大众文化是从内部和底层创造出来的,而不是像大众文化理论家所认为的那样从外部和上层强加的","大众文化是对其从属地位感到愤愤不平的从属者的文化;它与寻求一致意义或创造调和社会差别的仪式无关,就像自由主义多元论者会做的那样"。③ 可见,这些由从属性阶层创造出来的文化意义与主流意识形态所推崇的意义是相互对立的,尽管民众的抵制有时完全不能与权力集团相提并论。

不过,费斯克的批判也有一定的片面性。他所述的电视受众的抵抗是受众通过对文本的反抗性解读而实现的,这种试图建立起电视文本与自己和社会的相关意义的做法属于符号层面上的抵抗。而阿多诺笔下的电视受众对电视文化工业的诡计心知肚明,完全有能力识破电

---

① [德] 西奥多·阿多诺等:《电影的透明性:欧洲思想家论电影》,李洋等译,载 [德] 西奥多·阿多诺《文化工业述要(1975)》,河南大学出版社 2017 年版,第 240 页。
② [德] 霍克海默、[德] 阿多诺:《启蒙辩证法》,渠敬东、曹卫东译,上海人民出版社 2006 年版,第 151 页。
③ [英] 约翰·费斯克:《解读大众文化》,杨全强译,南京大学出版社 2001 年版,第 2、8 页。

视文化的伎俩，但他们却甘愿上当受骗，并通过戏仿电视文本来抵抗权威，这些属于社会行动层面的抵抗。然而，我们所有人都摆脱不了电视文化的笼罩，这样下去，符号层面的抵抗也将永远没有尽头。正如有学者所论述的，站在社会层面来看，这些文化层面的反抗都是不充分的，这些反抗的结果很有可能是强化了现实层面统治阶级的话语权和统治力，而受众却忽视了对自身的实际解放。①

费斯克把电视受众研究的理论触角延伸到了普通民众的创造性解读，这种研究路径具有极其重要的价值，但他并不是在对阿多诺的电视受众观进行"彻底颠覆"。在电视受众研究方面，费斯克和阿多诺都各有一定的局限，阿多诺从社会同质化的角度把受众看作"铁板一块"，而费斯克却又将受众在文化层面的抵抗式解读等同于实际的社会抵抗行为。正如彼得斯所说，费斯克在指责阿多诺和强调受众的解放性潜力时，"过分执迷于建设乌托邦而全然抛弃了必需的清醒头脑"②。

第二种观点批评费斯克的文化民粹主义取向。民粹主义（populism，又译为平民主义、民众主义）本是政治学概念，强调民众作为社会改革的先锋力量，代表着最先进的思想观念和行为方式；而"文化民粹主义"则由知识分子参考"民粹主义"的内涵所提出的，强调民众在文化领域内的先锋地位，刻意尊崇和抬高民众的能力。③ 吉姆·麦克盖根在其《文化民粹主义》一书中指出，文化民粹主义就是"由一些通俗文化专业学人所作的知识分子式的界定，认为普通百姓的符号式经验与活动比大写的'文化'更富有政治内涵，更费思量"④。麦克盖根质疑费斯克的在乐观主义赞誉中看不到权力关系的存在，也看不到主流文化与从属文化之间的互动与辩证关系，因而指责他是典型

---

① 胡翼青：《论文化向度和社会向度的传播研究》，《新闻与传播研究》2012年第3期。
② ［美］伊莱休·卡茨等：《媒介研究经典文本》，常江译，北京大学出版社2011年版，第61页。
③ 参见杨东篱《伯明翰学派与文化民粹主义》，《山东社会科学》2009年第3期。
④ ［英］吉姆·麦克盖根：《文化民粹主义》，桂万先译，南京大学出版社2001年版，第4页。

的"文化民粹主义者"。约翰·斯道雷则认为，费斯克的研究代表着一种温和的研究立场，既可以看作是对"消费者权威"的维护，也可以看作是与占主导的"自由市场经济"意识形态一唱一和。

从学术渊源来看，费斯克受到了伯明翰学派前辈学者雷蒙·威廉斯、理查德·霍加特等人重视通俗文化研究的影响。与前辈学人不同的是，费斯克认为"高雅文化"只是资产阶级为了进行文化统治而通过制度刻意抬高的文化，实际上，"高雅文化"与"通俗文化"只是不同种类的文化类型，二者并没有实质性差别。因此，他不仅关注受众如何通过对通俗文化的消费与解读来创造出更为纯粹的民众文化，而且关注电视受众所处的双重经济的符号战场。在电视所提供的文化战场中，受众凭借着"周旋"战术规避或抵抗着意识形态的控制力量，因此，来自文化战场的抵抗力量越为活跃，统治者就越加重视对大众的"收编"与"控制"。麦克盖根是站在市场经济的角度来批判费斯克，忽略了受众的文化消费力量。当然，费斯克的电视受众研究还有其他值得质疑的地方，如过分夸大电视受众的抵抗意识、忽略电视文本的负面效应等。这些虽然在一定程度上会阻碍理论的发展，但不会影响到他对电视受众研究的积极作用。

第四节 女性受众的"他者化"表征及其愉悦机制

西方女性主义研究（feminist studies）是一种以女权主义运动为基础，同时根植于反对主流文化、消除两性差别等社会土壤的理论思潮。这种思潮伴随着20世纪60年代的美国黑人民权运动、反战运动等得到了广泛的渗透和扩张，并引起了西方学术界的高度关注。研究者们纷纷从跨学科的视角和方法对性别问题和性别观念进行探讨，试图重新看待社会、历史、文化和知识传统。

随着肥皂剧、情景剧、音乐剧、广告等电视内容的社会影响力逐渐扩大，原本专注于文学批评、电影批评的女性主义研究者开始转向电视研究。按劳拉·斯·蒙福德（Laura Stempel Mumford）的说法，女性主义和电视研究的结合是完美的，因为女性主义研究的根本问题（即文化的身份认证和定位问题）恰恰反映了电视研究的根本所在。女性主义电视研究将性别不平等问题放置于电视文本和电视机构的分析框架之下，批判主流文化中的男性霸权，并深入探讨性别权力如何嵌入电视文本以及女性电视受众的身份认同机制。

一 女性作为特殊的电视受众群体

回顾西方女性主义电视研究的发展历程，首先得回到20世纪70年代末和80年代初期女性主义电视研究逐渐学术化的时期。在这一时期，该领域以电视上的女性形象为主要研究内容，试图呈现、批判和改变女性在男权社会里受压迫和歧视的现状。女性主义电视研究者认为，女性在现实社会所遭遇的性别不平等现状与电视对现实世界的再现密不可分。电视节目对"性别二元论"的强调呈现出强烈的性别色彩，如肥皂剧、情境喜剧和谈话节目常常是女性化的，而体育赛事、财经新闻等则是男性化的。在研究方法上，早期女性主义电视研究受到美国电视影响研究和英国电视文化研究的影响，主要采用定量分析、定性研究、民族志研究等方法解析电视中的女性形象。研究议题涉及电视对妇女采取的符号性灭绝、电视受众的肥皂剧观看经验与自我的性别意识等。这些对深入理解电视、现实和受众三者之间的关系和反思社会性别偏见有很大帮助，但也存在着将电视内容中的模拟现实与社会现实简单等同、忽视性别不平等的社会根源、过于强调电视受众的观看经验等弊端。

20世纪80年代末至90年代末是女性主义电视研究的发展期，尤其是1992年第一次"女性与电视"大会之后，该领域呈现出了学术化、学理化、跨学科和多元化的发展趋势。一方面是女性主义电视研究者广泛汲取精神分析、电视节目类型研究、文本解读和符号学等理论营养,多角度地、细致地研究经典电视节目中的女性主义问题;另一方面是"性别研究",其核心观点是"社会性别是社会强加在生理性别上的部分"。性别研究者常常以经典电视文本为研究内容,从跨学科视角重新解读显在的女性主义和潜在的父权意识。另外,女同性恋研究也在这一时期走入公众视野。学者们认为,同性恋群体往往被排除在大众媒体之外,女同性恋者也没有在电视媒体上得到公正地对待:她们往往被看作是异类,被嘲笑、被边缘化甚至被象征性地抹杀。很多女性主义电视研究者谴责电视媒介对女同性恋群体的负面呈现,呼吁正面展现她们在电视文本中的形象与地位。总之,这一时期的电视研究超越了之前以电视文本中的女性形象为主要内容的研究视角,更多地关注性别意识、性别政治及其社会根源等问题。

20世纪90年代末期至今,电视荧幕上的女性形象发生了一些变化,性感妖娆、事业成功与艳遇不断的女性形象取代了传统的中产阶级白人女性形象。男女的性别界限变得模糊,传统的男女"性别二元论"已经过时,性别问题变成一个复杂的"混乱和矛盾"的体系,因此有学者把这一时期称为是女性主义电视研究的"后现代时期"。这一时期的核心问题,是把电视看作是"妖魔化女性的工具",重新思考电视中女性身份,反思女性主义理论在电视研究方面的模式化套用等。女性身份和女性经验是一个非常复杂多变的体系,任何简单地肯定或否定女性身份、女性经验和男女性别差异的论断都是不合时宜的,其结果必然导致性别二元论的不良循环。

从上述简略的学术历程梳理中可以发现,该研究领域一直处于变化的动态过程。研究者们不断地调整研究对象和吸收新的理论营养,但关注的焦点却始终没有离开电视文本、性别和权力之间的关系,这也是该研究领域能够存在并且得到长足发展的主要原因。女性主义电视研究给传统的电视文本阐释、电视效果研究带来了一定的冲击,但该领域的研究成果却为厘清女性主义电视受众研究的核心观点提供了坚实的理论基础。

二 女性形象的"他者化"表征

女性主义研究把"性别"（gender）界定为"一种文化构造和社会建制"，而不是纯粹心理和生理意义上的性别（sex），这就意味着该研究领域更多关注的是性别文化所包含的观念、制度和行为。性别文化分析是女性主义电视受众理论中非常重要的研究视角。研究者通过对电视文本进行量化统计和内容分析，来确认男性霸权文化体系之下电视是如何对女性形象进行歪曲和符号性灭绝的。

学者们的研究成果大致包含四个方面：一是探究冒险节目、情景喜剧、广告等电视文本中的女性形象；二是电视受众的构成情况；三是电视节目对受众的影响；四是电视文本中的男性霸权。总的来说，这些研究成果隐含着一条比较明晰的逻辑线索：电视文本中出现了大量依附于男性的女性形象，她们被缺席、被轻视或被歪曲，女人和女人的世界成为男性霸权文化体系下的"他者"。因此，电视文本为女性受众提供了一个现实中不存在的影像世界，而这个虚幻的世界却成为一些女童或年轻女孩在现实生活中学习和模仿的对象。研究结果大致说明：电视文本中的女性形象多半被歪曲或被符号性灭绝，电视受众可能会因此受到不良影响。

在《大众媒介对妇女采取的符号灭绝》《夜晚的女性：黄金时间电视中的女性角色》《我的台词？电视故事和妇女工作》等论著中，电视文本里被歪曲的和被符号性灭绝的女性形象被阐释得十分清楚，可以被看作是该领域的代表性成果。盖耶·塔奇曼（Tuchman, G.）等人在《大众媒介对妇女采取的符号灭绝》一文中，对1954—1975年的儿童节目、冒险节目、情景喜剧等美国通俗电视作品中的女性形象进行了量化统计和内容分析，发现女性的价值不但没有在电视中体

第二章 多频道切换：开放的电视文本与受众的意义再生产

现出来，而且还遭到了"符号性灭绝"。女性的"符号性灭绝"表现在三个方面：女性角色缺失、女性形象被刻板模式化、职业女性遭到谴责。女性角色缺失，而男性则在电视荧幕上占据着支配地位：

> 从1954年——对电视内容进行系统分析的最初时期——到1975年，研究者已经发现男性支配着电视屏幕。除了男性占虚构人物的"仅大半"的肥皂剧，电视节目中的男性人物已经是女性的两倍，并且继续增长。在1952年，黄金时段的电视剧中68%的人物是男性。在1973年，74%的角色是男性。在1973年，女性集中在喜剧中，而男性在喜剧中"仅"占据虚构人物的60%。儿童卡通包括的女性角色比成年人的黄金时间节目包括的更少。①

为了说明女性形象被刻板化，塔奇曼等人引用了林达·巴斯比有关电视广告的研究结论，"总的来说，对于电视上商业节目的分析支持了反映假说，在带画外音和单一性别（全部是男性或女性）的广告中，商业节目忽视的职业或迅速将女性刻板模式化。在它们对女性的刻画中，广告将女性放逐为家庭主妇、母亲、操持家务者或性对象，并限制女性在社会中发挥作用"②。电视将女性塑造为家庭主妇，做女人就意味着脱离经济生产力和过着受男人限制的生活。在《夜晚的女性：黄金时间电视中的女性角色》一书中，戴安娜·米翰（Diana Meehan）对黄金时段情境喜剧中的一系列女性角色进行定量与定性相结合的分析研究。戴安娜·米翰发现，电视中的女性形象总是处于从

---

① ［英］奥利费·博伊德-巴雷特、［英］克里斯·纽博尔德编：《媒介研究的进路》，汪凯等译，载［美］盖耶·塔奇曼《大众媒介对妇女采取的符号灭绝》，新华出版社2004年版，第503页。
② ［英］奥利费·博伊德-巴雷特、［英］克里斯·纽博尔德编：《媒介研究的进路》，汪凯等译，载［美］盖耶·塔奇曼《大众媒介对妇女采取的符号灭绝》，新华出版社2004年版，第505页。

属和被歧视的位置，职业女性总是从事服务型职业，并且这种角色完全是家庭妇女角色的翻版。里莉安·罗滨逊（Lillian Robinson）跟米翰一样，也将实际生活中的女性与电视荧幕上的女性形象进行对比，发现了电视文本对女性形象的歪曲现象。在《我的台词？电视故事和妇女工作》一文，罗滨逊指出女性的工作往往是"花瓶式"的，"一方面电视形象把女性的工作身份和场景压缩为性别特征，而另一方面真实的工作女性却把自己看做一个有血有肉的人，'既是工人也是妇女，她有工作，有老伴，领工资支票，而且还有一系列工作环境，并非只是某个工作单位复杂性别角色的总和'"[①]。此外，电视中女性被雇佣的概率远远小于实际生活中的就业率，并且荧幕上妇女所从事的工作与实际生活中的真实情况也有很大差距。与前两位研究者不同的是，罗滨逊把电视媒体视作盈利机构，因此电视节目常常掩盖一些事实，如"（这些工作）一般缺乏创造性，通常在社会中也是一些无关痛痒的事情"，"这些工作大都付的是最低工资……这些工作都是通过临时代理机构安排的，因而女性蒙受的是双重剥削"[②]。通过对荧幕女性形象与现实女性形象的对比分析，罗滨逊提醒人们，女性正在蒙受双重剥削。

　　以电视文本中的女性形象为研究对象，能够很清晰地揭示出被歪曲或被符号性灭绝的"他者化"的女性形象，但却很难进一步阐释产生这些现象的根本原因。虽然上述文献已经论及电视里的女性形象及其对受众所造成的影响，如女孩们希望长大以后依靠男性，而不是自己走出家庭成为积极的劳动者等，但遗憾的是，这些研究并没有确切地阐释这些女性形象对受众来说到底意味着什么。同时，上述研究都

---

　　① ［美］罗伯特·艾伦编：《重组话语频道：电视与当代批评理论》，牟岭译，载［美］E. 安·卡普兰《女性主义与电视》，北京大学出版社2008年版，第236页。
　　② ［美］罗伯特·艾伦编：《重组话语频道：电视与当代批评理论》，牟岭译，载［美］E. 安·卡普兰《女性主义与电视》，北京大学出版社2008年版，第237页。

不同程度地忽视了电视受众与他人以及与荧幕形象之间的能动关系，没有认识到受众的接受、认同与模仿是一个极其复杂的过程。上述不足推动着女性主义电视受众研究者思考电视文本之外的更多问题，如受众的观看机制、社会文化语境、电视节目的运作机制和意识形态问题等，这也为女性主义电视受众研究取得长足发展提供了契机。

三 女性受众的愉悦机制：情感共鸣与叙述乐趣

塔奇曼等人的研究，指出了女性在电视文本中刻板的"他者化"地位，揭示了女性在电视文本中被歪曲与被贬抑的事实，但却较少真正从女性受众的视角进行阐释。有学者认为，女性主义研究和知识建构的一个基本前提，就是假定存在一个具有普遍意义的"女人"这个范畴。她们享有一套共同的经验，这些共同的女性经验不是来自她们作为女人的共同的生理事实，而是来自她们作为社会和男人的"他者"受压迫的共同经历。尽管学术界对女性的观剧经验说法不一，如将女性看作是受害者或行动者、主体或是客体，但女性主义的各种观点都有一个共同的假设，即女性受众从电视观看中获得了愉悦与快感。女性电视受众的愉悦机制是跟性别、媒介内容、工作性质、社会结构、阶级差异等息息相关的，它本身也是复杂多变的。因此，具体地考察女性受众的电视经验显得尤为必要。以下我们将以女性主义电视受众研究领域里的经典文献作为解读对象，尤其是对肥皂剧的研究，分析它们的研究内容与主要观点。

肥皂剧是最吸引女性受众的电视文本之一，因此很多学者以肥皂剧的电视受众为研究对象，深入地考察女性受众观看肥皂剧的经验和情感。美国学者塔尼娅·莫德斯基（Tania Modleski）的文章《从今日肥皂剧中探索明天》（The Search For Tomorrow In Today's Soap Opera）便是较早关注女性电视受众的观剧体验的研究成果之一。莫德斯基认为，肥皂剧是为女性而存在的电视文本，女性可以从肥皂剧中获得观看快感。为了更为清晰地阐释这种快感的形成机制,莫德斯基深入女性受众的家庭生活进行参与式访谈。研究发现,肥皂剧的叙事结构,包括重复和中断的叙事模式,都完全是一种对女性受众的日常生活经验和节奏的模拟。莫德斯基指出,与那些传统的、线性的闭合型结局导向的幽默剧或黄金时段的戏剧不同的是,"肥皂剧多样的、片段式的故事情节,以及开放型结局的连续形式不仅与妇女重复的,永远没有完结的家务琐事的节奏相契合,产生共鸣,而且事实上使妇女可以追随她们所喜爱的电视节目,同时又不懈怠她们的家务职责"[①]。肥皂剧为女性电视受众的经验和情感提供了一种特别的叙述乐趣。

20 世纪 80 年代,美国肥皂剧《达拉斯》(Dallas,又译为《豪门恩怨》)先后在 90 多个国家播出,引发了全球收视狂潮。这部电视剧长达 3562 集,以美国的中产阶级价值观和当代社会生活图景为主要表现内容。《达拉斯》在美国连续热播了 13 年,长期高居全美黄金时间收视率之榜首,堪称世界上最受欢迎的电视节目之一。该剧也因此成为很多电视研究者和媒介研究者眼中的典型案例。为调查女性受众对该剧的解码情况以及该剧大受欢迎的原因,荷兰学者洪美恩(Ien Ang,又译为莱恩·昂)进行了深入研究,其成果体现在《收看达拉斯:肥皂剧与情节剧的想象力》一书中。

根据 42 封女性受众的来信,洪美恩整理出了受众对该剧的四种不同态度以及两种主要的解码方式。这四种态度是:讨厌、讽刺、辩护型喜爱和直言不讳型喜爱。讨厌该剧的受众认为肥皂剧会消磨人的意志,并对该剧进行了谴责。洪美恩认为,这类受众都是自诩为精英主义的人,她们是出于心理上的安全感才对享受该剧的行为进行贬斥。对《达拉斯》进行讽刺的受众,一方面认为该剧是群氓文化消极性的

[①] Tania Modleski, *Feminism Without Women: Culture and Criticism in a "Postfeminist" Age*, London: New York, Routledge, 1991, pp. 104 – 105. 参见石研《电视研究的女性主义视角——兼评劳拉·斯·蒙福德的女性主义电视研究理论》,《浙江传媒学院学报》2016 年第 3 期。

典型代表，另一方面又通过讽刺行为而毫无压力地享受该剧。在洪美恩看来，这种态度并不表示厌恶这部电视剧是错误的，"而仅仅表示人们作出'厌恶'这个判断时往往是下意识的，体现了一种毫无批判性的思维方式和盲目的自信"。[①] 那些不敢完全承认自己喜欢《达拉斯》以及不能说出喜欢的真实原因的受众，则主要是因为她们无法摆脱大众文化意识形态的禁锢。那些勇敢说出喜爱《达拉斯》的受众属于民粹主义者，她们坚决抵抗精英主义意识形态，坚决维护自己的审美品位，"（该剧的）拥护者往往认为有必要在自己与群氓文化意识形态的关系之中为观看的快感找到合适的位置，故而他们要么'内化'此意识形态，要么与之'协商'，抑或采用'故作讽刺'的方式护卫自己的快感免受意识形态侵犯"[②]。

就《达拉斯》而言，女性受众主要有两种解码方式："情感现实主义"和"悲剧性的情感结构"。"情感现实主义"主要是指受众在看剧的过程中能把自己对生活的感知（如健康与疾病、欢乐与悲伤、美好与破裂等）与电视剧中的豪门故事联系起来，把故事的个性与现实生活的共性联系起来，实现情感的共通。女性受众或可从观看活动中逃避枯燥的生活，或补偿单调的工作，但更为根本的是剧情建立起了观众与剧中人物之间的情感共鸣。洪美恩使用"悲剧性的情感结构"来阐释快乐与悲伤是如何在剧中来回周旋的。总体来说，洪美恩利用"霍尔模式"就女性受众对《达拉斯》的解码情况进行了较为深入的研究，发现她们对该剧的内容并非"照单全收"，而是积极地享受观剧的过程并对其作出价值判断。和莫德斯基一样，洪美恩也发现了女生受众的观赏快感多来源于电视剧的叙事结构。与莫德斯基不一样的

---

① ［英］约翰·斯道雷：《文化理论与大众文化导论》，常江译，北京大学出版社2010年版，第182页。
② ［英］约翰·斯道雷：《文化理论与大众文化导论》，常江译，北京大学出版社2010年版，第184页。

是，洪美恩赞同民粹主义意识形态，鼓励热爱《达拉斯》的受众坚持自己的审美趣味，抵抗精英主义意识形态强加在她们身上的负面标签。

比洪美恩的研究更往前推进一步的是劳拉·斯·蒙福德。她在著作《午后的爱情与意识形态——肥皂剧、女性及电视剧种》（*Love and Ideology in the Afternoon: Soap Opera, Women and Television Genre*）里将肥皂剧的叙事结构、受众的日常生活与电视的传播机制结合起来进行了探索。从高度程式化的肥皂剧剧情中，蒙福德分析了女性受众所获得的愉悦感：一是受众以全知全能的视角窥视着剧中角色的隐秘情感，目睹剧情恣意践踏中产阶级的礼仪限制而产生的愉悦；二是从肥皂剧里的邻里故事中寻找到虚拟的社群体验和归属感，从而消除由于离群索居带来的负面情绪；三是肥皂剧的中断和重复的播放方式吻合女性受众的家庭工作的节奏安排，能调动受众参与并形成互动；四是肥皂剧通过虚构手法对私人的情感与体验进行曝光，使得受众完全理解剧中角色的行为动机，并让她们感受到肥皂剧里比现实更加美好的世界。[①]

综上可知，女性主义电视受众研究将受众如何获得愉悦作为重要的研究内容，透视了女性对经典肥皂剧的观赏机制。学者们通过文本分析、量化统计、精神分析、参与式访谈和民族志研究等方法对女性受众的愉悦机制进行了详细阐述，其中涉及了叙事快感、情感共鸣等内容。这有助于我们思考以肥皂剧为代表的电视文本对于女性受众的意义及其背后的意识形态问题，防止将电视受众研究置身于电视文本与电视机制之外，从而落入"纸上谈兵"的陷阱。

四 男性权威下女性电视受众的性别意识

所谓"性别意识"，是人们在性别认知的基础上，基于自身特殊

[①] 参见［美］劳拉·斯·蒙福德《午后的爱情与意识形态——肥皂剧、女性及电视剧种》，林鹤译，中央编译出版社2000年版，第22—60页。

的社会性别身份以及特定的性别政治地位,通过诸如感觉、情绪、思维、记忆与自我意识等主观经验形式所凝聚、升华,进而积淀、稳定起来的有关"性别"的理解与观念的总和。[1] 性别意识具有丰富的内容、复杂的结构与多种表现形式。生活于父权社会中的女性电视受众,其性别意识既受到父权社会生活的制约,又受到电视文本的影响,还有着独特的个人精神特征以及群体意识。洪美恩使用"霍尔模式"在女性电视受众的研究中取得了较大的成果,但仍然缺乏对女性受众的心理机制以及她们所处的社会环境的分析。女性从肥皂剧中获得快感已经成为共识,学界普遍认为女性受众的愉悦和快感除了与电视节目的播出时间、叙事方式、内容设计有关之外,也与电视节目可为受众提供谈资以及使单调的日常生活富有生趣有关,还与受众对特定节目在审美、道德伦理、政治背景等方面的批判息息相关。这些研究是女性电视受众的性别意识的主要内容,也是其主要的表现形式。

在《知识和权力:肥皂剧观众的民俗志》中,玛丽·艾琳·布朗对美国、澳大利亚和英国的肥皂剧迷们的电视使用方式进行了民族志研究。通过参与式观察和非结构性访谈,布朗发现,女性在生活中撰写着她们自己特有的知识,这些知识是在妇女生活的小圈子和20世纪30年代开始的广播肥皂剧中间生成的,并且通过获得和掌握这些肥皂剧知识,女性观众获得了极大的乐趣。[2] 布朗把肥皂剧知识分为口头文化和书面文化。口头文化包括肥皂剧的制作过程、演员、制作公司等。书面文化,是指涉及肥皂剧来源于其他电视或印刷媒介的"跨文本知识"。口头文化和书面文化相结合,使得肥皂剧迷们能够更为清楚地理解肥皂剧所传递的故事内容、人物情节、叙事主题和价值观。这些知识让受众们能够建立起一个有关肥皂剧的闲聊网络,在这个闲聊网络分享

---

[1] 参见潘萍《论父权制意识形态及其对性别意识与女性历史主体性的影响》,《求索》2015年第10期。

[2] 参见马薇薇《肥皂剧的魅力》,《中华女子学院学报》2009年第2期。

乐趣、寻找共鸣，并建立起一个不受男性权威控制的"安全出口"。

赛特尔（Seiter·E. Borchers）等人认为，女性受众的观看快感来源于对肥皂剧中那些有违传统伦理道德观念的情节和内容，如破坏家庭神圣性的妇女越轨情节等。《达拉斯》和《王朝》都是美国非常流行的肥皂剧，这两个剧的故事主线都是围绕着男性在维系家庭完整与稳定的过程中出现的种种问题展开，而他们的努力却不断遭到家中女性的挑战和破坏。女性在肥皂剧中不断制造事端，让整个家庭鸡犬不宁，这些行为让男性家长时时处于重压之下，家庭也处于分崩离析的边缘。而作为"麻烦制造者"的女性却犹如披荆斩棘的斗士，时刻准备着向父权政治发起斗争。与美国肥皂剧不同的是，英国肥皂剧《加冕街》（Coronation Street）和《东区人》将女性设置为家庭的主心骨，尤其是家中年长的女性充当着一家之主的角色。女性受众的观看快感则来源这些肥皂剧内容对父权政治的颠覆。它们常常通过挑战男性权威来传播女性价值观念，那些依靠这些价值观念生活的人便因此获得了自尊。可以说，肥皂剧成了女性受众抵抗主流父权政治的一种有效的手段，也成了建构女性性别认同的重要工具。"尽管肥皂剧不会以直接、激进的方式对男权统治发起挑战，但它至少可以不断地削弱男权对女性的控制力量；就最好的意义而言，它不仅向无男性控制区发起直接的挑战，而且还提供了发起挑战所必需的女性自尊。"[①]

相比于受众从肥皂剧中所获得的快感和性别认同，蒙福德认为更重要的是电视剧的剧种、剧目、故事模式和叙事策略等所宣扬与维护的父权制意识形态。肥皂剧的叙事情节和内容可为女性观众观照自身和观看外界提供帮助，也可为传播女性的价值观念提供言说的空间，但肥皂剧毕竟是一个虚拟的电视文本，它所提供的一切也是虚拟的。

[①] 陆道夫：《文本/受众/体验：约翰·费斯克媒介文化研究》，北京邮电大学出版社2008年版，第119页。

肥皂剧用一种泛家庭的乌托邦幻景同女性受众密切联系起来，为女性受众构筑一个符合她们愿望的虚拟空间。在这个空间里，女性可以逃避父权压迫甚至挑战男性权威，从而获得观看快感。但正如莫德斯基所说的那样，肥皂剧将妇女安置在家庭领域，可能在实际中安抚了主妇们的不满情绪，为女性受众带来了愉悦和消遣，但更多是在维持父权制家庭的良性运转，最终仍是复制了父权制意识形态。

卡普兰将女性主义分为自由主义、社会主义、马克思主义、后现代主义和激进主义五种类型，可见"女性主义"的发展不仅与其他学术思潮紧密相连，也与现实的社会发展和价值立场息息相关。女性主义电视受众理论是在与其他各种学术观点和多样化的研究方法的交流与碰撞中发展起来的，其成果既有对电视节目中女性形象的歪曲、符号性灭绝和歧视的批判，也有对女性受众的愉悦机制的探讨，同时也揭露了女性意识难逃男性霸权的社会本质。

总体来看，女性主义电视受众研究具有以下显著特点。首先，女性电视受众的观看经验是理论研究的主要素材之一。以往的电视受众研究除了关注女性受众，还要关注男性以及儿童的电视经验以及他们感兴趣的话题。女性主义电视受众研究将女性的电视经验作为衡量电视节目、电视传播机制和性别意识的一个重要指标。女性受众的电视经验是丰富多彩的，这与她们所接触的电视内容有关，也与社会经验和生活经验相关。如安德烈·普雷斯对女性理解电视现实和认同电视人物的阶级差别的分析中所提到的那样，"工人阶级妇女更可能注意到电视所描绘的中产阶级的物质世界，并断定这个世界代表了现实世界；而中产阶级妇女更有可能从个人方面来认同电视人物及其问题，特别是那些与家庭有关的、处于家庭背景下的人物"[①]。其次，女性电视受众研究目的是女性。女性电视受众研究

---

① 郑大群：《西方女性主义电视批评》，《求索》2004 年第 6 期。

的目的是分析电视文本和电视传播机制中的女性形象，以及探索和阐释女性电视受众的愉悦机制以及背后的性别意识。传统的电视受众研究极少关注单一的性别问题。女性主义电视受众研究为我们考察电视受众问题拓宽了研究视角。最后是女性主义电视受众研究常常将研究者与研究的主题放在同一个层面上讨论。也就是说，研究者本人的电视经验、社会经验和生活信念也应当成为研究内容的一个部分，即"研究者对我们来说就不是以一个无形的、匿名的、权威的声音出现，而是表现为一个具有具体的、特定的欲望和利益的、真实的、历史的个体"[1]。

当然，女性主义电视受众研究的理论逻辑也存在一些争议，其中最引人注目的是研究方法和研究者的立场问题。女性主义电视受众研究的学者们在收集研究材料时主要使用了电视文本分析、量化统计、信件调查、参与式观察、小组访谈和深度访谈等定量、定性分析或定量与定性分析相结合的研究方法。批判者认为对女性电视受众进行定量分析是不妥的，因为量化统计这种自然科学的研究方法难以展现受众的复杂性和丰富性，更难以解释受众与电视之间的动态关系。单纯依靠量化研究，便总会得出女性被男性压迫的结论，进而得出女性被"符号性灭绝"的定论。这样的结论无疑强化了长期以来的性别陈规，但更重要的问题在于，它无法解释女性为什么依然愿意每天守候在电视机旁。

同样，对电视文本进行内容分析看似无懈可击，实则也有其局限性。对电视文本进行内容分析有一个很重要的问题不能回避，即电视文本的虚拟性问题。受众往往认为肥皂剧、情景喜剧等虚构类电视内容也具有真实性，并以此来判断和理解现实生活中的事件和人物。当女性主义电视受众研究把视野局限在内容分析之上，必然会影响到女

---

[1] 吴小英：《当知识遭遇性别——女性主义方法论之争》，《社会学研究》2003年第1期。

性受众对现实生活女性形象的判断和理解。此外,内容分析也忽略了女性受众与电视文本之间的互动关系,忽略了女性这个复杂的主体身份对观看电视所产生的影响。更进一步分析,我们还可以发现,内容分析仅仅停留在对电视文本进行量化分析,很少考虑电视文本所涉及的政治、经济、文化等社会因素,这样很容易得出与研究者的设想相符合的结论,但却很难对电视文本及其受众作出更深层次的探讨。女性主义研究者认为,这种定量研究模式"将受众当作可操作的物,而不是当作有主体意识的人来研究,将研究者目的和意愿强加于被研究者身上,是一种'形同强奸的研究'"。[①]

信件调查、参与式观察、小组访谈和深度访谈等民族志研究方法虽然在一定程度上弥补了定量研究的不足,为女性主义电视受众研究提供了很多素材,但它也受到了很多质疑。如参与信件调查和小组访谈的女性受众是否具有足够的代表性,到受众家里进行实地深度访谈时如何确保研究结果具有科学性,研究者作为电视受众怎样确保自己的观点不会影响到被调查者,等等。可见,学界的批判与其说是对女性主义电视受众研究的不满,不如说是对社会科学定量分析和定性分析这两种研究方法的天然局限的批评。

实际上,不管是定量分析还是定性分析,女性主义电视受众研究都涉及另外一个不能避开的问题,即研究者的立场与身份问题。研究者自身作为电视受众与女性主义电视受众研究者的双重身份,或将对研究结果的客观性产生影响。从事女性主义电视受众研究的学者通常都既是女性主义学者又是电视受众,她们既有被研究者在电视内容方面的经验,又具有被研究者通常不具备的知识精英背景。在调查与访谈的过程中,研究者自己的观点或倾向以及对电视内容的判断极易影响到被研究者的判断,研究者与被研究者的关系也容

---

① 吴小英:《女性主义社会研究综述》,《国外社会科学》2000 年第 2 期。

易偏向"控制与被控制"的边缘。同时,研究者在获得快感的同时也需要保持理性批判的自觉,如何平衡感性和理性之间的矛盾是女性主义电视受众研究需要解决的重要问题。蒙福德曾指出,她的研究方向是要调和自身作为肥皂剧剧迷和大众文化意识形态批判者的双重身份之间的矛盾,"我既从这一剧中得到了愉悦,又认识到这种形式的倾向就是要复制资本主义父权制的压抑性的意识形态,这二者之间必须得到调和"[①]。但蒙福德也实实在在地遭受着困境,"不能从其他肥皂剧观众里把自己轻描淡写地择出来","不能自称像某些观众一样天真,和那些不是职业批评家的观众有着同样的接受习惯"[②]。她甚至坦言,"若是声称自己的批评专长和理论专长根本不曾影响我观看肥皂剧的方式,或是断言自己从未激荡在剧中叙事所带来的愉悦之中,我想那也会是一派胡言。"[③] 研究者一定要有学术研究的理性自觉,要提醒自己是"一个肥皂剧迷,但不仅是个肥皂剧迷,是一个批评家,但从来不单单是个批评家"[④]。蒙德福所面临的问题,可能是所有具有双重身份的女性主义研究者都面临的问题,那就是很难将自身的电视经验与纯粹客观的他者的电视经验进行切割,很难确保自身的客观立场。因此,在接下来的女性主义电视受众研究中,着眼于学术观点与研究者的立场与身份问题,将可能有着重要的理论价值。

[①] [美]劳拉·斯·蒙福德:《午后的爱情与意识形态——肥皂剧、女性及电视剧种》,林鹤译,中央编译出版社2000年版,第5页。
[②] [美]劳拉·斯·蒙福德:《午后的爱情与意识形态——肥皂剧、女性及电视剧种》,林鹤译,中央编译出版社2000年版,第5—6页。
[③] [美]劳拉·斯·蒙福德:《午后的爱情与意识形态——肥皂剧、女性及电视剧种》,林鹤译,中央编译出版社2000年版,第6页。
[④] [美]劳拉·斯·蒙福德:《午后的爱情与意识形态——肥皂剧、女性及电视剧种》,林鹤译,中央编译出版社2000年版,第7页。

第三章 数字电视：粉丝的"心灵社交"、盗猎和展演

数字技术革命使得电视、电脑、智能手机、数字音乐播放器等媒介融合在一起，电视的观看行为——"在何处观看"和"如何观看"——因此发生了深刻变革。数字革命不仅增强了电视观看的互动性、提高了电视内容的播放效率，还提供了专业化频道以满足越来越细分的受众口味，如区域性的体育频道、专业体育频道、高尔夫频道、购物频道、野外探索频道等。此时，电视不再被看作是客厅里的"壁炉"，而是一种新的数字设备，"电视作为数字媒体，必须被理解为一种可在多个平台上传播的无设定的特性（non-site-specfic）的混合文化与技术形式，这些设备可以是手机、游戏机、Ipod 以及诸如 YouTube、葫芦网（Hulu）、Joost 和 BBC 的 Player 等在线视频服务，也可以是基于计算机的媒体播放器，比如微软的 Windows 媒体播放器和 Apple TV。"[1] 数字革命的到来并没有让电视走向灭亡，而是进入了与其他媒介融合发展的新时代。

在媒介融合发展环境下，怎样打动受众、留住受众和找到忠实受众是所有媒体都面临的发展难题。也就是说，媒介产业发展需要更有积极性、忠诚度和粘性的受众，这一类受众也被称为"粉丝"。当然，

---

[1] ［美］阿曼达·洛茨：《电视即将被革命》，陶冶译，中国广播影视出版社 2015 年版，第 19 页。

粉丝型电视受众的出现，并非完全与媒介产业革命相关，还与电视技术变革、媒介环境变化以及全球文化景观密不可分。因此，学术界在讨论粉丝型受众的电视使用行为及其文化意义时，会特别注意电视荧幕的传播机制、粉丝的集体智慧、粉丝的全球性文化参与等问题。

粉丝（fans），也被称为"迷群"，是一个与大量的普通受众不同的特殊受众群体。麦奎尔对"粉丝"一词的概念进行过详细的阐述，认为粉丝主要是指"受众通过几种不同的方式和'远方'的媒介来源进行接触，尤其（可能）是在社会环境中，通过家人、朋友和其他人的中介"[①]。粉丝的形成不一定完全是自发的，可能与媒介的引导或操纵有很大关系，"（粉丝）总是与对特定表演者（大多如此）或是特定类型的演出（音乐、电影或小说'文本'）的感情紧密相关。最普通的'粉丝'可能仅仅是受到一个媒介（就像过去的'影迷'一样）的吸引；而最强烈的形态可能牵涉到高度的情感投入以及围绕一个媒介人物而产生的活动"[②]。

关于粉丝与普通受众的区别，费斯克认为是他们在媒介使用行为方面的"过度性"（excess）和"区别性"（discrimination）特征。[③]"过度性"，指受众在自己的媒介经验范围内对某种特定媒介或媒介内容的过度使用（有规律地、固定地、情绪性地使用）和过度信任（沉浸在媒介所营造的虚拟世界里，混淆了媒介世界与真实世界的区别），从而形成对媒介人物和媒介内容的着迷，并积极主动地消费与所迷对象有关的所有内容。"区别性"，是指粉丝社群与非粉丝之间会形成明确的界限。麦奎尔指出，粉丝行为可能是个人自发式的，但更多时候

[①] ［英］丹尼斯·麦奎尔：《麦奎尔大众传播理论》，崔保国、李琨译，清华大学出版社 2010 年版，第 363 页。

[②] ［英］丹尼斯·麦奎尔：《麦奎尔大众传播理论》，崔保国、李琨译，清华大学出版社 2010 年版，第 363 页。

[③] Fiske, J., "The Cultural Economy of Fandom", In L. Lewis (ed.), *The Adoring Audience: Fan Culture and Popular Media*, London & NY: Routledge, 1992.

第三章 数字电视:粉丝的"心灵社交"、盗猎和展演

是群体性的。他们常常对所迷的对象投以高强度的关注与迷恋,公开表达自己的情感,并参与所迷对象有关的文化生产。麦奎尔细述了粉丝的典型特征:

> "粉丝"最可能体现为集体的形式,亦即一种具有强烈吸引力的有意识的共同感觉。当然,也有个人式的"粉丝",不过,要成为一个单独的"粉丝"是很困难的,而这种概念也是多余的。"粉丝"也是自发产生的,也就是当他们彼此联系,并且以公开的方式(T恤、爱好者等形态)表达其情感的时候是"粉丝"以一种自我满足的方式定义了它们和媒介之间的关系,而且也沟通了明星和追星族之间不可避免的真实"距离"。然而,这可能也是一种痛苦的经验,牵涉到高度的期待和替代性的潜在"粉丝"们自愿性投入的情感。"粉丝"对于他们倾注情感的对象可能也会渐渐冷淡,因为他们可能是朝三暮四、喜欢挑剔的,最后终将选择放弃。通常因为受到其他媒介的鼓励,"粉丝"也会将明星当成闲谈、嫉妒、羡慕或是厌恶的对象。①

电视的普及与粉丝文化的流行有很大的关系,粉丝研究也在文化研究、电视受众阐释研究以及媒介传播研究的潮流中取得了较大的发展。费斯克被认为是电视粉丝研究的重要开创者,但费斯克侧重于强调粉丝与支配性权力的关系是一种微观意义上的政治抵抗,或者说是一种逃避策略。通过对电视内容的长期的沉浸式和情绪性地观看,普通受众转变成了粉丝,并在实现自我认同和群体认同的过程中获益于粉丝身份带来的情感价值。认同产生的原因除了受众的文本解读之外,

---

① [英]丹尼斯·麦奎尔:《麦奎尔大众传播理论》,崔保国、李琨译,清华大学出版社2010年版,第363页。

还有受众的参与式创造、受众与电视的"准社会互动"、受众的接受心理、奇观化的媒介文化环境等因素。本章内容沿着费斯克所提出的粉丝群体的区别性身份特征,从心理机制、行为特征、媒介文化环境等多种角度讨论粉丝的"心灵社交"、盗猎、展演及其文化参与机制问题。

第一节 电视粉丝的身份认同与"心灵社交"

在《第二媒介时代》一书中,马克·波斯特详细描述了美伊冲突战争的现场是如何通过电视给美国以及世界的受众营造一种"身临其境"之感的。他试图证明,电视音像技术将战争现场转化为战争剧剧场:"电视试图以绝对肯定性让观者相信空战的功效,它把观众置于弹头、带着他或她飞近其目标,好像观众自己以超人的拳头把敌人打得稀巴烂一样,换言之,你所获得的信息从最不起眼的细节都令你不得不心悦诚服,结果你彻底无疑地相信政府的政策和军方的效率,每当这样的时候,现实主义的强烈言辞却在你被带到弹着点的那一刻内爆呈电脑游戏的超现实主义。"[1] 通过进一步研究,波斯特发现,电视能够让受众产生认同感,让受众相信电视图像对现实的指涉,图像本身就越来越变成现实,"这是电视的拟仿效应,任何将军都不能将铁的法则赶出其修辞阵地"[2]。尽管波斯特对电视拟仿效应的论述限定在了战争报道的范畴之内,但他所描述的电视让受众产生认同感的现象却值得重视。

"认同"的英文表达是"identity",其核心含义强调"主体对同一性的内在自觉与体验,并在这种自觉与体验中构建起自身稳定的身份、

---

[1] [美] 马克·波斯特:《第二媒介时代》,范静哗译,南京大学出版社 2000 年版,第 228 页。
[2] [美] 马克·波斯特:《第二媒介时代》,范静哗译,南京大学出版社 2000 年版,第 228 页。

个性、特性等,即一种内在一致性,以此区分自己与他者的差异,确证自己的存在,从而从根本上回答'我是谁'的问题"[1]。作为电视受众中的独特群体,粉丝以其在过度使用电视的过程中对电视里的人物产生了认同,从而确立了他们不同于普通电视受众的独特身份与个性。波斯特虽然注意到了"身份认同"的存在,却没有进一步讨论这种"认同"产生的内在机制。在"粉丝经济""粉丝文化"盛行的今天,学界往往更加关注粉丝现象背后的文化原因、经济原因等,而较少从心理和技术的视角阐释其形成机制。因此,本节回到电视受众研究的理论文献,以唐纳德·霍顿(Donald Horton)、理查德·沃尔(Richard Wohl)、唐·韩德尔曼(Don Handelman)等人的相关研究为焦点,探讨电视传播与粉丝身份认同的自我组织问题,从而为理解粉丝身份的建构机制提供裨益。

一 电视荧幕与粉丝的"准社交互动"

"准社交互动"(Para-social relationship,又译为"类社交互动"或"拟社交互动")概念,最早是由霍顿与沃尔提出的。在1956年发表的一篇文章《大众传播与准社交互动:远距离亲密的观察》里,霍顿和沃尔对受众与电视荧幕上的演员之间的交流属性进行了分析,并通过"准社交互动"这一概念对电视受众的角色价值进行了详细阐释。

在《大众传播与准社交互动:远距离亲密的观察》里,霍顿和沃尔使用"准社交互动"来指称受众对其喜爱的电视荧幕角色(如演员、演员的角色、主持人、虚构人物)的依恋,并从精神病学和心理学的视角将这种依恋看作是一种与面对面人际交往相似的互动关系。之所以使用"准"这个词语,是源于电视与受众之间的互动关系在现实性和本真性上略逊于面对面的互动交往。霍顿和沃尔发现,"当新

---

[1] 刘仁贵:《认同概念发展的三条线索》,《齐鲁学刊》2014年第1期。

闻播音员在节目结束说'晚安'时，很多受众也会不由自主地回答'晚安'，这样的互动行为犹如家庭成员在睡觉之前互道晚安一样。"[1]电视上的人能够通过话语和肢体吸引受众，甚至与受众进行互动，这种行为类似于真实社会中的人际交往，但又不完全等同于真实的人际交往。

　　电视中的人物角色和故事情节常常来源于受众的真实生活，大多是受众熟悉的典型社会场景和人物，因此电视中的荧幕形象极有可能与受众的社会交往融为一体。沃尔和霍顿认为，"类社交互动"与现实社会交往只是交往的方式不同，并没有本质上的差异，它们遵循着同样的互动原则，即社交性、亲密、同情和移情。当电视里的人物角色和受众以这些原则进行互动时，受众会"不知不觉地融入节目中人物的行为和内部社会关系之中……与其产生某种臆想的交往，并派生出了亲密感"[2]。制作人根据节目制作公式对荧幕上的角色形象进行了设计，以至于角色的每一个细微动作都很容易被受众察觉，并能够为受众提供想象的空间。因此，在令人不安的、瞬息万变的客观世界中，荧幕角色的性格和行为方式总是基本不变的，以便给予受众愉快的互动体验。

　　为了营造"类社交互动"的亲密关系，电视荧幕角色往往通过几种策略来塑造。最典型的方式有：重复非正式的面对面的聚会、手势、对话和熟悉的环境。此外，一些常用的节目制作技巧，如亲切随意的主持风格、拍摄角度的巧妙转换、演播室观众带来的身处群体之感、附带评论引发的认同感等，均有助于激发电视受众对荧幕角色的喜爱与迷恋，进而产生与之面对面相遇的幻觉。荧幕角色也会尽可能地根

---

[1] Donald Horton, R. Richard, Wohl, "Mass Communication and Para-social Interaction", *Psychiatry: Journal for the Study of Interpersonal Processes*, Vol. 19, No. 3, 1956, pp. 215 – 229.

[2] Donald Horton, R. Richard, Wohl, "Mass Communication and Para-social Interaction", *Psychiatry: Journal for the Study of Interpersonal Processes*, Vol. 19, No. 3, 1956, pp. 215 – 229.

第三章 数字电视:粉丝的"心灵社交"、盗猎和展演

除或模糊他/她与电视节目之间的界限,角色与角色之间常常直接使用名字或昵称来强调他们之间的亲密关系。荧幕角色与受众之间的互动关系主要归功于角色的表现以及他所制造的幻觉的亲密程度,是一种单向关系。如果角色成功地建立起了与受众的亲密关系,受众便可以通过节目提供的粉丝邮箱或其他间接手段来支持荧幕角色和维护他们之间的亲密关系。因而,在"类社交互动"行为方面,粉丝是较为被动的,他们对电视内容的参与和回应全都掌握在电视的荧幕角色手中。据此,唐·韩德尔曼将"类社交互动"的特征总结为:"所谓'类社交互动'既是对重要现实以及本真性交互行为的模仿,又是对电视角色与无形观众之间谈话交流的模仿。电视角色巧妙地将缺席的观众拉到自己的言谈中,营造了两者交谈的假象,并最终实现'类社交互动'。同时,他们还假定无形的观众对自己的言谈作出相应的互动性回应,这就维系了两者之间持续交谈的假象。"[1]

关于受众与电视荧幕互动的动机,霍顿和沃尔认为,对于绝大多数受众来说,"准社交互动"是对正常生活的补充,而个性化的电视节目则特别有利于那些性格孤僻、身体老弱等不能正常社会交往的人形成一种补偿性依恋。因此,沃尔和霍顿提出了两种截然不同的互动类型:"准社交互动"和身份认同。[2]"准社交互动",是指受众对角色的表演进行应答性的反应。开放型节目,如智力竞赛、访谈节目等,往往容易引发受众的"准社交互动"。在这类节目中,角色人物面向镜头,向观众"直接"发表讲话,观众会感觉自己在同其进行面对面的交流。身份认同所包含的过程则有所不同,是指受众认同某个角色人物并替代性地融入角色当中,短暂地失去了情境参照。从某种程度

---

[1] [美]伊莱休·卡茨等编:《媒介研究经典文本解读》,常江译,北京大学出版社2011年版,第144页。

[2] Donald Horton, R. Richard, Wohl, "Mass Communication and Para-social Interaction", *Psychiatry: Journal for the Study of Interpersonal Processes*, Vol. 19, No. 3, 1956, pp. 215–229.

上看，这种身份认同更类似于自身传播，而不是人际传播。身份认同是电视内容吸引普通受众成长为粉丝的一个重要机制。

霍顿和沃尔指出电视受众的"准社交互动"角色有四个方面的价值。① 第一，准社交角色有助于认识自我，其中蕴含着探索和发展新角色的可能性。"准社交互动"能帮助年轻人对未来可能扮演的角色进行预先设定，也能帮助老年人对现实或过去进行重新评估。第二，"准社交互动"能对日常生活进行补偿，对那些由于年迈、残疾、胆怯或挫折而无法参与正常社交活动的人而言尤其重要。第三，日常生活与准社交经验之间并不存在功能的断裂，这是因为受众在家中扮演的角色是对电视演员在演播室内扮演的角色的一种补充。第四，尽管准社交活动在功能上对电视受众的日常生活起到弥补作用，但由于这种社交试图取代旨在反抗单一性客观现实的自主性社会参与，因此被认为是一种病态行为。

霍顿和沃尔对电视与受众的"准社交互动"研究，给以影响研究、使用与满足研究等为主流的电视受众研究领域提供了新鲜血液。他们将美国社会学家米德的"象征互动论"移植到了电视媒介与受众的互动关系中，将这种关系定位于与现实生活中人际交往相类似的，但在本真性和现实性上略逊一筹的互动行为。他们从中看到了受众观看电视的方式、受众与电视之间的认同机制，并认为受众之间存在病理性偏差和一般社会意义上的偏差。这股"新鲜血液"虽然从新的视角上阐释了电视受众的收视行为，但却没有立马引起学术界的广泛关注，一直等到20世纪70年代大众传播研究证实了上述观念，电视与受众的"准社交互动"才在学界受到了高度重视。

---

① 参见［美］伊莱休·卡茨等编《媒介研究经典文本解读》，常江译，北京大学出版社2011年版，第147页。

二 "准社交互动"：社会交往方式的补偿抑或补充

在对肥皂剧的研究中，英国媒介研究学者丹尼斯·麦奎尔等人（McQuail, Blumler & Brown, 1972）发现了霍顿和沃尔所描述的电视与受众之间的"准社交互动"行为。受众在观看了《加冕街》中的车祸场景之后，认为自己也仿佛刚刚经历了一场交通事故。麦奎尔等人指出，电视与受众的准社交互动有着提供友谊和保持个人身份两种功能，即肥皂剧内容可以为受众找到社交伙伴、了解演员角色和熟悉电视明星等提供帮助。易言之，电视与受众的"准社交互动"是一种突破了面对面的、新型的社会交往模式，它可以帮助受众认识自我，进而补偿受众在现实生活中不能实现的交往需要。罗森格伦（Rosengren）和温德尔（Windahl, 1972）的研究也证明，"准社交互动"的最大功能是作为那些不能正常进行社会交往的电视受众的补偿性来源。他们依赖电视弥补生活中的"缺陷"。而罗森格伦以瑞典青少年为研究对象所得到的结果却发现，青少年的社会生活和社会交往比较贫乏，但媒介互动可以增加信息和娱乐，减少他们的孤独感和负面情绪。[①]

总体上看，上述有关"准社交互动"的研究可以总结为"缺陷论"和"通用论"两种不同的观点。"缺陷论"的主要观点是，那些因人格缺陷或环境制约不能从事正常社会交往的受众，最有可能与电视进行大量的准社交互动，从中寻求补偿以满足现实生活中未能实现的交往需要。持"通用论"者则认为，准社会互动源于受众跟电视人物角色之间存在普遍的情感联结，他们之间的准社交互动与面对面的交往是相互补充的。可见，从受众的电视观看动机来看，"缺陷论"和"通用论"是一对相互矛盾的观念。

[①] 参见方建移、葛进平、章洁《缺陷范式抑或通用范式——准社会交往研究述评》，《新闻与传播研究》2006年第3期。

其实，早在霍顿和沃尔提出的"准社交互动"概念中便隐含着两种相互冲突的解释。一方面，那些不善于社会交往的个体跟大众传媒中的人物进行交流，以补偿其人际交往的缺失并替代性地享受正常社会生活的乐趣；另一方面，"准社交互动"又为大多数人所吸引，需要利用受众的能力去理解、同化，并遵循与日常的、面对面的社会交往同样的规则。[1]第一种解释得出的结论是，"准社交互动"是出于对不充分的人际交往的补偿；第二种解释意味着"准社交互动"反映了一种更普遍的动机。事实上，并不是所有的交往技能都可以在"准社交互动"中派上用场，看似面对面的交流并不能代替真正的面对面交流。20世纪70年代以后，大众传播研究领域的学者对此展开了相关的验证研究。学者们考察了影响"准社交互动"的相关变量因素，如电视人物角色的亲和力、内容的同质性、情境的认同度、受众的环境因素（如社会地位、物质基础、能否获得交往伙伴）、受众的人格特征、观看时长、受众感知的相似性以及卷入度等。在相关的验证研究中有一部分支持"缺陷论"的假设，但大多结论是为"通用论"提供了实证支撑。

在以"缺陷论"为视角的研究中，研究者以受众的移情能力、内倾/外倾性以及情绪稳定性等人格特征为主要变量，考察了电视与受众的"准社交互动"关系。[2]诺兰德（Nordlund）等人认为，受众的移情能力是指能够体验和分享他人情感的能力，拥有移情能力的人常常拥有正常的社会交往和健康的社会生活，因此没有必要通过与电视的准社交互动来获得社交补偿。[3]经过研究，诺兰德等人还发现，"准社交互动"与受众的移情能力存在负相关，而与内倾和情绪稳定

---

[1] Donald Horton, Anselm Strauss, "Interaction in Audience-participation Shows", *The American Journal of Sociology*, Vol. 62, No. 6, 1957, pp. 579 – 587.

[2] Nordlund, Jan-Erik, "Media Interaction", *Communication Research*, Vol. 5, No. 2, 1978, pp. 150 – 175.

[3] Nordlund, Jan-Erik, "Media Interaction", *Communication Research*, Vol. 5, No. 2, 1978, pp. 150 – 175.

性却存在着正相关。可见，受众的人格特征与其"准社交互动"行为没有必然的直接关系。受众的社交补偿，可以通过观看大量没有具体内容的电视节目，或深度观看某一节目并跟屏幕人物建立准社交联结得到满足。

跟基于"缺陷论"的研究一样，基于"通用论"范式的研究也考察了准社会交往与移情、外倾—内倾、情绪稳定性等人格变量之间的联系。霍顿和沃尔认为，对持"通用论"观点的研究者来说，移情是受众观看电视时的重要内容，因为"如果要实现成功的交流，任何交往都涉及对他人观点的某些适应"[1]。根据霍顿和沃尔的观点，移情对电视里的人物来说同样重要，因为他们需要将自己的表演建立在想象的观众反应之上。在霍顿和沃尔之后的研究者，大都或将移情看作准社会交往的相关变量，或当作准社会体验不可分割的组成部分。

另外，罗宾·埃克特（Akert Robin）等人以美国广播公司制作的《迪克·卡弗特脱口秀》（Dick Cavett Show）电视节目中的情节为材料进行了研究。研究结果发现，即便关闭电视中的声音，也可发现被试者的外倾水平跟其推断宾主交往内容的能力存在正相关。[2] 即外倾的个体跟内倾的个体一样，他们都拥有进行准社会交往所必要的技能和意愿。在看电视的时间量方面，持"通用论"者认为不同人格特征的个体之间不存在实质性的差异。一些研究者也反复指出，在后工业社会中，看电视只是我们日常生活的有机组成部分，成人和儿童都是如此。特别是那些在电视的伴随中出生并成长的人们，电视产生了某些专门的需要，这些需要只能通过看电视得到满足。而且，在电视普及的现代社会中，个体通常对电视产生一种强烈的"依赖关系"，因为

---

[1] Donald Horton, R. Richard, Wohl, "Mass Communication and Para-social Interaction", *Psychiatry: Journal for the Study of Interpersonal Processes*, Vol. 19, No. 3, 1956, pp. 215–229.

[2] Akert, Robin. M., Wellesley Coll, MA, Panter, Abigail T., "Extraversion and the Ability to Decode Nonverbal Communication", *Personality and Individual Differences*, Vol. 9, No. 6, 1988, pp. 965–972.

电视垄断了个体持续生活所必要的信息资源。[1]显而易见，密集的电视接触是正常行为，而不是例外。这一看法跟"通用论"相吻合，都认为看电视是一种普遍体验，我们不能根据看电视的时间量来简单地区分个体所具有的人格类型。

"缺陷论"和"通用论"作为电视与受众的"准社交互动"研究的两类主要观点得到了大量学者的关注，电视与受众的认同机制以及受众个体的差异已成为大家讨论的焦点，这也是"准社交互动"研究不能回避的问题。而这种研究概况的梳理也在不断地提醒我们，"准社交互动"越来越发展成为一个多元的概念，魔弹论式的观点不再适用于今天的电视与受众的关系研究。二者的差别并不仅仅在于受众观看方式的不同，电视的媒介特征、受众的内涵以及"准社交互动"的阐释方式也都在发生着变化。

三 身份认同：多重自我的"心灵社交"

20世纪70年代以来，关于电视与受众之间的关系的实证研究成为电视研究领域的重要部分，实证研究的结果大都支持霍顿和沃尔的"通用论"，并对"缺陷论"提出了相反的论据。对此，唐·韩德尔曼从"准社交互动"概念的理论源点进行反思，认为电视与受众之间的互动关系不是非现实的"准社交互动"，而是一种能够构成电视受众自我"心灵社交"的虚拟偶遇之路。这种"心灵社交"的"虚拟偶遇之路"实际上就是电视粉丝实现身份认同的内在机制。

在《通往虚拟偶遇之路：霍顿与沃尔的〈大众传播与类社交互动〉》中，韩德尔曼详细叙述了霍顿和沃尔的主要观点，并对他们的未尽之处进行了批评。霍顿与沃尔将电视看作是一种类似于机器假

---

[1] Grant, August. E., Guthrie, K. K. & Ball-Rokeach, S. J., "Television Shopping: A Media System Dependency Perspective", *Communication Research*, Vol. 18, No. 6, 1991, pp. 773–798.

第三章 数字电视:粉丝的"心灵社交"、盗猎和展演

肢的媒介产品,其主要作用是为那些不能正常进行社会互动的人提供补偿,以便能顺利地进行交流。韩德尔曼认为,这是典型的功能主义观点,因为他们认同"'准交流模式'之所以存在,皆因现有的交流模式自身存在缺陷与不足;而'准交流模式'的使命则在于完善终极现实的整体性"[1]。韩德尔曼评论道:"通过采取功能主义方法,两位作者为理解电视收视行为设计了一套类似于象征互动论的概念体系,其主要考察对象包括:受众观看电视的'框架'、受众与电视媒介之间的协商机制、受众的病理性偏差,以及一般意义上的社会偏差。这项研究的创新之处体现为应用上述视角来阐释受众的收视行为。"[2]

事实上,我们并不能确定终极现实是否存在,因为鲍德里亚不断地提醒着我们,现实只是互相模仿的拟像,旧的现实会衍生出新的现实,以此循环往复,永远也说不清楚到底什么才是终极现实。从这个视角回看,霍顿和沃尔对"社交"(强调真实现实)和"准社交"(意寓不太真实)两个概念的区分显然不尽准确。因为,"自我的内在社交性、世界的外在社交性,以及观众与电视荧幕之间的社交性很有可能不断地相互转化,并在转化的过程中生产着社会现实。"[3] 因此,韩德尔曼批评霍顿和沃尔的研究"既未考虑作为媒介的电视对受众产生了何种影响,也未将电视观众的所谓'内部社交'概念化,而仅仅是将互动论的视角转移到观众与荧幕的接触上,几乎未做任何修正和限定"[4]。霍顿和沃尔还强调,电视人物角色被节目制作

---

[1] [美]伊莱休·卡茨等编:《媒介研究经典文本》,常江译,北京大学出版社2011年版,第145页。
[2] [美]伊莱休·卡茨等编:《媒介研究经典文本》,常江译,北京大学出版社2011年版,第145页。
[3] [美]伊莱休·卡茨等编:《媒介研究经典文本》,常江译,北京大学出版社2011年版,第145页。
[4] [美]伊莱休·卡茨等编:《媒介研究经典文本》,常江译,北京大学出版社2011年版,第145页。

人标准化处理之后，可通过营造假象或模仿亲密感的方式使受众参与电视内容，但受众实际上仍是极其被动的，更多的权力仍然掌握在电视人物角色手中。对此，韩德尔曼批评他们过于低估了受众自我的内在社交性以及受众个体的创造力，因为"准社交"并不是有别于面对面互动的"次等社交"，而是一种特殊的社交形态。

韩德尔曼从受众和电视荧幕两个角度建立起了自己的观点。马歇尔·麦克卢汉将电视视为"冷媒介"，其间包含着大量的空白等着受众填补，即需要受众在观看电视时保持高度参与和积极主动。如麦克卢汉所言，"电视影像要求我们时时刻刻通过主动的感官参与来'闭合'光点网中的空隙；这一过程不但极富动感，而且与人的触觉非常相似，原因在于触觉是多种感官的交互作用，而不仅仅是皮肤与其他物体的接触。"[①] 易言之，电视荧幕上的图像能够将人的视觉、听觉、触觉等一切感官最大限度地融汇在一起，受众可以对电视图像进行想象并作出回应。麦克卢汉还声称："'我们如使用双手'一样使用眼睛，设法创造出一幅包罗万象的图像，其中涵括了许多时刻、阶段以及人物与实践的诸多方面"[②]。如果说麦克卢汉为韩德尔曼思考电视与受众之间的互动关系提供了具体的参与和实践的框架，那么艾曼纽尔·列维纳斯（Emmanuel Levinas，1987）则进一步为他提供了理论支撑。艾曼纽尔·列维纳斯认为，触觉是人的感觉系统中最为重要的，接触的行为与实践既是物理的接触也是心灵的触碰，是一个情感丰富的过程。结合麦克卢汉和列维纳斯的观点，韩德尔曼指出，电视荧幕在情感亲密性的氛围中融入受众，而受众则通过凝视来触摸并进入荧幕；最终，荧幕不但对受众完全敞开怀抱，更影响了受

---

① ［美］伊莱休·卡茨等编：《媒介研究经典文本》，常江译，北京大学出版社 2011 年版，第 148 页。
② ［美］伊莱休·卡茨等编：《媒介研究经典文本》，常江译，北京大学出版社 2011 年版，第 149 页。

第三章 数字电视:粉丝的"心灵社交"、盗猎和展演

众的行为。①

为了更好地阐释受众如何"触摸"电视荧幕,韩德尔曼提出了视觉凝视、触觉凝视和虚拟凝视三个概念。视觉凝视就是常说的"看见",强调所见之物的形状与形态。触觉凝视,是指将电视荧幕图像视为一种"纹理",受众通过凝视这些"纹理"得以深入图像内部,将图像进行完善并能从中找寻到快感。虚拟凝视,是电视受众自我幻想或做白日梦的过程,这种凝视产生于受众与其参与创造的图像之间的循环。韩德尔曼认为,"电视观众的自我诱惑是虚拟的,并最终将其引导至想象的空间(对自身存在的想象);于其中,真理与谬误、本真与虚假,以及种种二元对立之间的界限彼此重叠、反复纠缠,终至消失无踪。"② 电视激发了受众的想象力和创造力:在观看的过程中,受众积极地对自我进行重构,与自我内部的各种声音进行互动,并最终在荧幕之外创造出属于自己的角色。与韩德尔曼不同的是,霍顿与沃尔认为电视与受众之间的互动是一种虚幻的现实,所以受众不可能在荧幕之外创造出自我的角色。这样一来,霍顿和沃尔眼中的受众被局限在电视所提供的荧幕角色的范围之内,若受众过渡沉迷于电视荧幕角色,其行为便被贴上病态的标签。

为了凝练观点,韩德尔曼援引了戈夫曼(1961)所提出的"偶遇"概念。戈夫曼认为人与人的面对面交流便是"偶遇",具体来说,是"一种对世界的具体认知……虽然使参与者与诸多被赋予重要性的外界事务隔绝开来,却也允许少量外界事务介入交流的世界并成为后者的一部分"③。"偶遇"机制中包含着人类能够对自我进行组织与再

---

① 参见[美]伊莱休·卡茨等编《媒介研究经典文本解读》,常江译,北京大学出版社2011年版,第149页。
② [美]伊莱休·卡茨等编:《媒介研究经典文本解读》,常江译,北京大学出版社2011年版,第151页。
③ [美]伊莱休·卡茨等编:《媒介研究经典文本》,常江译,北京大学出版社2011年版,第152页。

造的因素，强调人类具备强大的互动能力。从偶遇理论的角度来看，无论是自身传播还是虚拟交流，其互动性丝毫不逊于面对面互动。"偶遇"理论强调"接触"在"偶遇"中的真实存在，不关注终极现实，更不会区分哪些互动是正常的、哪些是病态的。因此，韩德尔曼认为，受众与电视荧幕的接触就是"货真价实"的互动行为。原因在于，受众不但主动参与了图像的建构，更在自我内部通过人际互动的形式对整个过程作出了回应……"偶遇"理论将受众与电视荧幕的会面视为一种虚拟偶遇，其最终诉求在于触发构成受众自我的多种声音间的交流。①电视荧幕图像和受众的触觉与虚拟凝视共同营造了一个虚拟的互动空间，这一空间不仅存在于电视与受众之间，也存在于电视受众自身内部的互动机制当中。这个想象的虚拟空间激活了受众的自我意识，使受众回归自身，最终实现受众的自我内部互动和与他人的外部互动相互转化。

四　从"虚拟偶遇"走向现实互动

接下来我们需要分析的是，在电视已经深入百姓生活的美国社会里，研究者们对电视媒介和受众之间的互动问题为什么会有较大差异。其实，由于所处的媒介环境和对受众的认知角度的不同，他们各自的研究侧重点也因此不同。

霍顿和沃尔开展研究的年代正值美国电视技术迅猛发展的时代，不仅电视台数增多、覆盖面广，而且节目内容也丰富多彩。据统计，1946年的美国只有6家电视台、8000台电视机，而1954年电视台就已达到415家，电视机增加到3200万台。节目类型日渐完善，有新闻报道、综艺节目、体育节目、益智节目等，节目内容也深得受众喜欢，

---

① 参见［美］伊莱休·卡茨等编《媒介研究经典文本》，常江译，北京大学出版社2011年版，第153页。

出现了如《我爱露西》等经典的情景喜剧。美国人聚集在客厅里的电视机前消磨了大量的时光，电视也使得他们接触了广泛的社会现实。"大众媒介（电视）对于美国人知觉方式、生活的理解（常常是误解）和如何成为一个男孩或女孩、男人或女人、老人等具有强烈而深远的影响。这一影响远远比夸大商品，如糖果的边际差异所产生的影响强烈得多。"[1] 电视对美国人的影响远远比其他商品所产生的影响要强烈得多。所以，很多学者都开始关注远距离传输的电视技术是如何作用于或影响着美国人的。

然而"影响"一词是一个内涵极为丰富的概念，因为什么是真正的影响、怎样产生影响、影响的程度等都是多元化且很难有明确答案的问题。在霍顿和沃尔写作《大众传播与准社交互动：远距离亲密的观察》时，正是美国社会学界从各个角度持续关注社会互动现象的时期，学者们尤其关注非言语面对面互动中存在的"类/准"现象。芝加哥学派学者乔治·赫伯特·米德的象征互动论是这一时期的重要理论基础。米德认为，个体身份取决于个体通过社交扮演他人的角色并作出相应的反应的能力；而日常生活的终极现实，就是在此基础上得以维系的。[2] 在米德眼里，远距离的交往和互动可以促进社会的民主。朗格夫妇（Kurt Lang and Gladys Lang）在关于麦克阿瑟日的电视现场报道的研究也是在米德的影响下展开的，但却没有得出和米德一致的结论。他们发现，在麦克阿瑟日走上街头游行的人不是危险的乌合之众，也不是民主的公众，他们只是受人摆布的工具，其唯一的使命是为电视机前的受众提供表演。朗格夫妇认为，电视给人们提供了远距离参与社会的机会，而这个参与也许能替代或改变常见的小规模社会

---

[1] [美]大卫·理斯曼等：《孤独的人群：美国人性格变动之研究》，刘翔平译，辽宁人民出版社1989年版，原序第50—51页。
[2] 参见[美]伊莱休·卡茨等编《媒介研究经典文本》，常江译，北京大学出版社2011年版，第143页。

互动。由于受到了米德关于终极现实的论述的极大影响，霍顿和沃尔认为，电视荧幕与受众之间的互动远远不能抵达终极现实，只是一种幻想的投射与"自洽程度不高"的"准现实"。他们从功能主义的视角阐释电视对受众的日常生活的弥补作用，认为电视有利于受众在社会交往方面恢复平衡。可见，霍顿和沃尔将电视放在主体位置，而将受众放在从属地位。虽然他们在文章中提出了受众在电视传播中的心理认同和身份认同，但他们并没有对此进行充分的研究。

在《通往虚拟偶遇之路：霍顿与沃尔的〈大众传播与准社交互动〉》中，韩德尔曼则援引鲍德里亚、麦克卢汉和戈夫曼的理论论证了电视与受众之间的互动过程，侧重于探讨电视受众主体的体验过程。他不仅强调受众能动地观看电视荧幕，而且能在所看内容的基础上放飞思绪，大胆想象，参与荧幕图像的建构活动。这个体验和建构过程正是粉丝在电视观看过程中的心理机制。绝大部分电视受众只是"沙发上的土豆"。也就是说，他们非常享受电视内容带来的愉悦，这些内容可能会成为生活中的谈资，但他们几乎不对电视内容进行想象、建构与生产。与普通受众相比，粉丝化的受众除了过度观看电视内容以外，主要区别即在于他们会在想象和实践中对电视内容进行再生产。所以粉丝与电视之间的互动大多是"心灵的社交"，是一种"虚拟偶遇"。因此，韩德尔曼讨论的对象更多的是粉丝化的受众与电视内容之间的互动行为。

实际上，在社交电视、数字电视、云电视等数字技术和网络传播技术日新月异的新时代背景之下，"互动"的内涵已被扩大，"准社交互动"已经不再是原来的受众与电视这两个二元主体的互动。电视不再只是接收机，原来的单向线性传播模式将被多向互动的数字技术所优化。电视节目与网络媒体融合促进了弹幕、论坛、贴吧、朋友圈、推荐、超链接推送等多种传播形式的运用，使得电视与受众的互动也不再只是局限在受众个体身上，而是延展到了节目内容之外。如今，电视与受众尤其是与粉丝的互动形式非常丰富，如粉丝与剧中虚拟人物的互动、电视节目创作者与粉丝的互动、创作者创作时与虚拟人物的互动、粉丝与自己在虚拟媒介中的数字化身的互动等。可以说，粉丝与电视媒介的互动已经从"准社交互动"走向了现实层面的社交互动。

第二节　电视粉丝的游牧、盗猎与文化参与

在受众研究"理论丛"中，亨利·詹金斯（Henry Jenkins，1958— ）是当之无愧的美国当代著名学者之一。詹金斯不仅以其粉丝身份进行了浸入式电视粉丝研究，而且直接影响了融合文化研究的发展，被称为"粉丝型学者""21世纪的麦克卢汉"。

詹金斯的理论影响力，一方面表现在以粉丝和学者的双重身份建构电视粉丝的参与式文化研究范式，另一方面则和他的融合文化与媒介素养研究密切相关。这两个方面也是当今国内外媒介研究界关注的热点话题。尤其需要指出的是，在有关电视粉丝的研究中，詹金斯的研究立场与研究视角较为特别，这不仅涉及人们对其理论观点的不同理解和不同评价，而且牵涉他本人作为粉丝的媒介使用经历和他自己对这一问题的态度。深入研究詹金斯的粉丝理论，不仅有助于加深对他本人思想的理解，而且对深刻理解西方电视受众研究的复杂格局具有特别的意义。除了发表学术论著外，詹金斯还通过使用博客、推特等社交媒体更新自己的研究内容和思想，这也为我们提供了"近距离"了解他的思想演变和心路历程的另一种可能性。在这里，我们不仅可以从理论逻辑的角度分析他的思想，还可以更多地从文化因素和心理动因的视角来理解这位当代西方著名的媒介研究者。

一　粉丝的文本体验与文化体验

"粉丝"（fan）来源于拉丁语词"fanaticus"，是"fanatic"（疯

狂）的缩写形式。在拉丁语中，此词的字面含义是"属于一座教堂，教堂的仆人，热心的教众"，"被秘密性交祭神仪式所影响的极度热情狂热的人"。① 随着时间的推移，"fanatic"一词渐渐从描述过度无节制的宗教信仰狂热转移到普遍意义上的"过度且不合适的热情""如神灵或者魔鬼附身的"疯狂状态，有明显的负面意义。而后，"粉丝"一词又被用于指代体育活动和商业娱乐之中的狂热者。所以，"粉丝"一词在词源上所附着的狂热与迷信等含义在当代粉丝文化中仍然起着核心作用。丹尼斯·麦奎尔认为："那些对媒介明星、演员、节日和文本极端投入的迷狂者的特点是，总是大量甚至过量地关注那些吸引他们的事物，而且还常常表现出对其他媒介迷的强烈感知和认同；一位媒介迷还有一些附加的行为模式，并且在衣着、言谈、对其他媒介的使用和消费等方面表现出来。"②

社会各界对粉丝存在着较为明显的刻板印象。电视连续剧的粉丝们往往被定义为一群迷恋细节、花边新闻和名人的肥胖女人、离婚女人或单身女人。她们是幼稚的成年人，是除了热衷连续剧外没有其他任何生活的"怪人"。美国科幻电视剧《星际迷航》的粉丝就被认为是"无脑的消费者"、"会究其一生研究与电视剧相关的毫无意义的琐碎细节""赋予一些低价值的文化产品以不恰当的重要意义""是社会的脱节者""在同大众文化的亲密互动中或者女性化或者无性别化""幼稚，情感和智力上均不成熟""无法区分现实和幻想"。③ 粉丝被看作是一群无法对电视剧的质量做出正常反应的人群。新闻报道也常常将粉丝描绘成为反社会者，"他们在对名人的亲密关系幻想破灭或无

---

① ［美］亨利·詹金斯：《文本盗猎者：电视粉丝与参与式文化》，郑熙青译，北京大学出版社2016年版，第11页。
② ［英］丹尼斯·麦奎尔：《受众分析》，刘燕南等译，中国人民大学出版社2006年版，第47—48页。
③ ［美］亨利·詹金斯：《文本盗猎者：电视粉丝与参与式文化》，郑熙青译，北京大学出版社2016年版，第8页。

第三章 数字电视:粉丝的"心灵社交"、盗猎和展演

法获得自己想要的知名度时会采取反社会的暴力行为"①。喜剧片的粉丝和精神变态的粉丝一般被刻画成去男性化、无性欲或者性无能的形象,而色情化的粉丝则常被描述为女性形象。书籍的封面、摇滚纪录片或色情节目,往往从视觉上将女性粉丝建构为色情化的视觉奇观,并试图将这种形象内化为经典场面。不管被看作是宗教狂热分子,还是神经质的或精神变态的"疯子",粉丝都是大众文化中被嘲讽的非正常人。一般认为,粉丝的兴趣和文化体验异于常人,甚至精神状态也远离现实生活。

约翰·费斯克首先对上述刻板印象进行了学术思考。他认为,粉丝在消费电视文化的过程中发挥了自己的主体性和创造性,是"过度的读者"(excessive reader)。粉丝在消费的过程中创造了自己的文化,粉丝文化是大众文化的一种强化(heightened)形式,是一种特殊类型的大众文化形式。在费斯克的眼里,大众受众和粉丝都是电视文化的积极消费者和解读者。他们之间的区别在于,一般的大众受众往往只注重文本带来的快感,而粉丝则重在对文本进行二次创作。通过二次创作,粉丝将电视文本转化为更便于在粉丝社群内部进行传播的符号,而这些符号的生成和传播就系统地构成了粉丝文化。费斯克认为,文化工业意图收编粉丝的文化趣味,而粉丝也一直进行反收编。但他依然坚信,粉丝群体是最具有审美力和辨识力的群体,他们所生产的文化资本是所有文化资本中最发达的形式之一。

作为费斯克的学生,詹金斯继承了其导师在粉丝研究中的主要观点,也认为粉丝是积极的创作者和意义的操控者。师徒二人都公开承认自己的电视粉丝身份,费斯克自称是某个电视节目的"粉丝",而詹金斯则坦白自己是电视粉丝圈/电视粉丝亚文化中的一员。由于身

---

① [美]亨利·詹金斯:《文本盗猎者:电视粉丝与参与式文化》,郑熙青译,北京大学出版社2016年版,第12页。

份的细微差别,费斯克的理论思考往往首先源自个人体验,而詹金斯的观点产生于粉丝身份的社会化过程,"身处粉丝圈内部为其写作,将粉丝圈视作归属网络和行为网络的人,同只关注个体粉丝和个人意义生产的人之间一直存在核心区别,有时候也是最激烈的争论产生的地方"[①]。

詹金斯发现,学界关于电视粉丝的话语逻辑涉及"品位"问题。"品位"是社会经验和阶级利益的体现,也是维持社会分层和固化阶级身份的一种重要形式。社会各界对粉丝的刻板印象,源于主导文化等级秩序受到侵犯时的恐惧心理投射,因为"粉丝对资产阶级品位的侵犯和对主导文化等级秩序的扰乱,注定了此等级秩序的维护者(也包括具有同样文化品位但表达方式完全不同的人)会将粉丝所爱定性为不正常且具有威胁性"[②]。粉丝文化模糊了流行与经典的区别,主张对电视节目进行文本细读、详细分析和重复性阅读,这种对理想文本的呼吁构成了对主导文化等级秩序的直接挑战。詹金斯认为,电视粉丝对文本的选择和阅读还直接深入了文本体验当中。粉丝解读文化产品时不仅选择了不同的解读对象和解读密度,而且更进一步选择了别样的阅读方式;强调自我解读、评价和创造经典的权利。[③]

事实上,詹金斯除了受到费斯克的理论熏陶之外,还更多地受到德塞都的影响。德塞都明确提出,研究文化消费者不仅要关注他们的消费内容和消费行为,还要重视他们消费过后的创造行为。詹金斯将粉丝视作"积极挪用文本,并以不同目的重读文本的读者,把观看电视的经历转化为一种丰富复杂的参与文化(participatory cul-

---

① [美]亨利·詹金斯:《文本盗猎者:电视粉丝与参与式文化》,郑熙青译,北京大学出版社2016年版,第280页。
② [美]亨利·詹金斯:《文本盗猎者:电视粉丝与参与式文化》,郑熙青译,北京大学出版社2016年版,第16页。
③ [美]亨利·詹金斯:《文本盗猎者:电视粉丝与参与式文化》,郑熙青译,北京大学出版社2016年版,第17页。

ture）的观众"①。粉丝对电视文化产品的反应不仅有喜欢和沉迷，还有不满和反感，这两种反应都会促使粉丝与电视媒体积极互动。对于喜欢的电视文化，粉丝会借用其中的形象来建构自己的文化和社会身份。而对于令人不满的电视内容，粉丝们必定与其斗争，努力寻找并表达原作中未能实现的可能性，提出一些在主导媒体中无法言说的想法。在这个过程中，粉丝成为文本意义的积极建构者与传播者。

二 盗猎和游牧：电视粉丝的集体智慧和文化参与

在文章《星际旅程归来、重读、重写：作为文本盗猎者的迷写作》中，詹金斯把粉丝描述成"被琐事、名人、收藏品所缠的疯子，与社会格格不入的人，许多肥胖的妇女，许多离婚的单身妇女"。②而在《文本盗猎者：电视粉丝与参与式文化》（1992）一书中，詹金斯提出要从更广阔的意义上理解电视粉丝的媒体制作和文化参与。在"粉丝是积极的文化生产者"这一观念的影响下，詹金斯并不认为粉丝的权力完全受到主导权力结构的限制，而是将粉丝和其他草根社群的集体主动性放在粉丝研究的核心位置。粉丝和草根社群所受到的结构性限制不再是主要关注点，"从本质上质疑粉丝圈存在任何整体性和稳定性""重塑粉丝群体身份"才是他的主要研究任务。③由此，电视粉丝的文化接受形式、文化生产传统、参与活动的角色以及作为社群共同体的功能等成为粉丝研究的核心问题。

"文本盗猎""游牧式阅读"等概念是德都留给詹金斯的主要理论启迪。德塞都将受众对大众文化的积极阅读看作是一种抵抗，并称之

---

① ［美］亨利·詹金斯：《文本盗猎者：电视粉丝与参与式文化》，郑熙青译，北京大学出版社 2016 年版，第 22 页。
② Jenkins, Henry, "Star Trek Rerun, Reread, Rewritten: Fan Writing as Textual Poaching", *Critical Studies in Media Communication*, Vol. 5, No. 2, 1988, pp. 85–107.
③ 参见［美］亨利·詹金斯《文本盗猎者：电视粉丝与参与式文化》，郑熙青译，北京大学出版社 2016 年版，第 3 页。

为"姑且用之的艺术"(the art of making do)。意思是说，大众不可能脱离整个大众文化工业体系的控制，也不能完全拒绝大众文化产品，大众只能接受这些文化产品并对其进行创造性的使用和解读。德塞都高度赞扬受众对大众文化的抵抗，并使用了文本盗猎、游牧式阅读、战略与战术等概念来阐释这种行为。德塞都将读者在文学阅读中毫无礼节的洗劫、只掠走那些对自己有用或者有快感的东西的积极阅读行为称为"盗猎"(poaching)，从而将创作者与受众之间的关系描述为持久的对文本所有权、对意义阐释的控制权的争夺关系。"盗猎"这个术语为粉丝反抗主导文化限制和挑战主导文化意义的生产与传播提供了方向，但同时也使詹金斯意识到了电视内容的制作方和消费者、作者和受众之间潜在的利益冲突与力量差距。为了在利益冲突中获得胜利，粉丝必须"积极同他们所借用的原材料中强加给他们的意义作斗争"[1]。"游牧式阅读"是指读者们永远在运动中，并非固定地"在这里或者那里"，并不受永久性私有制的限制，而是不断移动向另一种文本，利用新的原材料，制造新的意义。[2] 在"游猎式阅读"的启发下，詹金斯发现，媒体粉丝文化就像文学阅读一样，粉丝乐于在更大范围内的媒体文本之间建立联系，粉丝们在圈子内的活动也往往由对某特定文本的兴趣扩展到与之相关的其他许多作品。粉丝喜爱文本间阅读不亚于阅读文本自身，将某个所爱的电视剧以及各种周边文本并置阅读，并在阅读中获得更多的新意义正是他们的乐趣所在。

虽然"文本盗猎"和"游牧式阅读"为詹金斯洞察粉丝群体的身份建构机制提供了理论基础，但他们的立场并非完全一致。在德塞都眼里，读者和作者之间是有着明显的界限的，作者的写作具有实体性

---

[1] ［美］亨利·詹金斯：《文本盗猎者：电视粉丝与参与式文化》，郑熙青译，北京大学出版社2016年版，第31页。

[2] 参见［美］亨利·詹金斯《文本盗猎者：电视粉丝与参与式文化》，郑熙青译，北京大学出版社2016年版，第34页。

和永恒性，读者的文本盗猎无法与之抗衡。按照德塞都对"战略"和"战术"的区分，作者拥有文字的所有权，是具有战略的一方；读者是失去文字所有权的流动群体，只有战术上的长处。读者的战术永远不可能完全压倒作者的战略。在詹金斯看来，德塞都的理论跟媒体粉丝圈的特征有两点不符之处。第一，德塞都将读者描述为彼此彻底孤立的存在，"盗猎"原始文本的意义只服务于每个读者自身的兴趣和利益，这些意义是短暂且用后即抛的。作为特殊的文化群体，粉丝之间"盗猎"文本的过程是一个社会化过程，粉丝个体的解读活动会与群体的解读活动持续互动，个体的解读会最终适应群体的文化生产需要。第二，粉丝圈并不存在解码者和编码者的明显界限。粉丝往往在原始文本的基础上创造出同人作品，如小说、视频、绘画、歌曲和表演等。詹金斯认为，粉丝圈极有可能不是德塞都所述的用后即抛的短暂现象，而是一种持久的文化现象。粉丝们根据可用的技术资源和文化资源，按照不同的社会习俗和审美惯例，采用不同的解读策略。更重要的是，他们将从媒体中攫取来的符号材料进行创造，将媒体消费变成了新文本、新文化和新社群的生产场域。

在《融合文化：新媒体与旧媒体的冲突地带》（2006）一书中，詹金斯将媒体融合、参与式文化和集体智慧作为论述的核心。他认为，粉丝社群在新旧媒体的竞争和冲突当中塑造了新型的融合文化。在融合文化环境之下，粉丝不但对电视文本进行盗猎、游牧式阅读和创造，而且更多地从粉丝社群集体出发，强调集体参与的文化生产模式与集体智慧的形成方式。詹金斯将粉丝所创造的参与性文化看作是一种政治力量，大众文化的产生和盛行就是让人们"在微观层面上进行权力游戏，在虚构的世界里施加控制"[①]。

---

① ［美］亨利·詹金斯：《融合文化：新媒体和旧媒体的冲突地带》，杜永明译，商务印书馆2012年版，第333页。

通过对文本盗猎、游牧式阅读和参与式文化创造的分析与阐释，詹金斯打通了粉丝和制作者、电视文本与同人作品、个人阅读和粉丝社群参与式阅读之间的隔阂，提供了有关电视粉丝的新理论话语。他赞同费斯克和德塞都关于"粉丝是积极的文化生产者"的论断，认为电视文本为粉丝参与文化生产、创造新的社会结构提供了条件。研究电视粉丝是如何通过电视文本与同人作品建构粉丝群体身份、挑战粉丝在公共领域中的刻板印象。与费斯克和德塞都不同的是，詹金斯并没有强调粉丝对主导文化的抵抗，而是更多地解释粉丝参与大众文化创造的矛盾性与复杂性。粉丝的民主式文化参与权力必然会受到主导意识形态的影响和控制，但詹金斯对此并没有过多在意，因为"如果完全只关注结构性限制，就会因其悲观主义而止步不前，也会忽视文化参与的斗争中所赢得的新领地"[1]。从文本盗猎者到参与式受众，詹金斯以其粉丝型学者的身份和深入的民族志研究为电视粉丝做了详细的阐述，他的这种双重身份引来了一些人的批评，也为日后关于电视粉丝的立场和身份的争论埋下了伏笔。

三 以浸入式诠释研究重塑粉丝社群的群体身份

从洪美恩的肥皂剧受众研究、拉德威的言情小说读者研究到麦克罗比（1990）关于"流行少女""活跃"和"创造性"的文化参与研究，女性一直是粉丝群体和学术粉丝圈中的主力，这些研究也促使学术界关注与强调女性的文化消费能力。詹金斯以其男性粉丝主体身份进入了以女性为主导的电视粉丝社群，直面电视品位和学术身份，还公开将自己的情感投入知识、体悟和学术研究当中。这些不仅源于个人兴趣，还源于一种自省式的学术追求。詹金斯关于电视粉丝的理论

---

[1] ［美］亨利·詹金斯：《〈文本盗猎者〉在中国：亨利·詹金斯采访》，载［美］亨利·詹金斯《文本盗猎者：电视粉丝与参与式文化》，郑熙青译，北京大学出版社2016年版，第9页。

一经提出，便引起了学界的高度关注，《文本盗猎者》甚至被广泛认为是"媒体粉丝研究的滥觞"。因此，虽然学界对詹金斯的理论中的一些具体部分存在争议，但它在方法论上的成绩却不容忽视。

首先，詹金斯通过亲身的参与经验来调查揭示电视粉丝的参与活动，其研究同时涉及电视受众研究的微观与宏观两个层面。詹金斯从电视粉丝的文本盗猎方式、游牧式阅读的具体形式、同人创作的形式与内容、粉丝社群内部的交流行为等微观层面分析了电视粉丝的身份建构过程，打破了长期以来社会各界对粉丝的刻板印象，重塑粉丝社群的群体身份。同时，电视粉丝研究将粉丝的媒体参与、同人制作与参与式文化联系起来，从宏观层面上来看受众和大众媒体、消费资本主义以及社会民主之间的复杂关系。詹金斯认为，"这些粉丝社群不只是通过创造和传播新思想（对所喜欢的文本进行批判性的阅读）来实施政治影响，而且还通过利用新的社会结构（集体智慧）以及新的文化生产模式（参与文化）来实施政治影响。"①

其次，詹金斯采用的是文化研究常用的民族志研究的调查方法，其结论也在重申电视粉丝的复杂性和巨大影响力，这一切与戴维·莫利等人的电视受众研究有相似之处，但他们所使用的具体方法却不太相同。与莫利的家庭电视受众焦点小组研究不同，詹金斯以"学术粉丝"的身份完全浸入粉丝的电视传播实践当中进行深入细致地考察，并且对粉丝社群的创作与批评也进行了重点分析，表现出了粉丝研究的深刻性和民族志电视受众研究方法的多样性。

民族志研究作为一种研究策略，包括研究方案的设计、各种经验资料的收集与整理、对资料进行定量与定性分析等一系列环节。学界普遍认为，是莫利奠定了受众民族志研究的范式影响力和学术地位。

---

① ［美］亨利·詹金斯：《融合文化：新媒体和旧媒体的冲突地带》，杜永明译，商务印书馆2012年版，第357页。

在家庭电视研究中，莫利采用了一种在"原生态"环境里对电视受众展开研究的民族志方法，即在受众自己家里对整个家庭的电视观看情况进行观察与访谈。正是如此，莫利在方法论上突破了以往电视受众研究的方法，创造了受众研究史和传播研究史上的标志性贡献。

但也有学者认为莫利不是真正的受众民族志研究，给莫利贴上这个标签完全是一种误导[1]，它只能称之为"准民族志分析"[2]。国内也有学者指出，莫利的电视受众研究并非真正的民族志研究，而是"非浸入式诠释性探究"，并论述了莫利的研究与"标准的"民族志研究。主要有三个方面的差异：第一，研究电视受众的日常生活语境不能只是以局外人的身份旁观，需要实际浸入其中，而这一点是莫利难以实现的；第二，缺少细节性的观察，与真正的以参与观察为主、深度访谈为辅的民族志研究的资料收集方法有一定的差异；第三，几乎没有对家庭电视成员日常交往世界的考察，仅靠通过对研究对象的访谈叙述或自我报告来间接了解取证是不够准确的。[3] 造成上述差异的深层因素，乃是莫利在研究中剥离了家庭环境和日常生活的原生态情境，没有亲身加入研究对象的日常交往世界进行体验，研究对象的电视使用情况只能依靠他自己的叙述来呈现。

詹金斯的思考脉络是：以学术粉丝的身份打破社会各界对电视粉丝的刻板印象，将粉丝视作积极的创作者和意义的操控者，将粉丝观看电视的经历转化为一种复杂的参与式文化。电视粉丝不是没有文化

---

[1] Carragee, Kevin. M., "Interpretive Media Study and Interpretive Social Science", *Critical Studies in Media Communication*, Vol. 7, No. 2, 1990, pp. 81 – 96. Spitulnik, Debra, "Anthropology and Mass Media", *Annual Review of Anthropology*, Vol. 22, No. 1, 1993, pp. 293 – 315. Pnina Werbner, "Television, Ethnicity and Cultural Change", *American Ethnologist*, Vol. 24, No. 2, 1997, pp. 484 – 485.

[2] Lave, J., Duguid, P., Fernandez, N., Axel, E., "Coming of Age in Birmingham: Cultural Studies and Conceptions of Subjectivity", *Annual Review of Arthropology*, Vol. 21, 1992, pp. 257 – 282.

[3] 参见张放《非浸入式诠释性探究：方法论视野下"受众民族志"的重新定位及其当代意义》，《新闻与传播研究》2015 年第 2 期。

第三章 数字电视：粉丝的"心灵社交"、盗猎和展演

的蠢货，也不是社会不适应者和无脑的消费者，而是参与建构并流传文本意义的积极参与者。要破除刻板印象，就必须深入电视粉丝社群，从本质上质疑粉丝圈存在着的任何整体性和稳定性。这就要求詹金斯解决过去的民族志研究所面临的抽象、自传性质等各种问题，走向粉丝文化中那些具体且根植于特定语境的新型民族志研究。[1] 参与和观察同等重要，只有将二者融为一体，才能克服民族志调查者和粉丝社群之间的界限问题，才能以社群成员的亲身经验为例得出更为深刻的见解。这种新型民族志研究已经在女性研究、同性恋研究和少数族裔研究中起到了重要作用，特别是在参与重建社群形象的研究当中。

詹金斯以学术粉丝的身份对粉丝八卦、粉丝批评、粉丝读者/粉丝作者、耽美文化和同人创作等现象进行浸入式考察，阐述粉丝如何将电视文本拉进自己的生活经验、重读电视文本以及电视剧信息如何介入当下现实社会交流的过程。粉丝型学者的身份在詹金斯和其他粉丝社群成员之间建立起了同盟感，这与那种带着猎奇的语气了解粉丝圈的做法有着根本的不同。詹金斯认为，粉丝与媒体的关系不应该是由媒体赋予粉丝特权，而是粉丝有权利参与电视文化生产中。粉丝在不同的文化环境下对媒体文化进行重述，并以此吸引更多粉丝主动、积极地参与文化生产。

当然，詹金斯也曾为这种民族志研究担忧，"自己的粉丝背景相关描述在高度个人化经验和群体归属感之间漂浮"，造成对自己所描述的粉丝类型不甚确定。虽然这种担心不是空穴来风，但沉浸式的受众民族志研究才能比较清楚地了解粉丝的电视参与活动，才能关注到粉丝社群中矛盾、边缘以及交叉的部分。也有学者提出"盗猎"一词

---

[1] 参见［美］亨利·詹金斯《文本盗猎者：电视粉丝与参与式文化》，郑熙青译，北京大学出版社2016年版，引言第3页。

有违背知识产权法的意思,与粉丝创作的内部分享、不做商业用途的性质不相适应。詹金斯后来也意识到了"文本盗猎"一说存在缺陷,公开承认在网络时代称粉丝为"盗猎者"已经不合时宜。无论如何,詹金斯的参与性粉丝研究一定程度上修正了过去对粉丝的误解,也拓宽了受众研究的理论视角。

第三节 电视粉丝的展演、想象及其文化景观

尼古拉斯·阿伯克龙比(Nicholas Abercrombie, 1944—)是英国著名的社会学家,早年先后毕业于牛津大学(政治学、哲学和经济学学士)、伦敦经济学院(社会学硕士)和兰卡斯特大学(社会学博士)。1970年进入兰卡斯特大学工作,先后担任社会学专业讲师和教授,并曾任该校副校长,现已退休。阿伯克龙比一直致力于社会学研究和媒介文化研究,出版了《电视与社会》(1996)、《受众:一种展演与想象的社会学理论》(Audiences: A Sociological Theory of Performance and Imagination, 1998)(与Brian Longhurst合著)、《社会学》(Sociology: A Short Introduction, 1999)、《当代英国社会》(Contemporary British Society: A New Introduction to Sociology by Nicholas Abercrombie, 1994)、《企鹅社会学词典》(The Penguin Dictionary of Sociology, 2006)等一系列专著。

在《电视与社会》和《受众:一种展演与想象的社会学理论》中,阿伯克龙比将媒介奇观、受众心理机制与自我认同纳入了电视受众研究当中,提出了受众研究的"景观/展演"范式(Spectacle/Performance Paradigm,简称SPP,也有译为"观展/表演"范式)。该范式关于受众的自恋、想象与扩散行为的分析对我们理解粉丝身份的建构机制具有非常重要的意义。从近几年国内对电视受众的相关研究来看,学界较多集中于引用"景观/展演"范式中的观点,较少对该范式的

理论内涵进行梳理与阐释。为此,有必要对阿伯克龙比在电视受众研究方面的具体内容及其理论内涵进行梳理和评析,为学界进一步思考媒介景观社会中电视与受众的关系提供参考。

一 从社会身份再建构的视角反思受众研究范式

在《受众:一种展演与想象的社会学理论》中,尼古拉斯·阿伯克龙比和布莱恩·朗赫斯特发现电视受众观念是随着社会文化环境的改变而改变,因此,受众研究的理论范式也应该随着媒介的发展相应地发生部分或整体的转变。为了论述方便,他们把过去大约50年来的受众研究分为三种范式:行为范式、收编/抵抗范式和景观/展演范式。从时间历程上,电视受众研究经历了影响研究、使用与满足研究、编码/解码研究三个阶段。前两个阶段属于行为范式,而编码/解码研究则与收编/抵抗范式联系更加紧密。在仔细回顾了前两种范式的主要内容以及它们各自的局限之后,他们提出了景观/展演范式,重点考察电视文化传播与受众的多维互动过程。

电视影响研究主要关注电视在大众传播过程中的潜在影响,研究内容涉及暴力、色情、儿童、政治选举等问题。早期的电视影响研究把电视媒介看作是麻醉剂,其对受众的影响犹如子弹接触皮肤一发即中。阿伯克龙比和朗赫斯特认为,这是一种太过天真的行为主义模式,全然不顾当代媒介受众"不只包含大量分散的个人,还有复杂而互动的社会团体",也没有考虑到"受众也不是简单地回应媒体消息,而是以各种不同的方式与信息进行互动";大众媒体所传播的讯息也"并非总是简单直接,相反他们是复杂和多样化的","真实的社会世界中的个人不会像'注射'那样简单地回应消息"。[①] 与电视影响研究

---

① Nicholas Abercrombie, Brian Longhurst, *Audiences: A Sociological Theory of Performance and Imagination*, London: Sage, 1998, p. 5.

不同，使用与满足研究主要关注受众对电视的主动使用以及由此获得的满足。卡茨等人对电视受众的使用与满足进行了细致研究，其内容涉及受众的满意类型、受众的需求和满足的社会原因、需求的概念拓展、受众的满足感与媒体属性之间的关系等。虽然使用与满足研究常常用来解释新媒介存在的合理性，但终究却因其功能主义取向而受到质疑和批判，被认为是对受众行为"具有较低的解释力"的研究方法。

电视影响研究和使用与满足研究也有共同之处。首先，它们都倾向于研究受众在个人层面或社会层面上的总体特征，而忽视了具体的社会群体及其相互作用；其次，它们重视电视受众受到的刺激或是对刺激的反应，而忽视了对电视文本的分析，文本意义和文本结构的复杂性也同样没有得到应有的重视；再次，过于强调受众对电视媒体的需求以及电视使用的潜在影响。[1]斯图亚特·霍尔则认为这些共同之处证明它们都属于行为主义研究，都具有心理学还原主义的倾向。霍尔还指出，影响研究主要考察的是那些已经受到影响的受众，但实证研究却很难科学地检验影响的程度，更难在实验中控制与影响因素相关的变量。由此，行为主义的研究范式不能阐释受众的价值共识、身份认同及其商品属性等问题。生活在媒介环境中的受众也很难分辨清楚哪些电视内容是对现实的客观反映，哪些是媒介对现实的重塑。

"收编/抵抗"范式呈现了主导性文本（Dominant Text）、主导性受众（Dominant Audience）和持中间态度的三种解码立场。戴维·莫利重点关注了日常生活语境下电视受众的文本解码实践、家庭性别权力与意识形态霸权之间的关系，但却因过度重视家庭性别权力和非浸入式的民族志受众研究方法而受到指责。约翰·费斯克阐释了电视受

---

[1] Nicholas Abercrombie, Brian Longhurst, *Audiences: A Sociological Theory of Performance and Imagination*, London: Sage, 1998, p. 9.

第三章 数字电视:粉丝的"心灵社交"、盗猎和展演

众的能动性,同时也强调文本的多元性和各种限制的松散性,其研究更接近主导性受众的立场。在电视肥皂剧《加冕街》受众的研究中,英国学者列维斯通否认了主导性文本和主导性受众的观点,认为"把通过文本和读者的互动来制造意义的过程看做是一场争斗,'两个半强势(semi-powerful)的源头之间的协商场域'。这是一个复杂的过程,文本限制了观众所能制造的意义,观众又用大相径庭的方式阅读文本"[①]。受众的解读行为是与其社会地位、文化经验、背景知识、心理机制等紧密联系的,受众解码的具体过程会受到很多因素的限制,但受众的解码并不总是反抗性的。

阿伯克龙比等人认为,不管是文本主导立场、受众主导立场还是中间立场,不管是探讨特定阶级的权力关系(如抵抗或顺从)还是分析权力的不同形式(如父权制权力),所有"收编/抵抗"范式内的研究"都是基于马克思主义模式的对权力的不平等分配的关切而组织起来的"[②]。在这些研究中,有些作者运用了马克思主义理论,有的征引了福柯、巴赫金、德塞都等人的观点,所以尽管都是研究受众与电视文本之间的权力问题,但得出的结论不尽一致。对于那些受马克思主义影响较深的研究者来说,"受众可能发展出的对抗式解读,是直接指向一个一体化之权力形式的相对系统化的和几乎政治化的解释(relatively codified and almost politicized accounts directed at a unified form of power),受众成员可以辨识这样一种一体化的权力形式。"[③] 那些受马克思主义理论之外的其他理论影响的研究者认为解码只是微观层面的抵抗,"对抗更多的是逃避,某种断然的不严肃,一种拒绝把权力太

[①] [英]尼古拉斯·阿伯克龙比、[英]布莱恩·朗赫斯特:《变化的受众——变化的研究范式》,载陶东风编《粉丝文化读本》,北京大学出版社2009年版,第61页。
[②] [英]尼古拉斯·阿伯克龙比、[英]布莱恩·朗赫斯特:《变化的受众——变化的研究范式》,载陶东风编《粉丝文化读本》,北京大学出版社2009年版,第64页。
[③] [英]尼古拉斯·阿伯克龙比、[英]布莱恩·朗赫斯特:《变化的受众——变化的研究范式》,载陶东风编《粉丝文化读本》,北京大学出版社2009年版,第66页。

当回事的游戏形式,对抗因此是非决定性的"。① 总体来说,"收编/抵抗"范式始终强调电视受众是性别、阶级、种族、文化背景等各种复杂的社会因素所建构的群体,关注他们对主导意识形态或文化霸权的抵抗或被收编。阿伯克龙比认为"收编/抵抗"范式研究的局限已经威胁到了受众研究的发展前景,并指出该范式存在的三大问题:"积极受众、经验性研究和霸权理论之间的缺口,权力的性质及其和商品化的关系"②。

为了解决"收编/抵抗"范式所面临的理论困境,也为了进一步探讨受众的性质以及受众与电视之间的关系,阿伯克龙比等人提出了"景观/展演"范式。"景观/展演"范式并没有简单地否定"收编/抵抗"范式的核心主张,而是把后者所着重分析的权力问题放到了次要位置,侧重于探讨电视受众在社会结构中的再建构问题,尤其是在日常生活中的身份认同建构与再建构问题。

二 "景观/展演"范式:自恋、想象力与媒介奇观

随着媒介技术和网络数字技术的快速发展,电视、电影等影像内容已经深度渗入人们的日常生活。上至老人下至幼童,已经无法避免频繁地与影像接触,可以说,人人都是媒介受众。因此,"景观/展演"范式的核心是对受众的媒介使用行为及其身份建构进行重新定义。通过对比不同类型的受众在展演体验方面的区别,阿伯克龙比和朗赫斯特探讨扩散受众是如何通过媒介奇观、自恋和想象力进行身份认同和媒介消费的。

(一)受众类型

所有的表演/展演活动都有受众的参与,而受众的参与也丰富了展

---

① [英]尼古拉斯·阿伯克龙比、[英]布莱思·朗赫斯特:《变化的受众——变化的研究范式》,载陶东风编《粉丝文化读本》,北京大学出版社2009年版,第66页。
② [英]尼古拉斯·阿伯克龙比、[英]布莱思·朗赫斯特:《变化的受众——变化的研究范式》,载陶东风编《粉丝文化读本》,北京大学出版社2009年版,第67页。

演的含义。通常来说，表演者是在受众的审视下公开展现自己的行为，在表演过程中表演者会与受众进行互动。不同类型的表演活动有其特有的互动规则，这些规则区分了三种不同类型的受众：简单受众、大众受众和扩散受众。[①] 同时，由于所有表演都与仪式相关，因此不同的展演模式会带给受众不同的生命体验。

1. 简单受众

简单受众的主要特点包括表演者和受众之间的沟通是直接的、受众高度关注和参与、观众与表演者之间的物理距离很近等。[②] 音乐会、戏剧、电影、政治会议、宗教仪式、体育赛事、游行、葬礼等活动的受众属于简单受众的典型例子。在这些活动中，受众往往是由个体逐渐形成群体，这些活动也被视为群体参与的集会，因此具有仪式性或神圣性的特点。仪式性，意味着受众与表演者之间存在一定的身体距离和社会距离。虽然在早期的戏剧表演中受众与演员可以亲密接触，但如今的戏剧表演、电影、足球比赛、政治会议、法庭裁判等无一不是在受众和表演者之间增加了物理距离。这种物理距离既代表着实际距离，也暗示着社会距离。阿伯克龙比指出，这种物理距离的存在造成的影响之一便是受众的消极被动。以电影观看为例，为了观看电影，受众被固定在影院的一个座位上，从一个狭窄的视角观看电影。同时，在整个观影过程中，受众必须遵守影院的公约和禁令。当然，这种物理距离的存在也是为了让受众能集中精力关注表演本身，同时确保受众的观看行为能够作为展演活动的一个整体。但是，阿伯克龙比也提出，被动受众的观念必须谨慎对待。正如贝内特所说，"观众在戏剧演出过程中处于被动位置，但他们在积极地解读戏剧内容；表演者依

[①] Nicholas Abercrombie, Brian Longhurst, *Audiences: A Sociological Theory of Performance and Imagination*, London: Sage, 1998, p.39.

[②] Nicholas Abercrombie, Brian Longhurst, *Audiences: A Sociological Theory of Performance and Imagination*, London: Sage, 1998, p.44.

赖受众的主动解码，但更希望受众能被动地观看，以便他们能够按原计划展开舞台表演活动"。①

与大众受众相比，简单受众更专注于表演/展演内容，不可能同时进行其他活动。如：戏剧观众不应该发出喧哗或反面的声音，在体育场观看体育赛事的人不应该看书。也就是说，简单受众观看表演的惯例是高度专注。同时，由于简单受众大都是在当地的公共空间和专业空间内观看展演/表演，而这些公共空间因为平时的闲置和表演期间的密集使用而高度凝聚了受众的观看体验，这也增强了受众观看表演的仪式性。

2. 大众受众

大众受众是指广播、电视等大众传播媒介的受众。大众受众的观看体验与作为简单受众时期的受众体验不完全相同。大众受众的经验更多是一种日常的体验，并不需要像参加表演仪式那样全情投入。在大众媒介作为主要的信息传播渠道时期，表演通常是在私下拍摄完成，经过影像制作后在电视上公开展示，表演者和受众之间的社会距离和身体距离比简单受众时期的距离更远。因此，大众受众面临以下情况：沟通的标准化、媒体的商品化、沟通的客观性、整个表演和交流过程的制度化、象征形式在空间和时间上的延伸等。② 值得注意的是，大众受众和简单受众也有共同之处，如它们都依赖于表演，都涉及生产者和消费者之间的沟通。

随着大众受众的出现，表演活动及其相关的美学概念也发生了改变。例如，早期电影演员是从戏剧表演现场学习表演技巧，如今，角色的表现可能不是单个演员的工作，需要替身演员、特技演员等配合

---

① Nicholas Abercrombie, Brian Longhurst, *Audiences: A Sociological Theory of Performance and Imagination*, London: Sage, 1998, p. 54.

② Nicholas Abercrombie, Brian Longhurst, *Audiences: A Sociological Theory of Performance and Imagination*, London: Sage, 1998, pp. 57–68.

完成。文化产品的生产方式的转变，意味着受众有着与现场观看所不一样的美学体验，它更多是一种建构的审美而不是直接的审美。这意味着，大众受众的审美乐趣已经不再源自表演者，而是来源于一个即时出现的被命名和被认可的人的声音。因此，大众传播媒介使得表演者和观众之间的社会距离更加明显。同时，大众受众在接待行为方面也更加私有化。例如，电视机刚推出时，整个社区的受众聚集在一起观看，而当电视普及之后，受众更愿意待在客厅里与家人共同观看，甚至是个人独自观看。

3. 扩散受众

电视、唱片音乐和杂志等大众传播媒介使得受众的注意力集中在媒体所传播的信息上，这些媒介成为他们日常生活的背景。因此，扩散受众的基本特征是，在媒介运作的多个层次上，人人都是受众。首先，人们花大量的时间在家里和公共场合消费大众媒体信息。如今，电视已经完全融入了受众的日常生活中，在这个具有象征意义的日常生活结构中，电视将我们定位在自然与社会、地方与国家的关系中。人人都生活在"地球村"里。其次，电视安排了受众的日常生活节奏。例如，霍布森就展示了她的受访者如何将现已停用的肥皂剧《十字路口》融入家庭生活，并把观看该剧视为一种"习惯"。家庭活动的时间规划围绕着电视节目的播出时间来安排，用餐时间、就寝时间和外出时间都与电视节目的时间表相协调。再次，扩散受众的体验可能以表演的真实性为特征。日常生活中的我们，既是表演者也是受众。戈夫曼的"表演论"把人在日常生活中的行为当作表演来对待。他认为，我们的社会行为一直在展示着各种角色，独处时也在展示着一种角色，而且这些角色可以相互各异。这样的定义表明，表演在日常生活中是普遍的，并且构成了日常生活，这使得难以将表演与不表演分开。最后，扩散受众是在两个过程的相互作用中产生的，一个是把世界建造成景观，另一个是把对世界的建设视为自恋。景观和自恋在良性循环中相互促进。这是一个主要由媒体推动的循环，也是由表演的起关键作用的循环。和其他类型的受众一样，表演是关键要素，但与其他类型不同的是，扩散受众的表演不与具体的演出内容或表演仪式挂钩，而是完全浸入受众的日常生活当中。

（二）奇观和自恋

"奇观"往往是感知和表现世界的景观，它们不是自然的物体，而是作为景观或表演而存在。那些故意被塑造成看起来风景怡人的英国园林、湖边小屋、哥特式建筑都可被视为奇观。到拥有别致景观的地方旅游、将景观创作成美术作品、拍摄成照片和购买与景观相关的纪念品等，成为人们体验奇观的主要方式。阿伯克龙比等人认为，在大众媒介活跃的时代，我们生活于其间的世界被彻底地视为制造奇观的对象，大众传播媒介的普遍性也有助于把世界作为一种表演来呈现。居伊·德波则把商品化的消费社会视为"奇观"。在消费社会，所有东西都被商品化，人们越来越关注商品的生产、销售、商品本身和售后服务，日常生活也变得越来越审美化。而费瑟斯通（Featherstone，1991）则认为"奇观"是指日常生活艺术化，"文化和生活走到了一起，高级文化与大众文化之间的界限可能会因为不重视艺术品质而受到破坏，艺术可以是任何东西，生活可以变成一件艺术品，艺术家自己成为艺术品"。[1] 促进日常生活审美化最重要的因素是图像的扩散。鲍德里亚指出，图像（符号）具有独立于它们所形成的对象的生命。图像可以用于任何用途，因此消费者面临着被剥夺了原始背景的图像的轰炸。在这种图像泛滥的情况下，人们花费大量的时间沉浸在各种图像中。世界和日常生活的图像化、审美化趋向越来越成为一种文化景观，人们不断地参与其中，体验

---

[1] Nicholas Abercrombie, Brian Longhurst, *Audiences: A Sociological Theory of Performance and Imagination*, London: Sage, 1998, p. 86.

奇观的象征意义。

当然，如果没有"自恋社会"的发展，"奇观"也不会创造出扩散受众。"自恋社会"的概念体现了这样一种观念，即人们看上去就好像处于真实或想象的受众所关注的中心。"自恋"，是指一个整体社会的行为特征和思维方式，并不局限于某一特殊的性格类型。阿伯克龙比认为，自恋是在任何社会都可能存在的一种心理状态，但其发展会受到特定文化形式的推动。自恋的受众以自我为核心，没有在自我、他人和社会事物之间设置界限，所以自恋的受众总是以自我为镜子。虽然自我是自恋的中心，但也需要一个积极的他人作为受众，以满足自恋者的自我陶醉。自恋与表演之间密不可分，而外表和风格是其主要的表现方式。自恋者对服装、香水、发型、家居装饰、汽车、房屋、音乐、食品等有着浓厚的兴趣，这不仅展现个人品位，也让自恋者通过他人的关注获得存在价值。吉登斯曾提出，自我认同可以通过对身体的体态、体能、饮食的控制来实现，也可以通过对想象中的自我与其他人的关系的反思来实现。换句话说，为了让社交世界变成奇观，人们不得不将自身视为奇观的主题之一。自恋就是把自我看作是奇观。

大众传媒盛行的时代，整个世界是一个商品世界，也是一个奇观世界。所有的客体、实践和服务都变成了商品，所有的文化都成了商品，所有的商品也都被审美化。扩散受众既是这个奇观世界的产品供应者，也是消费者。景观和自恋是形成扩散受众的核心要素，而商品化和审美化的双重过程则进一步促进了扩散受众的媒介使用。阿伯克龙比认为，"在这个充满表演实体的世界里，当代社会特有的人格结构也是自恋的，这意味着个人在一个想象的受众面前把自己看成是表演者"。[1] 因此，奇观和自恋是相辅相成的。

---

[1] Nicholas Abercrombie, Brian Longhurst, *Audiences: A Sociological Theory of Performance and Imagination*, London: Sage, 1998, p. 97.

值得注意的是，商品化的过程腐蚀了权力和权威的传统基础，市场化进程也进一步促成了权力的分散。因此，"奇观/展演"范式不把权力作为主要问题，而把社会上存在着的权力关系看作是比权力本身更为重要的问题。

(三) 想象力和媒体资源

奇观和自恋机制的运行需要想象力作保障，而想象力的一个重要组成部分是一个想象社区的存在，也就是扩散受众的存在。同时，想象力需要中介才能成功运作，其中最重要的中介资源就是媒介。由于媒介在现代社会中无处不在，所以奇观和自恋的机制便能顺利运行。

坎贝尔在《浪漫伦理与现代消费主义精神》(*The Romantic Ethic and the Spirit of Modern Consumerism*, 1987) 一书中提到，现代社会中的人们可以通过巧妙运用想象力成功地实现情感体验，"现代体验的主要特征就是利用想象力和创造力来构建一个由内在乐趣触动消费的精神形象，一种被描述为白日梦的做法"[①]。这种"白日梦"是对未来的猜测，但它是一种与"幻想"有所不同的猜测，因为"白日梦"是由幻想和现实的混合物组成，包含着现实的因素。阿伯克龙比也提出，"幻想"和"白日梦"，可能导致自我转变，也可能激发真实和想象的表演。例如，有人像玛丽莲·梦露一样穿衣打扮和像她一样走路和说话，这个人可能被称为幻想家；而更多的人则以梦露为榜样，试图不时地改变自己以实现"成为梦露"的梦想。坎贝尔认为，"白日梦"是一种"独特的现代能力，能够创造一个假象，但这个假象却被认为是真实的"，个人在自己的戏剧中既是演员又是受众，不仅从日常的梦中获得乐趣，还因此改变了对快乐的看法。[②] "白日梦"帮助人们想象自己在

[①] Nicholas Abercrombie, Brian Longhurst, *Audiences: A Sociological Theory of Performance and Imagination*, London: Sage, 1998, p. 100.

[②] Nicholas Abercrombie, Brian Longhurst, *Audiences: A Sociological Theory of Performance and Imagination*, London: Sage, 1998, p. 100.

别人面前表演,也想象别人会有什么反应。媒体景观为受众提供了大量复杂的图像、新闻和商品,这些元素为受众构建想象中的世界提供了原材料。但是,媒体景观也往往模糊了真实与虚构之间的区别,使得离都市生活越远的受众对世界的想象就越美妙。扩散受众通过使用便捷的媒体资源,结合他们在工作、家庭以及一般社会关系方面的经验,建构起特定的想象世界。

相比其他休闲娱乐项目,受众花费了更多时间看电视,因此电视内容成为白日梦的重要资源。虽然电影、广告和杂志都提供了强大的视觉形象,在传达意义和给予受众快感方面非常重要,但电视依赖的"视觉插图说话"模式产生的效果恰似受众之间的交流对话。电视的家庭观看模式也更有利于受众之间的互动与交流。很多电视节目类型也是围绕着谈话和促进受众谈话而制作的,如脱口秀、肥皂剧和情景喜剧等。电视剧中所包含的情节和伦理道德信息也是受众互动的话题。可以说,电视是受众展开想象力的最为便捷的资源。成年人可以通过比较真实事件和电视里的事件来管理他们的社会关系,儿童可以使用电视节目来认识和讨论成人世界的秘密。通过与媒体接触以及谈论媒体内容,人们推动了奇观和自恋机制的运行。电视为受众观看世界提供了资源,为受众提供了自恋的素材。媒体以惊人的速度创造世界,受众也在生活中复制媒体的表演。

在白日梦中,扩散受众会想象其他人也同时存在,从而建构起一个想象的社区。安德森曾用"想象的社区"一词来指代民族国家共同体,认为国家是一个共同体。人们对这个共同的实体具有强烈的归属感,并有着共同的情感、历史和目的。"想象的社区"的意义,在于人们如何看待与他们属于同一个社区的人之间的关系。这个想象过程的关键在于一个想象中的社区和另一个社区之间的界限。扩散受众是同样意义上的想象社区,也与认同的形成和维持有着根本的联系。作为一个想象中的社区,扩散观众可以随时随地想象,甚至可以在任何空间位置想象。

　　媒体提供了许多使想象成为可能的资源。例如，在有关婚礼的白日梦中，梦的内容将从电影、电视、戏剧、音乐等媒体表演中获知。当然，这些元素的获知也需要各种媒体使用技能和能力。首先，受众必须具备基本的媒介技能知识，能够体验各种内容是如何创造的。就电视而言，它们包括表演的品质、表达的感觉、剧本、服装、摄像机的运行方式等。其次是分析技能。受众能够对电视文本进行分析，包括对节目题材的了解、特定节目中涉及的风俗习惯，以及内容和情节的逻辑和连贯性等。最后是解释技巧。受众能够将电视文本从文本之外的角度进行解释，将其与其他文本或与日常生活进行比较。

　　结合以上各项要素，阿伯克龙比和朗赫斯特描述媒介奇观时代受众行为的四个循环阶段（见图3-1）。首先是媒介影像迅速增多，传播渠道广泛，逐渐渗透进受众的日常生活。其次是媒介影像的渗透促成受众对媒介影像的讨论与交流，并引发受众的情绪投入和情感共鸣。再次是形成粉丝群体。最后是在展演、自恋、欲望与认同的驱动之下，受众会进一步融入丰富的影像世界消费媒体内容，进一步实现身份的再

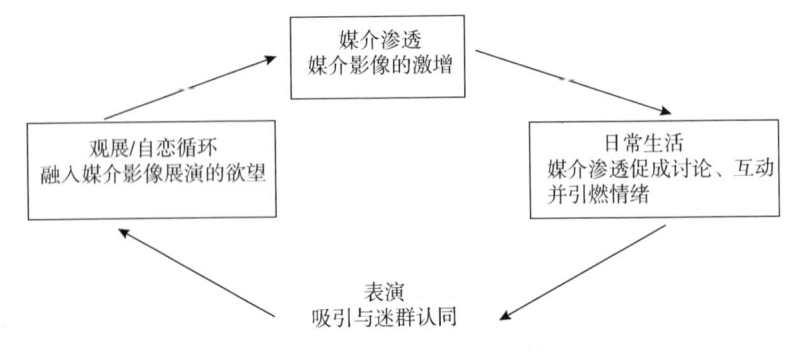

图3-1　扩散受众行为的四个循环阶段[①]

---

① 参见 Abercrombie 和 Longhurst（1998）。

建构。在这四个循环往复的阶段,扩散受众对媒介影像的认同以及对自我的认同感不断加深。

三 全球化媒介景观与粉丝身份的自我建构和群体建构

"景观/展演"范式讨论了简单受众、大众受众和扩散受众的异同,并重点分析了扩散受众在观看、自恋和表演方面的表现与联系。阿伯克龙比等人认为,这种从社会学的角度研究受众类型及其与媒介环境之间的关系的复杂视角是行为范式和抵抗/收编范式所不能实现的。行为范式和抵抗/收编范式都没能捕捉到受众与媒介环境之关系的复杂性。行为范式将媒体信息视为一种对受众的刺激,倾向于使用调查或结构化访谈数据来评估媒体曝光对受众的影响,或使用自我报告来研究媒体使用带来的满足感。抵抗/收编范式对行为范式进行了批评,主张首先用结构主义和符号学的方法研究电视文本,然后用焦点小组、深度调查等民族志方法研究受众。抵抗/收编范式关注到了受众的观看经验,但不足以捕捉到当代受众活动的复杂性。景观/展演范式沿着抵抗/收编范式前行,关注受众在日常生活中的电视使用模式,进一步认识到将受众调查、电视文本和媒介环境相结合进行综合研究的必要性。因此,阿伯克龙比等人将扩散受众放在媒介社会语境当中,将受众与社会学意义上的媒介使用、媒介文化等相联系,进一步思考受众身份的形成、媒介文化的融合、社会资本的性质等问题。

二位作者强调,对扩散受众的性质进行考察应从日常生活环境开始。在媒介奇观的社会中,受众越来越多地在不同媒介之间漫游,受众的身份识别和自我生产的过程越来越多地涉及不同媒介的相互作用。在论及粉丝行为时,阿伯克龙比和朗赫斯特认为,粉丝是一种很有传播技巧和能够建构特定身份认同的一类受众。他们以"认同"作为评估指标,将受众分为消费者、爱好者、狂热者、粉丝、次生产者等。不同类型的受众,能够通过不同的媒介使用方法实现不同的身份建构。

受众之间的媒体消费模式有明显差异，因此只有在对受众日常生活进行全面了解之后才能正确理解粉丝。同时，日常生活本身不仅是既定模式的重复，也是地方化和全球化的媒介景观在扩散受众身上的映射。另外，日常生活中的媒介使用在受众的身份建构中也起着重要的作用。例如，由于卫星技术的发展，电视节目可以更容易跨越国界，在全球受众的身份建构中发挥作用。卡茨等人已经证明了《达拉斯》可以在全球范围内不同文化背景下的受众中进行有效传播。《星际迷航》的全球传播在粉丝身份建构过程中也发挥了核心作用。

从上述分析可以看出，景观/展演范式侧重于受众个体和群体的社会心理研究，更多是在探讨电视受众的社会心理动机层面上的问题。自恋、想象与表演欲望成为推动受众使用电视并且成为融入粉丝群体的重要因素。其次，阿伯克龙比等人将受众看作是集观看与展演行为于一身的主体，分析了受众作为主体的自我建构、群体建构与媒介景观建构的学理过程。这样的研究视角突破了文本解读和行为研究的理论视野，密切结合了媒介景观社会中社会交往的复杂情况，也更关注影像之于受众日常生活的巨大影响。最后，景观/表演范式为媒介融合环境之下的受众研究提供了较为完整的理论框架，为阿拉苏特瑞的第三代接收分析、寇德瑞的实践范式等研究提供了思路。[1] 同时，该范式也将受众研究的理论视野转向了媒介融合、媒介景观、消费文化等更加广泛的研究领域。正因为如此，阿伯克龙比和朗赫斯特的理论成果不管是对于电视粉丝研究的深度和广度，还是对于受众研究理论视角的转换来说，都具有极为重要的价值。

但每一种学说都有可能被超越的地方，或者说，任何一种理论探讨都难以做到完美。景观/展演范式虽然有上述诸多优点，但也存在一

---

[1] 参见殷乐《媒介融合环境下欧美受众研究的范式转换》，《新闻与传播研究》2010年第6期。

定的局限性。其一,过于强调心理原因而忽略了社会文化环境、政治经济环境、意识形态权力等因素对受众的重要影响。虽然作者反复强调意识形态权力的重要性,但并没有对此进行深入的分析,导致作者对媒介传播者、社会权力结构、受众群体的复杂性等问题考虑不周,这一点可以说是该范式的主要缺陷。其二,作者对核心概念的阐释存在模糊不清、相互矛盾等问题,这无疑会影响到后继学者对它的深入研究。如对何为受众的观展表演行为阐释不清,没有涉及受众如何进行表演行为等。此外,对扩散受众的论述中提到扩散受众不一定接触媒介,但同时也指出扩散受众的特点之一是花费大量时间消费媒介,"接触媒介"和"消费媒介"之间的区别和关联有待明确。① 其三,该范式更多的是抽象的阐述,缺少对电视粉丝的实证研究,因此缺乏一定的现实检验。

托马斯·库恩在《科学革命的结构》中曾经描述过科学结构的革命过程,"从一个处于危机的范式,转变到一个常规科学的新传统能从其中产生出来的新范式,远不是一个累积过程,即远不是一个可以经由对旧范式的修改或扩展所能达到的过程。宁可说,它是一个在新的基础上重建该研究领域的过程,这种重建改变了研究领域中某些最基本的理论概括,也改变了该研究领域中许多范式的方法和应用。在这个转变期间,新旧范式所能解决的问题之间有一个很大的交集,但并不完全重叠。在解谜的模式上,还存在着一个决定性的差异。但转变完成时,专业的视野、方法和目标都将改变。"② 易言之,电视受众研究正在经历着一场变革,景观/展演范式正是这场科学革命的新成果,它可以成为媒介融合时代受众/粉丝研究的重要理论参照。

---

① 参见幸小利《新媒体环境下的受众研究范式转换与创新》,《国际新闻界》2014年第9期。
② [美]托马斯·库恩:《科学革命的结构》,金吾伦、胡新和译,北京大学出版社2003年版,第78页。

第四章　过去与未来：受众之作为视听消费市场中的商品

西方电视产业发展已经走过了半个多世纪的光辉历程。以美国为例，从20世纪50年代到80年代中期，一直是由各大电视网控制着电视产业的运营，其运营规则往往源自它们在广播运营方面的成功经验。80年代中期开始，由于有线电视、遥控器和磁带录像机等技术的开发与设备的普及，以及有线电视频道的开设，电视网开始与制片公司实行联合创作节目、集团化运营的产业发展方式。21世纪以来，伴随数字光缆、视频点播技术、数字录像机、便携电子设备等技术设备的普及，电视网的运营模式被更加多元的市场法则和更具挑战性的营销环境所抛弃。电视频道的线性传播、多频道视频传输、网络流媒体播放和各种App客户端不断改变着电视受众的视听体验和电视广告的商业模式，并迫使电视产业进一步变革。电视消费经济的运行规则会随着技术、市场环境等的改变而不断变革，受众的电视体验也会有新的变化，但受众作为电视消费市场中的商品这一属性却很难发生根本性的转变。从过去到未来，电视运营模式的变革正在继续。它不仅不会将电视置于传媒产业的边缘，而且还将视听消费的商业逻辑更加深刻地嵌入受众的电视使用体验当中。

美国主流电视受众研究对电视的影响和受众的电视使用行为多有关注，但受众测量、市场逻辑以及电视产业对受众的引导与控制等方面的内容却没有引起足够的重视。受众批判研究界普遍认为,电视产业提供的产品有两种:其一是内容,其二是受众。内容可以是新闻、肥皂剧、娱乐、体育等,而受众则是消费这些内容的人。但电视市场与大多数商品市场有所不同,销售者把节目卖给广告商,销售者受益于广告费,受众受益于电视台播放的节目内容,广告商受益于受众的注意力。因此,电视市场出售的最终产品不是电视节目,而是看节目的人。易言之,怎样抓住受众的注意力、激发受众的购买欲望一直是媒介产业发展不得不直面的焦点问题。本章以达拉斯·斯麦兹、艾琳·米汉以及詹姆斯·韦伯斯特为核心,探索他们在电视受众研究方面的成果及其内涵,并论述自始至终一直存在着的电视媒介、受众与市场之间的互动关系。

第一节 受众商品论:电视产业发展与受众的"时间市场"

一般认为,达拉斯·W. 斯麦兹(Dallas W. Smythe,1907—1992)所开创的受众商品论(Audience as Commodity)是传播政治经济学派在受众批判研究方面的奠基性理论。斯麦兹认为,资本主义意识形态的传播、电视频谱资源的分配和电视政策的制定都受到资本主义经济制度的控制,因此,美国商业电视的传播体系是资本主义剥削人民的主要手段之一。在马克思主义政治经济学理论的影响之下,斯麦兹提出电视生产和广告传播的商品是受众,收看电视的受众实际是在为广告商工作。易言之,受众被电视工业运作体制出售给广告商,进而将受众在闲暇时间里的电视观看置于资本主义制度剥削的体系之中。斯麦兹的理论为我们理解资本主义电视传播体制和电视受众被商品化的过程提供了政治经济学背景。

学界对斯麦兹的生活经历有过总体性介绍,对其学术成果也有一些译介和研究。国内较早引介斯麦兹理论的,是郭镇之的文章《传播政治经济学理论泰斗：达拉斯·斯麦兹》（2001）。该文介绍了斯麦兹的生活经历、学术经历以及主要的理论和实践贡献。此外，陈世华、胡翼青、黄典林等人在多篇论文中对斯麦兹的传播思想有过比较深入的探讨。但遗憾的是，学界对斯麦兹在电视以及电视受众研究方面的关注还不够充分。国内学界的研究现状与斯麦兹在西方电视受众研究历程中的历史地位是不完全匹配的。因此，本节试图回到斯麦兹有关电视的理论文献当中，系统地、语境化地解读他对电视传播体制和电视受众的研究，认识他对电视受众研究的伟大贡献，以期对当下的电视受众研究以及电视实践有所启发。

一 视听产业与受众的"时间市场"

斯麦兹提出电视受众商品论的主要目的，是试图从政治经济学的角度来解释受众与电视传播之间的关系。由于受到文化马克思主义和马克思主义政治经济学的影响，斯麦兹认为，"在资本主义的传媒制度下，以广告收入为主要经济来源媒介所生产的商品不是广播电视节目，而是受众这一特殊商品"[1]。

要追溯"受众商品论"的缘起，就需要回到斯麦兹早期电视研究里的一个重要概念——商品。在马克思眼里，"商品"是"用来交换的劳动产品"，斯麦兹则把这个概念引入电视研究当中，指出"电视是一个商品的综合体"[2]。1951年，斯麦兹在论文《消费者对广播和电视的兴趣》（The Consumers Stake in Radio and Television）中指出了电视观看行为的商业属性。斯麦兹认为电视包含着两种相互关联的商品，这两种商品都有其独特的等级和价格。第一种商品是与电视机相关的

---

[1] 曹晋、赵月枝：《传播政治经济学的学术脉络与人文关怀》，《南开学报》（哲学社会科学版）2008年第5期。

[2] Dallas W. Smythe, "The Consumer's Stake in Radio and Television", *The Quarterly of Film Radio and Television*, Vol. 6, No. 2 (Winter), 1951, pp. 109–128.

第四章 过去与未来：受众之作为视听消费市场中的商品

产品和服务设备，如电视机附件、天线、电源、替换零件和修理服务等。这些都是生产者的商品，如果没有这些器件的存在，电视机便没有任何使用价值。第二种商品被称为"电视台时间"（station time），有时也被称作通过收视率调查获得的观众忠诚度。电视行业内把这类商品叫作"时间市场"（a market for time）。第二种商品并不只是时间问题那么简单，它出售的实际上是电视节目以及随之培养电视受众对广告商的忠诚度的可能性。在商业电视体制下，电视内容生产者实际上获得了两次收益：一次是赞助商支付的节目生产费用，一次是电视受众的收看及其对广告商的忠诚度。斯麦兹试图说明，从政治经济学的视角可以阐释清楚受众和电视之间的关系，明确电视观看行为是一种劳动，因此它具有商业属性。

20世纪60年代，美国的电视产业在国内已经取得了巨大发展，各大电视网进入了发展的黄金时期。美国广播公司、全国广播公司和哥伦比亚广播公司为了能在短期内实现最大的经济效益，纷纷实行"目标市场"的制播模式，即节目只针对特定的目标受众群体进行制作和播出。一时间，电视媒体由50年代的"广播"机构变成了"窄播"机构。为了监控各大电视网的商业模式，美国国会在1967年通过了《1967年公共广播法案》（The Public Broadcasting Act of 1967），旨在推动非商业性广播与电视的发展。[①] 同时，还出台了《金融权益与联合发售准则》（The Financial Interest and Syndication Rule），目的是抑制哥伦比亚广播公司、全国广播公司和美国广播公司在节目的制作、批发和零售方面的整体控制。该准则的出台，极大地削减了电视网的权力，并严格限制了它们在未来对整个产业的控制。正是基于这样的社会背景，斯麦兹延续了50年代初对电视受众的思考，并

[①] 参见［美］加里·R. 埃杰顿《美国电视史》，李银波译，中国人民大学出版社2012年版，第179页。

在1977年发表的论文《传播：西方马克思主义的盲点》中正式提出了"受众商品论"①。在文章中，他指出了欧洲批判研究学者在媒介研究方面存在的"盲点"。亦即是，他们片面强调了电视在资本社会中所扮演的意识形态作用，忽视了电视的经济作用，忽略了垄断资本主义制度下电视传播体制如何将受众"制造"成为商品的现实。

斯麦兹指出，广告时段的价值是传播产生的间接效果，而电视节目则是"钓饵"性质的"免费午餐"（Free Lunch），但它们都不是电视媒介生产的真正商品。提供"免费午餐"的目的，是将受众吸引到电视机前收看节目，再把受众的注意力卖给广告商。也就是说，在资本主义传媒体制之下，"受众"才是电视媒介生产的真正商品。收视率调查公司通过对电视受众的数量、年龄、性别、收入水平、购买力强弱、文化程度等指标的调查，向电视节目广告商提供受众的基本信息，并从中获得经济效益。所以，电视媒体的使命实际是将受众吸引到电视机前，并将受众的信息集合打包出售给广告商。该理论洞察了电视时段具有价值的原因、广告客户和媒介公司之间的关系以及商业受众测量机构存在的理由，从而将媒介行业的本质牢牢地置于经济基础上。②

斯麦兹从马克思有关劳动时间的论述出发，指出发达资本主义社会的现实是受众的所有时间（包括工作和休息时间）都是劳动时间，因此受众在观看电视的同时也在进行生产和再生产。"免费午餐"的享用者不仅仅是在娱乐和消磨时光，也是在工作——他们还在创造价值。③ 遗憾的是，电视受众的劳动不仅没有得到相应的经济收入，还因对广告商品产生了需求而付出了金钱。"受众商品是一种被用于广

---

① Dallas W. Smythe, "Communications: Blindspot of Western Marxism", *Counterclockwise: Perspectives on communication*, 1994, pp. 266 – 291.
② 参见郭镇之《传播政治经济学理论泰斗达拉斯·斯麦兹》，《国际新闻界》2001年第3期。
③ 参见郭镇之《传播政治经济学理论泰斗达拉斯·斯麦兹》，《国际新闻界》2001年第3期。

告商品销售的不耐用的生产原料。受众商品为他们的广告商所做的工作就是学会购买商品，并相应地花掉他们的收入。有时是购买任何分类的商品，但大多数情况下是特殊'品牌'的消费商品。"[1] 更为重要的是，随着新商品及其广告的增多，受众被鼓动进行冲动消费，"数以万计的、可供选择的商品戏剧性地摆在逛商店的受众成员面前……消费者根本不可能像技工那样了解消费品的质量好坏以及现代大批量生产技术赋予商品质量的'科学'基础"[2]。只要受众观看了电视，广告商的目的就已经达成，广告费购买的就是受众的注意力。

同时，资本主义社会的电视传播体制也在改变着受众的思维习惯与行事风格，促使他们在以消费者的身份购买广告商品的同时，以大众的身份支持垄断资本主义的意识形态和管理系统。受众既是大众传媒体系用以促进生产和消费的商品，也是具备劳动力的劳动者。但是，作为劳动者的受众被垄断资本主义的媒体运作体系推向了异化的境地："（1）异化疏离于他们'在职'的工作成果；（2）异化疏离于一般性的商品，虽说阅听人本身也在营销这些商品给他们自己的过程里，参了一脚；（3）异化疏离于他们为自己，也为后代所生产与繁衍的劳动力"[3]。可见，视听媒介为受众提供方便的同时，实际上是在对受众的思想进行控制。

从上述分析可以看出，虽然同样基于美国高度商业化的电视产业制度背景，"受众商品论"与电视影响研究有着很大的不同。斯麦兹对电视受众的政治经济学视角的分析，是美国电视研究理论版图上的

---

[1] Dallas W. Smythe, "On the Audience Commodity and Its Work", *Dependency Road: Communications, Capitalism, Consciousness and Canada*, Norwood NJ: Ablex Publishing, 1981, pp. 22–51. 石义彬：《批判视野下的西方传播思想》，商务印书馆2014年版，第443页。

[2] Dallas W. Smythe, "On the Audience Commodity and Its Work", *Dependency Road: Communications, Capitalism, Consciousness and Canada*, Norwood NJ: Ablex Publishing, 1981, pp. 22–51. 石义彬：《批判视野下的西方传播思想》，商务印书馆2014年版，第444页。

[3] 冯建三：《传媒公共性与市场》，华东师范大学出版社2015年版，第41页。

一道亮丽的风景线。虽然斯麦兹的观点有些骇世惊俗,"但这是对商业广播电视,尤其是资本主义社会美国的商业广播电视独特风景进行的极为醒目的分析"[①]。

二 "经济决定论"抑或"意识形态决定论"

对于斯麦兹的"受众商品论",学术界有两种不同的评价。一种观点认为,斯麦兹以其作为马克思主义学者的冷静与睿智,"以卓越的思想火花照亮了若干理论盲点","开辟了传播政治经济学研究领域,建立了传播政治经济学研究的批判学派",是传播政治经济学理论的泰斗。[②] 而另一种比较负面的看法则是,"受众商品论"的论证并不严谨,过于强调媒介研究的经济层面,将文化问题、受众问题等简化为经济问题,是明显的"经济决定论"的逻辑。这种观念源于斯麦兹在《传播:西方马克思主义的盲点》一文中对西方文化马克思主义者过于关注电视的政治意识形态功能的批判。这篇文章也引发了传播政治经济学与文化马克思主义者之间的"盲点辩论"。另外,实证主义研究者也认为,斯麦兹过于注重电视体制、节目安排、广告影响力等中观和宏观分析,缺少对电视文本、节目内容、受众影响等个案研究和量化分析,将电视受众研究完全依附在政治权威和经济控制之下。在斯麦兹有关传播研究的"盲点"的论文发表一年之后,同为政治经济学者的默多克和戈尔丁发表论文对此进行了回应。他们认为,斯麦兹的分析流于"经济简化论"(economy reductionism),抹杀了文化研究者的价值与贡献,不仅不明智,而且也不正确。[③] 的确,斯麦兹的

[①] 参见郭镇之《传播政治经济学理论泰斗达拉斯·斯麦兹》,《国际新闻界》2001年第3期。
[②] 参见郭镇之《传播政治经济学理论泰斗达拉斯·斯麦兹》,《国际新闻界》2001年第3期。
[③] Graham Murdock, "Blindspots about Western Marxism: A Reply to Dallas Smythe", *Canadian Journal of Political and Social Theory*, 1978 (2). Nicholas Gamham, Contribution to a Political Economy of Mass Communication, *Media, Culture & Society*, Vol. 1, No. 2, 1986. 参见曹晋、赵月枝《传播政治经济学的学术脉络与人文关怀》,《南开学报》(哲学社会科学版)2008年第5期。

"受众商品论"确实有矫枉过正之嫌,但并不像默多克和戈尔丁所说的是"不明智且不正确"之举。实际上,正是斯麦兹对电视受众商品化的批判性探索触发了学界从政治经济学的视角关注电视与受众的关系,并为媒介经济向度的批判研究提供了思路。

斯麦兹自称为"新左翼经济学家",一直对社会和媒介产业持批判态度。1937年,斯麦兹完成了有关制度经济的博士学位论文,获得了加州伯克利大学经济学博士学位。完成博士学业后,斯麦兹进入美国政府部门担任政策分析员,了解了有关国家政策、传播技术变革和工会斗争等方面的大量信息,对他日后参与政治运动产生了极大的影响。随后,斯麦兹参与了西班牙的反法西斯斗争,成为政治敏感人物,并因此多次受到美国联邦调查局的秘密调查。可以说,斯麦兹的反叛精神和左翼立场"首先来自阶级斗争的实践,然后才是书本知识的接触"[1]。1943—1948年,斯麦兹被任命为美国联邦通信委员会(FCC)首席经济学家,在此期间,他对电视媒介的传播政策、产业发展和公共服务责任等进行了思考。在FCC工作期间所撰写的对策文章因充满了马克思主义色彩而没有采纳,但这段工作经历对电视受众商品论的提出起到了至关重要的推动作用。离开FCC之后,斯麦兹应施拉姆的邀请来到了伊利诺伊大学传播研究所教授传播经济学课程。在此期间,他结合自身的工作经历和理论积累,开始了电视批判研究方面的学术之旅。施拉姆得知斯麦兹的左翼倾向后开始排挤他,让他深感工作环境氛围的压抑。同时,由于麦卡锡主义的影响,学术研究很难获得经费支持,成果出版也变得步履维艰。1963年古巴导弹危机之后,迫于社会环境的巨大压力,斯麦兹回到了加拿大萨斯喀彻温省——他的出身之地,并在萨省大学(University of Saskatchewan)任教。斯麦兹不仅将传播政治经济学带到了加拿大,而且进一步以一个旁观者的冷

---

[1] 郭镇之:《传播政治经济学理论泰斗达拉斯·斯麦兹》,《国际新闻界》2001年第3期。

静姿态继续对美国商业电视与受众之间的关系以及美国媒体行业在全球的扩张展开批判，系统地提出了受众商品论和媒介依附论。

虽然时刻面临着美国社会各界对左翼人士的排挤和攻击，但斯麦兹仍然坚持对垄断资本主义体制下传媒业的种种弊端进行揭露和抨击。就电视媒介而言，斯麦兹曾对电视政策、受众商品化、电视教育、电视暴力、竞选传播等问题进行过探讨，始终批判电视对自由思想的钳制问题。虽然研究主题和焦点不断转移，但他的思想有着内在统一性和联系性，政治视野和批判精神也始终如一。[1] 他所提出的"受众商品论"以及由此引发的长达20年之久的"盲点辩论"都是传播政治经济学宝贵的理论遗产。斯麦兹的学生古巴克（Thomas Guback）对其导师的评价可谓一语中的："三代传播政治经济学者沿着他指出的方向前进，如果没有他，就不会有'传播政治经济学'这个术语，没有他，传播学的研究就不大一样。"[2]

实证主义研究者对斯麦兹的批评也同样存在一定的偏差。斯麦兹确实侧重于对电视传播进行宏观分析，但他并非从未关注过电视文本、节目内容和受众影响等微观层面的问题。斯麦兹曾针对电视对美国家庭生活和闲暇时间的影响进行过实证调查，考察了拥有电视之前和之后美国人民的生活有何变化。在这项研究中，斯麦兹使用了访谈法、日记法和其他一些实证研究工具。虽然这项研究成果只供内部使用，没有公开发表过，但却促成了美国教会组织开展针对广播电视影响的同类研究。[3] 但是，当看到美国电视技术的迅猛发展以及美国人民对电视的迷恋时，斯麦兹认识到了电视在社会中的矛盾性角色，继而转

---

[1] 参见陈世华《达拉斯·斯麦兹的传播思想新探》，《南昌大学学报》（人文社会科学版）2014年第3期。

[2] Dallas Smythe, Thomas Guback, *Counterclockwise: Perspectives on Communication*, Boulder: West view Press, 1992, p. 10.

[3] 参见郭镇之《传播政治经济学理论泰斗达拉斯·斯麦兹》，《国际新闻界》2001年第3期。

为批判传媒经济制度以及电视传播体系之间的关系，尤其是分析媒介制度、深层的经济结构和受众之间的联系。此外，他在美国所经历的各种不顺际遇对他的研究取向也有一定的助推作用。在面对各方挑战时，他曾坦言，"在证实了我可以做逻辑实证科学理论式的'科学'之后，我很高兴地永远抛弃了它"①。

从上述分析可以看出，学界对斯麦兹的指责大多带有偏差。我们认为，斯麦兹从政治经济学的视角对电视与受众的关系进行批评研究，不仅弥补了侧重效果导向的美国电视受众研究在批判维度上的缺失，而且解构了美国主流电视受众研究的知识生产和社会权力之间的关系。正是由于有像斯麦兹这样的学者一直保有坚定的学术立场和身体力行的批判实践，传播政治经济学研究的受众批判研究才得以成长和发展。

三 电视产业发展、电视研究与公共利益

一般而言，电视的真正控制权掌控在商业利益集团的手中，而受众则是电视与商业利益团体之间的被交换物。迪扎德（Dizard）在《电视：一种世界的观点》（*Television: A World View*）中这样描述电视的商业化现象："电视已经发展成为主要的商业媒介，这正是美国以及少数几个国家所希望的……目前，五十多个国家的电视台在国家的监管下，部分或全部地由私人利益集团所控制。世界上除了数量很少的95家电视台之外，所有的电视台都播放商业广告。"② 联合国教科文组织的报告也有相似的发现。电视为这些广告企业提高生产水平，刺激消费需求，并最终为国家创造税收提供了很好的商业化外壳。电视广告已经不仅仅只是一种经济力量，更是影响着大众生活质量的重要因素。《电视杂志》（*Television Magazine*）曾在调查中发现，大约从

---

① 郭镇之：《传播政治经济学理论泰斗达拉斯·斯麦兹》，《国际新闻界》2001年第3期。
② ［英］奥利弗·博伊德-巴雷特、［英］克里斯·纽博尔德：《媒介研究的进路》，汪凯等译，载［美］赫伯特·I. 席勒《广播的国际商业化》，新华出版社2004年版，第235页。

1959年开始,美国广告公司在海外的发展规模骤然攀高,并且长期处于上升发展状态。"海外电视的发展与这种急剧攀升不无关系,因为在媒介商业化方面领先的美国广告公司已经为他们提供了可以大量出口的窍门。但是电视并不是主要的原动力。那个角色属于委托方:美国的消费品生产商"[1]。私人企业为了获得经济效益,不断地扩大受众对商品的接受度、认知度和熟悉度,因此不断在电视台播放广告。扩张商品生产、通过广告推销商品,获得较高的经济收益,再进一步扩大商品生产,循环往复。弗洛姆(Fromm)发现美国所特有的"癌症"正在向全世界扩散,"20世纪工业主义已经造成了新的心理类型——'同质消费'(homo consumers),这主要是经济原因造成的,例如,受广告刺激和操纵的大众消费的需要。但是,这种性格类型一旦形成,也会影响经济并使不断增加的满意度原则看上去是合理的、现实的。这样,当代人就会产生对消费的无限渴望"[2]。甚至有人提出,电视传播只是一种商业手段,"对于那些看电视后抱怨电视节目太差的人来说,他们似乎有点没教养,似乎不是美国人了。不应该期望节目做好,应该期望节目赚钱……(而且)事实上,'质量'也许不仅仅是无关的,而且还会分散注意力。"[3] 斯麦兹指责美国电视研究界过于关注电视的负面影响,反对由市场力量来分配原本属于公共财产的广播频谱,强调公共传播资源应该为公共利益服务。垄断资本主义制度下商业电视的发展现状,让斯麦兹看到了电视传播体制与广告商之间的交易关系,也为他从政治经济学的角度理解被物化的电视受众提供了直接的社会背景。

除了特殊的社会环境之外,斯麦兹主要受到了马克思主义政治经

---

[1] [英]奥利费·博伊德-巴雷特、[英]克里斯·纽博尔德:《媒介研究的进路》,汪凯等译,载[美]赫伯特·I.席勒《广播的国际商业化》,新华出版社2004年版,第237页。
[2] [英]奥利费·博伊德-巴雷特、[英]克里斯·纽博尔德:《媒介研究的进路》,汪凯等译,载[美]赫伯特·I.席勒《广播的国际商业化》,新华出版社2004年版,第238页。
[3] [英]奥利费·博伊德-巴雷特、[英]克里斯·纽博尔德:《媒介研究的进路》,汪凯等译,载[美]赫伯特·I.席勒《广播的国际商业化》,新华出版社2004年版,第240页。

第四章 过去与未来：受众之作为视听消费市场中的商品

济学理论的滋养。斯麦兹从不讳言自己对马克思主义的青睐。他曾在美国左派大本营加州大学伯克利分校受过马克思主义影响，并参与了加州的工人运动，自称享受左派的生活。[1] 斯麦兹在伯克利接受了经济学制度学派和马克思主义理论的系统训练，其中劳动价值理论对其研究电视受众影响巨大。劳动价值理论将劳动看作是所有价值的源头，劳动剩余价值的剥削构成了资本主义的生产体系，而剩余价值便就是资本家的利润，它来自无偿占有部分劳动成果。[2] 由此，斯麦兹将受众观看电视的行为看作是一种劳动，并开始从唯物主义的视角探索其本质。此外，劳动的价值往往体现在是否能够解决已存在的问题。电视之所以能够不断吸引受众成为"沙发上的土豆"，是因为他们可以通过电视所提供的感官刺激来判断三种现象。其一，是否存在广告中所述的种种问题，如失眠、掉头发、没精神等各种亚健康病症。其二，发现一种可以买回来解决问题的商品，如机洗专用洗衣液可以把衣服洗得更干净、电动牙刷可以让你拥有更加健康和美观的牙齿、非处方的感冒药可以让你睡得更安稳等。其三，可以帮助受众了解不太熟悉的商品，并为实际购买此种商品做准备。

在伊利诺伊大学传播研究所期间，斯麦兹对以约瑟夫·克拉伯（Joseph Klapper）为代表的坚持实证主义研究范式的传播研究路径进行过猛烈抨击。他指责实证主义研究范式是一种"逻辑实证科学理论"，是"以自然科学的知识论和方法论来要求社会科学，用经验观察来建立有规律的理论体系，其要素是由反证的命题组成的"[3]。进而，他质疑实证主义研究范式是一种"制度历史理论"的研究路径。虽然斯麦兹在20世纪50年代初也做过有关电视受众的实证调查，但

---

[1] Dallas Smythe, Thomas Guback, *Counterclockwise: Perspectives on Communication*, Boulder: West view Press, 1992, p. 19.
[2] 参见曹晋、赵月枝《传播政治经济学的学术脉络与人文关怀》，《南开学报》（哲学社会科学版）2008年第5期。
[3] 郭镇之：《传播政治经济学理论泰斗达拉斯·斯麦兹》，《国际新闻界》2001年第3期。

他很快便发现实证研究存在过于重视行为主义、经验主义等微观层面的调查，而忽视社会制度和哲学思辨等宏观洞察的问题。随着学界越来越追求电视受众研究的实证化、经验化和微观化，斯麦兹进一步对这种研究取向进行了强烈批判，指出对这种简约的、证伪的经验主义研究只会"使智力活动的丰富性降低"。因此，非常有必要从历史唯物主义的视角对理论和行为之间的辩证关系作广阔的历史分析，将电视受众置于政治经济学（特别是马克思主义理论）的较大框架中进行批判。

除了受马克思主义理论改造世界的影响以及对当时美国研究传播实证主义范式的不满之外，斯麦兹一直注重受众的人文关怀。他希望运用马克思主义理论和政治经济学的知识来解释媒介面临的问题，关注媒介的公共利益，迫切希望对电视等公共领域实行有效的控制。在FCC期间，斯麦兹一直致力于广播电视的政策研究，提倡电视机构为消费者的利益服务，并建议提升电视节目质量，提高公民素养，促进教育和文化发展。离开FCC之后，不管是在美国还是在加拿大，斯麦兹都积极参与各种试图促进各国传播媒介发展和形成世界传播新秩序的会议或者运动。

斯麦兹是一个马克思主义制度经济学学者，也是传媒政策的专家，更是位为全球传媒发展和人类公共利益服务的智者。在这样的学术经历、实践经历和理论积累之上，他提出，"自诩为历史物质论的人，在研究大众传播体系之时，提出的第一个问题应该是'它们替资本提供了什么样的经济性服务'，以此进阶，再图了解资本主义生产关系再生产与复制过程中，大众传播体系扮演的角色"[1]。

斯麦兹自20世纪50年代开始的关于电视受众商品论的讨论具有重要意义，尤其应当充分肯定的是，他对美国实证主义的电视受众研究和英国文化研究的电视解码理论的挑战。在解构美国电视受众研究

---

[1] 冯建三：《传媒公共性与市场》，华东师范大学出版社2015年版，第18页。

侧重被动接受的、量化式的实证研究取向和英国文化研究的抵抗式的、协商式的、主导式的阐释型受众路径的同时,斯麦兹确立了从马克思主义和政治经济学的视角批判垄断资本主义制度下电视、受众与广告商之间的关系。这种研究取向弥补了美国电视受众研究因侧重行政导向和市场导向而导致知识生产与权力关系之间的缺失,也为受众批判研究侧重文化维度和政治维度而忽视经济维度的理论"盲点"填补了空白。丹尼斯·麦奎尔认为受众商品论是个独特的理论,"人们可以合乎逻辑地得出这样的结论:大众传媒需要受众,甚于受众需要传媒;同样,也有理由认为,受众研究不过是一种加强控制和管理(或称为操纵)受众的重要工具。"[①] 同时,这一研究导向对处于移动互联网技术日益发达和流媒体视听传播技术迅速崛起之下的电视受众研究提供了重要的启示,对今天电视媒体的资本运作研究也大有裨益。

当然,必须明确指出的是,我们如此肯定地评价斯麦兹的电视受众商品论的理论探索,并不意味着关于政治经济学视角下电视受众被物化的问题已经解决。他对电视受众的积极性、主动性和独特性等问题的忽视也常为学界所诟病,对垄断资本主义体制下电视业中存在的复杂经济关系的考虑不周也是常被批评的地方。实际上,电视受众一直是一个开放性的话题,所有不同向度的研究都是为了确认电视受众这个看似"无定型的、变动中的或不可知的社会存在"[②]。批判的武器不能代替武器的批判。虽然,斯麦兹的受众商品论也不能实现恢复受众自治的主体性,但批判精神的保持和延续却是电视受众研究中不竭的活力。20世纪80年代以后,斯麦兹的学生以及其他后辈学者从不同的角度对"受众商品论"进行了阐释、补充和修正,提出"受众分

---

① [英] 丹尼斯·麦奎尔:《受众分析》,刘燕南等译,中国人民大学出版社2006年版,第19—20页。
② [英] 丹尼斯·麦奎尔:《受众分析》,刘燕南等译,中国人民大学出版社2006年版,第21页。

级论""控制性商品""移动受众商品""数字劳工"等概念,成为受众研究和媒介政治经济学研究的重要成果。

第二节　受众分级论:电视传播系统中的高质量受众与样本受众

美国知名学者艾琳·米汉(Eileen Meehan)曾跟随达拉斯·斯麦兹的第一个博士生托马斯·古贝克从事传播政治经济学的学习和相关研究,并于1983年获得博士学位。如今,米汉是南伊利诺伊大学大众传播和媒介艺术学院的教授。米汉继承了斯麦兹和古贝克在传媒产业方面的政治经济学研究路径,从收视率调查、受众分级、样本受众测量等角度分析了电视媒体控制受众的商业逻辑,拓展了斯麦兹关于受众商品论的批判研究领域。

2010年12月15—16日,艾琳·米汉应邀到复旦大学参加"新马克思主义新闻与传播理论"国际研讨会,并做了《文化研究与批判传播研究》的主题发言。这篇发言稿后来被翻译为中文刊载在《新闻大学》杂志2011年第1期上。可见,作为传播政治经济学研究的新秀,米汉在传播批判研究和文化研究方面的理论贡献已经引起了国内新闻传播学术界的重视。但遗憾的是,学术界对米汉在电视产业和受众方面的研究关注较少。目前国内只有少数学者注意到了米汉的贡献,如曹书乐的著作《批判与重构:英国媒体与传播研究的马克思主义传统》[1]和陈世华的博士学位论文《北美传播政治经济学研究——知识谱系的写法》[2]中对此有所提及,但却没有对此进行深入分析。本文基于原始文献,从电视媒介的性质、收视率调查等

---

[1] 曹书乐:《批判与重构:英国媒体与传播研究的马克思主义传统》,清华大学出版社2013年版。
[2] 陈世华:《北美传播政治经济学研究——知识谱系的写法》,博士学位论文,华中科技大学,2010年。

第四章 过去与未来：受众之作为视听消费市场中的商品

维度梳理艾琳·米汉的理论逻辑和研究取向，认识其在理论和方法上的贡献，以期对国内电视受众研究有所启发。

一 争夺高质量受众是电视产业革命的制胜砝码

一般而言，电视运营模式主要分为公共电视和商业电视。美国的电视事业最早是由大型商业广播公司负责，其经营策略沿袭了已经成熟的商业广播制度，因此美国的商业电视运营模式早在20世纪30年代便确定下来。我们所熟知的美国三大商业电视网，即全国广播公司、哥伦比亚广播公司和美国广播公司，最初都主要经营商业广播。此外，美国影响力较大的商业电视网还有福克斯（FOX）、派拉蒙（the United-Paramount Network）、华纳兄弟公司（Warner Brother）、潘可森（PAXNET）、HBO（Home Box Office）等。虽然也有公共电视存在，但商业电视才是美国电视运营模式的主要特征。

从节目内容上看，娱乐节目占美国商业电视内容的主导。第二次世界大战后，美国各大电视台开始按照联邦通信委员会提出的"公众利益、公众方便和公众必需"的三大要求来播放地方新闻、娱乐节目、文化节目、体育比赛等。20世纪80年代以后，联邦通信委员会废止了自1949年提出的"公正性原则"，实行对电信行业放宽管制，电视网络和有线电视频道的商业化倾向更加凸显。

从盈利模式看，20世纪70年代以前，商业电视网主要依靠在节目中间插播广告来获得经济效益，而后又增加了开通付费频道、出售电视节目及其相关衍生品等方式。1972年，HBO率先改变了经营模式，开创了美国电视运营的新模式，"以通信卫星为主要传输手段，通过遍布全国的有线电视系统直接为观众提供与传统商业电视不一样的节目，并且采取与有线系统分成的方式向用户收费"[1]。此

---

[1] 苗棣等：《美国有线电视网》，中国广播电视出版社2008年版，第4页。

后，美国电视网进入商业化快速发展的新时代。随着联邦政府放宽对电信行业的管制和传媒行业私有化运动的盛行，美国电视产业的集中垄断现象也越来越突出。

20世纪80年代主要是商业电视公司之间并购、重组与兼并的发展阶段。一个或少数几个大型公司控制着电视内容的生产和播映。80年代以后，美国联邦通信委员会取消电视业的所有权限制，法官也撤销了反垄断规制的部门，政府鼓励有线电视网、有线电视频道、有线电视节目和网络电视之间进行纵向和横向的兼并与组合。他们声称，让市场来决定应该如何组织这些传媒公司。结果，传媒公司开始重新改组和扩张业务，各大行业垄断者开始以前所未有的速度融合发展。从结构上看，首先是跨行业融合，传媒公司纷纷开始着力获取尽可能多的媒介传播手段。其次是通过横向和纵向的整合，试图拥有更多品牌的生产和分销权力。如今控制电视的五大跨行业媒体集团是美国在线时代华纳、迪士尼、通用电气、新闻集团和国家娱乐公司的维亚康姆。垄断集团的运营模式主要是基于特定项目的协同实践，试图通过对特定电视产品的衍生开发实现市场多元化。例如，时代华纳与制作《蝙蝠侠诞生》的公司协作生产衍生产品，如小说、光盘、录像带、配乐和漫画书等。时代华纳通过这样的方式与多家公司合作，实现控制图书、唱片、家庭娱乐等相关市场的目的。总之，国家制定了促进电视传播技术私有化和商业化的经济规则、激励措施和保护措施，电视行业在使用公共财产来实现私人的盈利目的。[①]

米汉将电视产业革命的这段历史总结为：商业电视寡头之间主要通过再循环、重新包装、翻新、再利用和重新部署五种行为来实现企业协作和经济效益。"再循环"，是指公司允许一种制造品以其最小的

---

① 参见 Meehan, E., "Watching Television: A Political Economic Approach", Edited by Janet Wasko, *A Companion to Television*, Blackwell Publishing Ltd., 2005, pp. 238–255.

第四章　过去与未来：受众之作为视听消费市场中的商品

改变从原来的地方移动到另外的一个地方。"重新包装",是指将电视节目或者电影重新包装成漫画书、照片小说、书籍和录像合集等。在2001年,维亚康姆曾将六部《星际迷航》电影包装成六套《星际旅行：原创电影合集》重新出售。"翻版",即提供相同作品的多个版本,如《星际旅行：原创电影合集》实际上包含了三部原版电影、两部"导演版"和一部"特别版"。"再利用",是指一部作品的内容被重新用于制作另外一种作品,如将一部电视剧的预告片、宣传照以及部分内容片段用于该电视剧的"三十周年"纪念活动的广告和特辑当中。"重新部署",是指一部电视剧、小说或电影中的标志性场景、人物或内容等被移动到另外一个新的电视剧、小说或电影当中。"星际迷航"中标志性的宇宙画面已经被重新部署在"下一代""太空九号""航海家"以及一些企业标识当中。总之,跨行业协作为商业电视的文化多样性提供了结构性支持。

跨行业寡头垄断对电视传播的影响值得注意。对电视节目来说,这意味着越来越多的广告会出现在电视节目的空当之中,同时更多的产品广告也被植入电视节目内容之中。米汉认为:"传统电视产业集团利用放松管制来消除电视广告、新闻和娱乐的分离,正如他们使用放松管制来消除电视网络、制作单位、有线电视频道和有线电视系统所有权之间的分离一样。"[1] 实际上,政府放松管制促进了五大集团内部的生产、分销和网络一体化,每个集团都拥有尽可能多的电视节目频道,并互相提供节目和制作节目,这表明竞争已经成为一种幻想。这与亚当·斯密所述的"自由竞争"的内涵相去甚远,五大垄断集团正在通过竞争争取胜利,也在通过竞争失败证明自己的价值。

米汉指出,美国商业电视市场实际上包括三个相互联系的市场：

---

[1] Meehan, E., "Watching Television: A Political Economic Approach", Edited by Janet Wasko, *A Companion to Television*, Blackwell Publishing Ltd., 2005, pp. 238–255.

网络委托和选择节目的市场、广告商要求和购买观众的市场以及尼尔森（A. C. Neilsen）公司向广告商和网络出售收视率的市场，即节目市场、观众市场和收视率市场。[①] 为了考察这三种市场之间如何工作，米汉阐释了它们中间存在的六种基本的经济关系。第一，广告商希望存在真正的消费者，即拥有足够的可支配收入、希望获得商品和服务的人。第二，电视网希望广告商生产受众想要购买的东西。第三，电视网与广告商之间的价格冲突引发了需求的不连续性，这为公司争取工业定义打开了空间。第四，结构性的摆动空间使得收视率的制作者可以为了利益而创造性地操纵收视率。第五，收视率、观众和节目的市场是相互联系、相互影响的。因此，在任何特定的时间点，根据评级垄断者的衡量实践和广告商的要求，一部分受众的收视情况将被忽略。垄断者根本没有兴趣测量那些不能给广告商带来利益的受众，如宿舍、营房、监狱、疗养院等地点的受众。这是忽视部分受众的一个制度化原因。第六，这三个市场的顺利运作需要一个单一的评级来源，尼尔森仍然是收视率的垄断者。可见，电视节目、受众和收视率评级在商业需求的结构上已经非常稳定，广告商需要测量高质量的消费者，他们希望通过获得高收视率的节目来购买这些消费者，即吸引目标消费者。

全美最大的有线电视新闻网（CNN）的创办者特德·特纳（Ted Turner）曾对电视产业的商业化运营模式做过这样的比喻："我们很像现代养鸡场的饲养主。他们碾碎鸡脚做肥料，碾碎鸡肠作狗食，把鸡毛做枕囊，就连鸡粪也被制成肥料。鸡的各个部分各得其用。这也就是我们对电视产品所努力采取的做法：充分利用一切"[②]。美国传播学

---

① Meehan, E., "Watching Television: A Political Economic Approach", Edited by Janet Wasko, *A Companion to Television*, Blackwell Publishing Ltd., 2005, pp. 238–255.

② ［英］尼古拉斯·阿伯克龙比：《电视与社会》，张永喜等译，南京大学出版社2001年版，第110页。

者罗伯特·麦彻斯尼（Robert McChesney）也对这种追求商业利益"无所不用其极"的做法进行过尖锐批评。他指出，电视是在以"媒体传递信息"之名，行"企业赚取利润"之实；所谓的自由并不是为了保护他们发表有政治风险内容的自由，而是为了保护他们放弃服务公众利益转而追求利润的自由！①

二 样本受众是电视产业发展的核心要素

为了解电视节目的传播情况和广告效果，以及电视受众的群体特征和观看情况，电视行业和广告商对受众测量非常重视。电视行业需要了解是什么类型的受众在什么时间收看了什么样的电视节目，广告商也需要知道自己的广告投入是否达到了预期效果。因此，收视率调查成了传媒业和广告业都非常重视的工作，正如美国传播学者修·贝维尔（Hugh Bevill）所述："视听率决定广播电视节目的价格及演职员的收入，决定不同长度广告的价格，决定媒体的受众规模，在市场中的排名及媒体的市场价值。媒介机构主要负责人的工资和奖金也依据视听率的高低来决定。视听率甚至影响媒体管理人员及节目制作人员的职位升降及去留问题。"②

美国收视率调查最开始依托于电影和广播的收看收听率调查设备和方法，而后才慢慢有了独立的电视收视率调查系统。最早的收听率调查，是出现于20世纪20年代的广播听众调查。该调查通过听众向电台投递明信片的方式，表明自己听了何种节目、收听效果是否清晰等。电影公司则采取到影院实地观看受众的反应，或邀请受众观看尚未上映的影片，讨论并听取意见。科学性较强的是乔治·盖洛普提出

---

① Robert W. McChesney, *Rich Media, Poor Democracy: Communication Politics in Dubious Times*, The New Press, 2015.
② [美]詹姆斯 G. 韦伯斯特等：《视听率分析：受众研究的理论与实践》，王兰柱、苑京燕译，华夏出版社2004年版，第12页。

的随机抽样、问卷调查、现场投票等受众调查方法，这些方法被用于电影制作和宣传的各个环节。1942年，亚瑟·尼尔森公司开始进入收视收听率调查业，使用听众计量仪调查收音机的收听情况。听众计量仪在50年代也被用于电视收视情况调查。随着调查技术的不断改进，尼尔森收视率调查成为美国电视收视调查服务业中的翘楚。

有关收视率调查的争论较多，大家各执一词。批评者如美国哥伦比亚广播公司总裁、制片人以及联邦通信委员会的工作人员等。他们认为，收视率至上必然影响电视节目制作团队的信心和热情，客观上将限制那些真正具有艺术性、科学性和社会价值的节目的播出，进而影响电视行业的生态和发展。可以说，收视率调查被他们看作是"万恶之源"。但赞成者也不少，如全国播音协会主席温森特·瓦西留斯基就是其中之一。他认为，收视率调查是另一种形式的投票方式。人们可以通过他对节目的选择进行投票，投票多的节目才能被演播。哥伦比亚广播公司的创始人和董事会主席威廉·佩利也指出，收视率调查是经济效益的证明，也是获得经济效益的手段，因而是非常必要的。然而，尼尔森公司却直接否认了"收视率"一说，"就我们而言，根本没有收视率这么一说。收视率，这个词用词不当，因为它听起来像是对节目质量的衡量方法，而我们从不这样做"[1]。不管有关收视率的争论有多激烈，收视率调查一直存在，并持续对美国电视业产生重要影响。

米汉从政治经济学的角度提出，收视率是受众市场与节目市场之间的纽带，收视率调查的重点对象是真正的消费者，而不是普遍意义上的受众。米汉认为，如果我们都是斯麦兹所说的"受众商品"的话，那么受众的行业定义就应该是普遍的，而且每个人都应该具有同样的价值。[2]

---

[1] 李邦媛：《美国电视观众的收视率》，《当代电视》1987年第4期。
[2] Meehan, Eileen R., "Understanding How the Popular Becomes Popular: The Role of Political Economy in the Study of Popular Communication", *Popular Communication*, Vol. 5, No. 3, 2007, pp. 161–170.

第四章 过去与未来：受众之作为视听消费市场中的商品

但实际上，随着时代的改变，消费者的类型和价值也会改变。

20世纪50年代至60年代，广告商最看重尼尔森报道的观众总数，这使得哥伦比亚广播公司一直领先于美国广播公司（NBC）。在20世纪60年代，美国无线电公司（RCA）发起了一场劝说广告商的调查。该调查显示，年龄在18—34岁的观众群最具有商业价值，并指出NBC在吸引尼尔森样本成员方面表现出色。根据这项调查结果，1963—1970年，广告商和三大电视网更加认真地对待18—34岁观众，尤其是该年龄阶段的城市观众。20世纪70年代以来，随着更多的中产阶级女性走上工作岗位，广告商便开始关注18—34岁的事业型女性。随着受众群体消费水平的变化，尼尔森在20世纪80年代的调查中扩大计量样本，将更多受众纳入样本调查之中。到20世纪90年代，高档家庭中18—34岁的白人男性电视受众成为广告商最为看重的样本受众。目前，尼尔森媒体研究部正在响应广告商、有线电视频道所有者、网络视听媒体等的要求，扩大18—34岁的样本受众数量，测量在校大学生、兄弟会、姐妹会、校外住宿大学生等的收视数据。

从以上有关样本受众群的演变简述可以看出，并非所有的电视受众都是商品受众，某些受众实际上比其他人更有价值。因此，米汉认为达拉斯·斯麦兹所提出的"受众商品论"存在一些值得商榷的地方。毫无疑问，"受众商品论"在揭示出电视受众受垄断资本主义媒介传播体系所剥削的本质特征方面具有深刻的洞察力，但这种观点并不适合所有受众，尤其是那些大力支持媒体发展的受众。米汉认为，斯麦兹在为我们展示受众、电视机构与广告商之间的抽象关系时，忽略了这样一个事实：绝大多数受众既没有足够的被剥削的经验，也缺乏对商品市场的理性认知。对于电视网来说，节目只是广告的媒介，也是获得高收视率的手段。但对于受众而言，节目可以发挥许多功能，如提供背景音、参与社会交流、宣泄情感等。斯麦兹揭露了由广告主支持的媒体行业作为文化产业的经济属性，但由于过于关注商业利益对文化产业的控制，导致忽视文化产业本身的功能。①

米汉提出，从定义上说，"商品受众"与普通受众是不同的，最有商业价值的节目内容可能不会受到具有实际购买力的电视受众的欢迎，而"商品受众"是指那些具有购买潜力的电视受众。当前，收视率调查的普遍做法是衡量所有受众的观看行为，意味着收视率是受市场支配，而不受科学方法的支配。因此，收视率调查不是反映普遍受众的观看品位的可靠指标，它只是对广告商和电视节目提供商在广告的叙述形式、任务类型和标志性元素等方面的商业品位的衡量标准，也是广告商之于受众的最有价值的诱饵。②

米汉援引了马丁·阿诺尔（Allor, 1988a）的相关论述，在"多样性的统一"的认识论框架下提出了电视受众的十种分级类型：电视用户、入场观众、频道冲浪者、多屏幕观看者、偶然观众、专注的观众、参与的观众、解说团体的成员、粉丝消费者和自编程序员。"电视用户"，是指受众在使用电视的同时做着其他事情，如准备晚餐、交谈、打扫卫生等，观看电视的过程没有投入太多的注意力和卷入度。"入场观众"，指最小限度地关注和掌握电视内容，以此来判断电视节目何时值得观看，并从实际关注的内容片段中理解一些情况。"频道冲浪者"，是指使用遥控器在广告中或节目单中搜索需要观看的内容。"多屏幕观看者"，是指使用多套设备观看多方位、多通道的显视图。体育迷是最常见的多屏幕观看者。"偶然观众"，是指随意观看电视内容以获得休闲享受的观众。"专注的观众"会选择性地观看自己喜欢的内容，忽略那些自己不喜欢的东西。"参与的观众"，是指一直观看

---

① Meehan, Eileen R., "Understanding How the Popular Becomes Popular: The Role of Political Economy in the Study of Popular Communication", *Popular Communication*, Vol. 5, No. 3, 2007, pp. 161 – 170.

② Meehan, Eileen R., "Understanding How the Popular Becomes Popular: The Role of Political Economy in the Study of Popular Communication", *Popular Communication*, Vol. 5, No. 3, 2007, pp. 161 – 170.

和重看某些电视片段,希望从观看的内容中获得专业知识的受众,或者是与创作者和演员等就节目内容进行交流的受众。"解说团体的成员",是指把对同一内容有共同兴趣的一群人聚集在一起,通过个人互动、小组会议或媒体通信等方式形成一个以解读活动为目的的受众社群。"解说团体的成员"一起讨论节目内容以及内容之外的世界。"粉丝消费者",是某些电视内容的忠实消费者,他们往往是可以被塑造和被商业化的观众。"自编程序员",是指使用录像机、DVD等复制和制作电视节目,以便创建自己观看时间表的受众。在上述受众类型中,只有"专注的观众"和"解说团体的成员"两类受众是专注地观看电视节目内容,而其他类型的受众都不建议更换频道或插入广告。但实际上,收视率调查并不是关注受众对电视内容是否享受或参与度是否高,而是只衡量受众的观看状态。收视率调查不能体现出受众接触电视的多种动机和需求,因为收视率调查根本不考虑受众的观看需求,它只关注量化的受众,只与广告商的经济动机密切相关。

由此,米汉提出,样本受众才是电视收视率调查的核心要素。获取更多的受众是电视商业竞争的有效途径,但获取所有受众的信息是不可能的,因此将电视受众进行分级才是可靠的做法。受众可以分为样本受众和普通受众。收视率调查便是通过对样本受众的数量、规模、类型、偏好等特征的准确把握来推断所有受众的电视使用情况。换句话说,电视制作机构应该根据样本受众的数据信息来提供节目内容,为样本受众之外的人提供节目的做法是不明智的。可见,样本受众和收视率调查对于电视的产业化发展非常重要,正如文森特·莫斯可所说的那样,"收视率是控制论意义上的商品,因为它们在促成商品生产的过程中也建构为商品。具体而言,收视率是电视节目商品化的重要元素,但它本身也是收视率调查业的核心产品……它们代表了媒介商品化过程的进步,也就是控制论商品的发展。它们是这类商品家族的一部分,它们都起源于总体化的监督控制程序，它们运用了发达的传播和信息技术"①。

三 在媒介传播的系统语境中进行电视受众批判研究

米汉曾在一段采访中指出，传播政治经济学研究因其观点太激进而被美国的媒体研究和传播研究领域边缘化。② 确实，传播政治经济学研究在思考媒体政治、经济和文化问题时采用了比较激进的研究方法，导致传播政治经济学研究处于尴尬地位。米汉认为，文化研究是一个研究领域不是一种研究方法，而传播政治经济学研究也同样是一种聚焦媒体语境的研究方法，因此她建议建构一种将政治经济学和社会文化相结合的语境化的研究路径，反对一再指责和歪曲传播政治经济学研究的做法。

以马克思主义理论作为研究视角的优势在于，它不仅能够提供有力的经济结构说明，还能清楚地阐释经济结构对政治和意识形态的影响。在传播研究方面，政治经济学的视角一直是批评方法的中流砥柱。政治经济学家已经对媒体行业进行了大量研究，阐释了媒介产业所有权、公司结构、金融资本和市场结构之间的联系，揭示了经济如何影响技术、政治、文化和传播。但传播政治经济学研究也经常被指责和歪曲。有些学者还批评赫伯特·席勒（Herbert Schiller）和罗伯特·麦克切斯尼（Robert McChesney）等人所推崇的传播政治经济学研究传统是一种还原主义和经济主义。米汉认为这些说法是源于对研究视角的理解不充分所致。

北美传播政治经济学研究不仅涉及电视、广告、电影、视频游戏、音乐、数字媒体等广泛的媒体行业，而且还涉及受众测量、评级分析、

---

① [加] 文森特·莫斯可：《传播政治经济学》，胡正荣等译，华夏出版社 2000 年版，第 147 页。

② Eileen Meehan, Mia Consalvo, "Introducing the Issues: An Interview with Eileen Meehan", *Journal of Communication Inquiry*, Vol. 23, No. 4, 1999, pp. 321–326.

第四章 过去与未来:受众之作为视听消费市场中的商品

受众文化、隐私和知识产权等层面的问题。因此,米汉提出,传播政治经济学研究是一种语境化的研究方法。语境化研究反对"经济还原论",因为媒体行业与制鞋业、餐饮业不同,媒介产品为受众提供了叙述和想象现实世界的可能性。不管传播技术和接收技术如何,媒体产品是由艺术家或专业人员创造和制造的工艺品和商品,是向受众提供信息和传播意识形态的载体,也是广告商衡量商品受众的一种定位方式。[1] 因此,应该把媒介传播系统当作是一种研究语境,不仅要关注媒体公司和商品市场,还要关注那些集体创造媒体产品的人、产品本身以及参与或接触产品的人。同时,语境化研究视角也会关注受众对媒体传播机制的反作用。如有些学者关注媒体在国家层面如何反映广泛的公共利益,而另一些人则关注国家层面的媒体改革与基层媒体实践之间的关系。米汉自己也身体力行,将女权主义理论纳入了传播政治经济学研究的语境当中,探讨了媒体中女性形象、女性干预和女性利用新闻媒体作为表达手段等问题。因此,传播政治经济学研究同文化研究、社会学研究一样,都是一种基于媒介语境的研究方法。对于许多学者来说,政治经济学、文化研究和社会学研究之间的概念或方法论的分歧已经基本崩溃,已经产生了将这些领域优雅和精致地综合起来研究的学者。[2] 米汉进一步指出:"同为'牛虻'的传播政治经济学与文化研究应该抛弃'意识形态成见',建立一个统一的'批判学派',合力对抗'右翼'传播学研究,为'批判'的传播学研究共同体争取更多利益。"[3]

---

[1] Janet Wasko, Eileen R. Meehan, "Critical Crossroads or Parallel Routes? Political Economy and New Approaches to Studying Media Industries and Cultural Products", *Cinema Journal*, Vol. 52, No. 3, 2013, pp. 150–157.

[2] Janet Wasko, Eileen R. Meehan, "Critical Crossroads or Parallel Routes? Political Economy and New Approaches to Studying Media Industries and Cultural Products", *Cinema Journal*, Vol. 52, No. 3, 2013, pp. 150–157.

[3] Meehan, E., "Between Political Economy and Cultural Studies: Towards a Refinement of American Critical Communication Research", *Journal of Communication Inquiry*, Vol. 10, No. 3, 1986, pp. 86–94.

2010年米汉在复旦大学发表演讲时进一步阐释了美国的文化研究现状,她将美国的文化研究分为欢庆式研究和批判式研究。欢庆式研究通过文本细读和粉丝文化研究等途径为美国文化唱赞歌,占据着美国文化研究的主流。批判式研究由于受到法兰克福学派思想的影响,将媒介文化视为文化工业,对媒介文化中的意识形态色彩进行批判。20世纪70年代晚期以后,大多数美国的批判学者在法兰克福学派思想的基础上吸收了英国文化研究学者在研究方法和研究视角方面的学术营养。米汉认为,要让批判研究重新焕发活力就需要从四个方面进行改进:第一,用唯物主义术语重新定义文化;第二,辨明两种文化之间的区别,第一种是人类在社会交往中共同创造的文化,第二种是在工业和法律规制下的企业所生产的文化产品;第三,工业媒介产品必须在其政治经济语境下进行理解;第四,抛弃文本和细读的隐喻。[①]人的能动性和结构化过程是同时存在的,因此批判研究必须要明确文化所处的生产环境和社会环境,只有在语境化的情境之下展开研究,才能实现从理论上推进受众批判研究的发展进程。

第三节　受众注意力:"混合模型"与电视受众的"观念市场"

新媒体技术的发展为受众提供了丰裕的媒介信息,同时也推动了传受观念的变革。受众不再是传统媒介传播的线性接受者,而是拥有更多主动性和自主性的媒介使用者。"受众"的能动性得以彰显,而此前的"被动性"受众观念似乎已经不合时宜。然而,受众的主动性和自主性真的会随着媒介技术的变革而增强吗?受众行为的变化会给受众测量带来哪些改变呢?受众内涵的改变是否会影响到"商品市

[①] 参见[美]艾琳·米汉、赖昀《文化研究与批判传播研究》,《新闻大学》2011年第1期。

场"的未来呢？这些都是我们在欢呼技术赋权的同时需要认真思考的问题。在这场由媒介发展推动的传受观念变革中，对"受众"的理解若能既考虑网络视听传播机制，又能观照受众本身的普遍特征，还能突破过去经验研究或批判研究的固有框架，或将对中国乃至全球的受众研究大有裨益。

20世纪80年代以来，美国著名传播学教授詹姆斯·韦伯斯特（James G. Webster）一直关注受众行为模型、受众节目选择、收视率调查与分析等问题。他的著作《视听率分析》（与 Patricia Phalen 和 Lawrence Lichty 合著）于2004年被译介到中国，书中所阐述的收视率评估机制和分析方法曾对国内的收视率研究产生了重要影响，韦伯斯特也因此被国内学者所熟悉。2017年，韦伯斯特的又一本著作《注意力市场：如何吸引数字时代的受众》被译介到中国。在这本著作中，他对数字时代的受众行为模型、受众测量机制、能动性困境、"观念市场"的未来等问题都进行了深刻分析。中国传媒大学刘燕南教授曾给该书写过书评，即《数字时代的受众分析》，发表在《国际新闻界》杂志2017年第3期上。此外，还有一些相关的评论文章发表在报纸上，如《警惕沦为数字时代的"囚徒"》（2017年3月9日的《新华日报》）、《数字时代的清醒思考——读詹姆斯·韦伯斯特〈注意力市场：如何吸引数字时代的受众〉》（2017年2月的《经济参考报》）。然而，韦伯斯特对受众研究的贡献并不仅仅在于对上述问题的探讨，也没有局限于对数字时代受众形态的把握。实际上，韦伯斯特不仅阐释了受众能动性的困境、数字时代受众测量的利益博弈、"观念市场"等问题，还提出了受众研究"混合模型"等概念。通过对《视听率分析》《注意力市场：如何吸引数字时代的受众》以及数篇相关英语文献的研读和梳理，本文力图准确地把握韦伯斯特的受众观念及其理论内涵，呈现其思想活力和学术价值，为数字时代的受众研究提供参考。

一 电视受众的"继承效应"、文化亲近性与行为偏好

受众一直是媒体研究关注的重点,也是大众媒体组织存在的理由之一,但这个看似寻常的术语却难以在学术界获得统一的认识。有人称它是学界和业界共同认可的一种表述,有人却认为并没有真正的"受众",只存在关于"受众"的各种观念。数字传输技术和电视制播技术的发展,为受众提供了更多的内容选择和更便捷的接收渠道。这些从客观上进一步促进了受众的自主性和能动性的提升,"受众"的内涵也随着媒介技术、媒介传播机制、媒介环境的变革而发生变化。在《社会的构成》一书中,安东尼·吉登斯主张将人的行为与社会结构综合起来考察社会系统的构成,意在强调社会系统是由行动者与社会结构相互促进和制约而构成的。在吉登斯理论的影响下,韦伯斯特从结构化理论的视角指出,数字时代的受众不是完全意义上的生产者和消费者,"继承效应"、文化亲近性、行为偏好等结构性因素仍然会限制受众的媒介使用行为。

"继承效应"是指受众在连续播放的电视节目之间保持连续观看程度,也被称为"导入效应"。韦伯斯特(1985)认为,相邻节目被观众连续观看的普遍现象主要是观众可用性的结果。也就是说,背靠背排列的节目很可能会因为同样的人在相邻的时间段内可用(即看电视)而享受高度的重复。[1] 在电视发展的早期,受众基本上只能在三或四个频道当中选择内容,而遥控器、DVD、录像技术等的广泛使用给受众带来了更多的选择机会,使得受众有数百个频道和不计其数的内容可以选择。有趣的是,韦伯斯特还发现,那些优秀的电视节目在受众继承效应方面依然做得很好,这也是收视率显著的原因。过去20

---

[1] James G. Webster, "Audience Flow Past and Present: Television Inheritance Effects Reconsidered", *Journal of Broadcasting and Electronic Media*, Vol. 50, No. 2, 2006, pp. 323 – 337.

年来，学界普遍认为电视受众已经变得越来越分散，因为黄金时段电视节目的平均收视率只有一位数。网络电视节目的收视率也出现了相应的下降，因为网络调查针对的是较窄的人口统计规模。这些被统计的受众往往通过有限的频道库或"事实上的选择性"将大量节目排除在选择之外，所以高收视率的节目越来越少见。但韦伯斯特没有发现"继承效应"正在消失的证据，"受众重复观看与相关预测变量之间的关系现在（2006）和1982年一样强烈，未来的继承效应是否会继续存在是一个悬而未决的问题"[1]。

一般而言，大多数有关受众选择的媒介研究都依赖心理学中的个人心理倾向理论来解释其行为模式。但韦伯斯特发现，媒介环境的结构特征在决定受众的媒介选择方面起着更为重要的作用。韦伯斯特认为，媒介使用行为是由受众的媒介选择和结构性资源相互构造而成，在"线性媒体"和"非线性媒体"环境之下受众如何利用媒体环境提供的资源来制定偏好，以及受众的媒介行为又如何反过来塑造社会结构等问题值得关注。在广播、电视等"线性媒体"占主导时期，电台节目和电视内容按照受众何时何地有空使用媒介而编排。而"非线性"传输系统如视频"点播"、DVR（视频录像机）、网站或者通过互联网下载的媒体内容等方式出现之后，受众的选择面更广，且媒介使用的时间和空间界限也被打破了。线性媒体时期，电视广告商可以依据受众日常生活的时间安排和受众流的稳定情况来预测节目收视率，从而预先买断大部分的电视广告时间。因此，韦伯斯特认为："线性媒体提供了一项重要工具，使人们能够在建构受众时有一定的把握。如果能在对的时间、对的平台播出，新闻节目便能在竞争中取得优势。"[2] "非

---

[1] James G. Webster, "Audience Flow Past and Present: Television Inheritance Effects Reconsidered", *Journal of Broadcasting and Electronic Media*, Vol. 50, No. 2, 2006, pp. 323-337.

[2] ［美］詹姆斯·韦伯斯特：《注意力市场：如何吸引数字时代的受众》，郭石磊译，中国人民大学出版社2017年版，第73页。

线性"传输系统，不仅改变了媒介使用的时间和空间结构，而且提供了丰裕的媒介信息。非线性媒体消费造成的结果，是受众在不断扩张的信息宇宙中寻找想要的东西，于是搜索和推荐这两个基本机制便应运而生。搜索机制帮助受众找到想要找的东西，而推荐机制则提醒受众注意那些原本不一定要查找的内容。

韦伯斯特认为，"文化接近性"也是受众媒介偏好的重要因素之一。"人们生于何地、说何种语言、所在文化的行为规范是什么，都影响了媒介使用。人们并非这些结构的囚徒，却往往在日复一日的活动中延续了结构。"[1] 得克萨斯州的休斯敦是美国第四大西班牙裔人口集中的地区（尼尔森媒体研究，2006），比较这里的受众群体的媒体使用情况，可以看到他们在媒介选择行动上的接近程度。通过利用阿比创（Arbitron）[2] 提供的便携式人流量表（Portable People Meter）数据，韦伯斯特和克斯尔扎克（Thomas B. Ksiazek）的研究比较分析了得克萨斯州休斯敦的说西班牙语的西班牙人、说英语的西班牙人和非西班牙裔美国人的电视使用模式。这项研究的结果证实了语言是媒体受众形成的有利因素，但也显示了比"文化接近性"更加复杂的维度。总体上看，语言似乎解释了非西班牙裔和西班牙裔的大部分选择。讲英语的西班牙裔学生接受来自不同文化的媒体，更具有多元文化的流动性，相反，单语受众似乎更愿意选择文化接近的媒体内容，媒体选择的范围有局限。与此同时，说英语的西班牙裔学生在电台和电视台的整体使用方面处于非西班牙裔和西班牙裔之间的中间地带。他们不同于任何其他受众，他们能在使用各种语言的媒介内容之间轻松转换。可见，语言相似性只解释了受众重复方面的一小部分差异。这表明，这些受众成员具有一种多元文化的流动性。因此，从逻辑上讲，人

---

[1] ［美］詹姆斯·韦伯斯特：《注意力市场：如何吸引数字时代的受众》，郭石磊译，中国人民大学出版社2017年版，第46页。

[2] 专门负责地方收视率业务的调查公司。

们会讲的语言越多，选择不同媒介内容的机会就越多。具备多种语言能力，可以帮助受众在不同的文化内容之间移动选择，进而理解不同的文化内涵。社会学家有时将这种人称为"文化杂食者"，其行为与其他文化资本标志正相关。随着更多不同语言、不同文化接近度的媒介内容出现，受众会变得越来越"杂食"。

受众的"继承效应"、文化亲近性和其他结构性因素对媒介使用的影响不会在数字时代消失，受众的个人偏好也很难会随着技术发展而发生根本性变化。从长远来看，受众的内容偏好是被电视机构所精心建构的，各种收视习惯也是由电视媒介所培养起来的。数字时代海量丰富的内容虽然可以让受众拥有更多选择，但也会让受众难以选择。受众常常会在自己预设的范围内设置专属的"保留曲目"，以避免出现难以选择的困惑和适应偏好习惯。受众也会借助各种网络排行榜、社交网络分享和推荐机制接触不同的媒介内容，从而无形中陷入各种媒介机构的利益陷阱。实际上，"推送"服务在为受众提供便利的同时，很容易让受众陷入"从众效应"中。更严重的是，推荐机制在控制受众注意力的同时，将受众的选择局限在有限的内容当中，使其错过更加多元化的媒介信息，进而在思想上控制受众。可见，受众的自主选择性和能动性并没有因为数字时代的到来而有根本性的变化。

二 "混合模型"：数字媒介环境下受众研究的综合视角

电视受众研究者们主要根据不同的研究视角将受众观念分为不同类别，与此不同的是，韦伯斯特则将电视受众观念看作是由三个基本模型相互交叉构成的"混合模型"（Mixed Models）。这三个基本模型是受众作为大众、受众作为结果、受众作为代理人。它们分别代表了三种不同的受众研究传统。"受众作为大众"，即受众被看作是散布在时空之中的一大群人，他们自主行动，相互之间较少有接触与交流。韦伯斯特认为，如果把电视产业研究和与受众有关的各种社会调查分析也当作受众研究的话,"受众作为大众"可以说是受众研究的"主导模式"。这种研究模式的核心问题是"受众使用什么媒体",包括媒体使用习惯、受众反应模式等,但不包括受众对媒体内容的解读。"受众作为结果"将受众的媒体使用习惯和思考方式看作是媒体传播的结果,重点关注"媒体对人们做什么"。有关电视在政治宣传、暴力等方面的研究,为"受众作为结果"提供了大量的文献资料。例如,卡尔·霍夫兰的说服研究将易被说服的受众概括为信息的被动接受者,乔治·格伯纳认为电视对受众的认知具有长期的、潜在的影响等。该研究模式不仅受到了心理学、社会学、实证研究等观念的广泛影响,而且还在社会科学、媒介工业和政府决策领域中被大量应用。自使用与满足研究和文化研究兴起以来,受众被视为主动的媒介使用者和信息解码者,"受众作为代理人"的研究模式也随之出现。这种研究模式将"人们在媒体上做什么"视为研究重点,关注受众的媒介使用行为和与其所处的社会和文化环境之间的关系。这一模式是一个理论视角的混合体,文化研究学者和效果研究的追随者都曾加入到该模式的研究当中。文化研究学者受到符号学、人类学和政治经济学的熏陶,认为受众是媒介信息的"积极阐释者"。

总体上看,上述三种受众类型强调受众基于结构性因素和个体性因素来使用电视媒介。结构性因素强调电视使用的便捷程度、电视节目的编排模式等如何培养了受众的观看习惯,而个体性因素则更多地关注心理需求、内容偏好等对受众的媒介使用和内容选择的影响。收视率调查可以呈现出受众的数量、规模、偏好、内容选择等总体信息,但媒体的结构性因素和个体性因素、受众的结构性因素和个体性因素却被收视率指标所忽略。因此,韦伯斯特认为有必要建构一个将结构性因素、个体性因素和收视率测量机制有机结合的受众研究新模型,即"混合模型"。

韦伯斯特指出:"'混合模型'存在于前三种模型相互交叉的位置,这些交叉部分展示了更复杂的受众概念,体现了两种或多种研究类型的基本属性。"① "混合模型"包含着四种情况：其一，"受众作为大众"与"受众作为结果"相结合的研究模式。这种模式主要通过研究受众使用了什么媒介和使用媒介做了什么来达到科学管理的目的，因此往往将受众视为被动的、易受操纵的群体。民意调查、电视影响研究、培养分析便属于这种研究模式。其二，"受众作为大众"与"受众作为代理人"相结合的研究模式。该模式主要是围绕着受众的媒介使用模式、文化品位、文本阐释进行社会学和符号学研究。其三，"受众作为结果"与"受众作为代理人"相结合的研究模式。其四，是上述三种情况的交叉地带，即"观念市场"。受众研究的"混合模型"揭示受众的媒介使用过程包含着复杂的结构性因素和个性化因素。该模型的基本情况可以从下图（如图4-1所示）中看出。

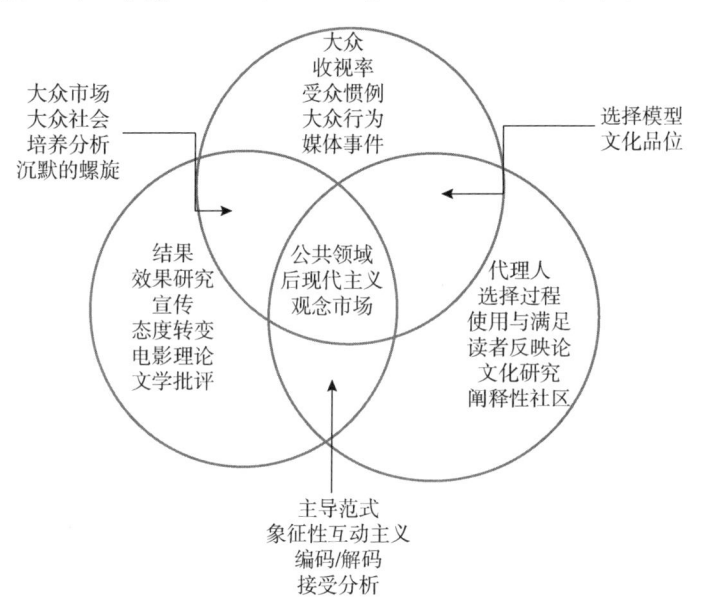

图4-1　电视受众研究的"混合模型"②

---

① James G. Webster, "The Audience", *Journal of Broadcasting and Electronic Media*, Vol. 42, No. 2, 1998, p. 190.

② 参见 James G. Webster (1998)。

韦伯斯特的"混合模型"对受众研究有两个方面的重要贡献。一方面,"混合模型"显示了与之前的各种受众研究范式的融合与决裂。从受众研究的总体类型出发,改变了以往从单一维度考察受众形态的研究视野,将媒介效果研究、使用与满足研究、文化研究、阐释性研究、接受分析、媒介事件、公共领域研究、收视率测量等内容全部引入受众研究当中,标志着建立在超学科视野基础上的受众研究的新纪元。另一方面,该模型为数字时代的媒介受众研究提供了新的理论框架,启迪我们去思考媒介融合环境下的传受关系以及受众形态的复杂性。韦伯斯特的《注意力市场》一书就是运用这一理论框架的经典之作。

三 注意力市场与媒体测量的新机制

数字媒介环境之下,丰富、多样的媒介信息和接收终端与有限的、分散的受众注意力之间的矛盾十分尖锐,受众是谁、受众如何消费信息、媒介信息是否能按预期准确达到受众等问题也十分突出。韦伯斯特认为,要想准确地理解数字时代的受众形态和媒介市场,必须引入一个能强调受众与媒介结构相互动的理论框架。因此,在援引吉登斯的结构化理论后,韦伯斯特提出了"注意力市场"框架。这个理论框架将受众、内容提供者、媒介测量三者相融合,构成了"注意力市场"三足鼎立的结构形态:受众提供注意力,电视内容占有注意力,收视率调查的目的是评估注意力。该理论框架在一定程度上打破了以往受众形态研究中的因果论视角和个体论视角,更注重受众、媒体、收视率调查之间相互依存的关系,凸显出了媒体和媒体测量在受众研究中的位置。

在《注意力市场:如何吸引数字时代的受众》一书中,韦伯斯特指出,数字化时代的媒体结构不仅包括电视频道、网站、网络链接等各种分散的传播体系,还包括收视率调查服务、搜索服务、推

第四章 过去与未来：受众之作为视听消费市场中的商品

荐机制等监测和指导受众媒介使用的各种信息机制。与受众相关的结构因素，不仅包括扎根于日常生活的闲暇时间、社会经济地位、文化接近度等，还包括由媒体塑造的媒介使用行为。因此，考察数字时代的受众注意力，不仅要特别注意受众与媒介机构之间的相互影响与相互建构，还要通过测量机制让受众与媒介机构之间了解彼此。

在有关测量机制的讨论中，韦伯斯特强调了测量机制带来的各种风险。在内容丰富的数字时代，受众的媒介选择依赖媒介测量，因此测量机制中所包含的偏见和风险也形塑着受众的使用行为和习惯，甚至改变着媒介文化的生态与风貌。首先，视听率是媒介机构、测量机制和测量机构共同建构的，而且建构的方式也会影响到它所确定的测量内容。"虽然好的测量手段充分利用了最佳的科学方法，但是最终的测量结果永远无法完整地、完全客观地捕捉媒体的使用情况。相反，它们是商业考量的结果，反映的是市场的政治经济学现实。测量公司在这些限制条件下选择研究方法和结果的报告方式，这些选择所产生的测量数据和服务，在某些方面不可避免地具有偏见。"[①] 其次，大数据分析也并非完全客观，海量的受众收视数据并不意味着数据分析的方法不再重要，"数据从来不会自己说话。数据必须经过分析才能产生意义。数据必须要厘清、加权、整理"[②]。所有媒介测量手段都是人创造的，但它并不会引起所有人的重视。因此，当媒介测量以强有力的方式进入注意力市场时，媒介内容与数据结果鼓励受众看到的内容将会非常相似。最后，网络排行榜、热搜、朋友圈推送等推荐机制也会直接影响受众的关注行为，"但是，这些机制从来都不是中立的，

[①] ［美］詹姆斯·韦伯斯特：《注意力市场：如何吸引数字时代的受众》，郭石磊译，中国人民大学出版社2017年版，第83页。

[②] ［美］詹姆斯·韦伯斯特：《注意力市场：如何吸引数字时代的受众》，郭石磊译，中国人民大学出版社2017年版，第98页。

有其隐蔽的动机。即便是搜索引擎也有偏见"①。作为媒体的消费者和创造者,今天的受众无疑比以往任何时候都要活跃得多,但他们接触的媒体结构依然不是中立的或固定的。受众的媒介使用行为塑造着媒体结构,媒体结构也在塑造着受众的媒介使用行为。

数字时代的电视受众已经不是只坐在电视机前观看节目的受众,还包括那些使用各种移动网络设备观看电视节目的受众,因此,"电视受众"这个概念越加泛化,媒介受众/用户成为更为常用的词语。但是,不管是电视网时代、多频道切换时代还是数字电视、数字媒体时代,受众测量分析始终是受众研究中非常重要的领域。虽然传统电视受众的测量机制与数字时代新媒体的测量机制在技术设施、测量方法、指标体系、数据分析等方面有所不同,但测量机制的最终目标仍然是争夺受众的注意力。与传统电视依靠节目编排、节目内容等方法获取受众的有限注意力不同的是,数字时代的内容传播渠道会依据受众的观看经历和偏好向受众推荐内容,进而达到"拉取"受众的目的。因此,数字时代的受众测量机制在原来的收视率调查评估的基础上,增加了媒介推荐的机制测量。在受众行为的"整合模型"中,受众和媒体所包含的结构性因素和个性化因素在推荐机制中依然得到充分体现,因此,推荐机制成为测量无限媒介内容与有限受众注意力的新工具。值得注意的是,这个新工具在为受众提供内容选择的便利时,也把受众的个性化呈现在测量结果中,进而促进新的推送机制和测量服务的诞生。

四 作为隐喻的"观念市场"与受众的两极分化

受众研究"混合模型"中的最中心部分属于"观念市场"研究。

---

① [美]詹姆斯·韦伯斯特:《注意力市场:如何吸引数字时代的受众》,郭石磊译,中国人民大学出版社2017年版,第74页。

第四章 过去与未来:受众之作为视听消费市场中的商品

"观念市场"(marketplace of ideas)又称为"意见市场",既是多元观点的表达和碰撞之地,也被认为是一种发现真理的方式。这个概念在尤尔根·哈贝马斯眼里便是"公共领域",是公民自由集合、表达和权衡不同观点的空间。

韦伯斯特认为,"观念市场"表面上看起来是空的,实际上它代表着一个多种受众观念可在其中自由流动的空间。在受众研究中,"观念市场"模式包含了"作为结果的受众"和"作为代理人的受众"两个模式的主要特点。该模式既赞同受众的行为方式可能是在为社会辩解,又承认受众可以自由选择不受限制的媒介产品,能够按自己的利益行事。因此,"观念市场"也面临着危险:一方面,观众被描绘成熟练的文化读者和脱离意识形态操纵的意义制造者;另一方面,它们被现代媒体系统所消耗。[①] 所以韦伯斯特提出:"'观念市场'可能是一个有价值的隐喻,但它是一个抽象概念。它提供了一个值得追求的理想,却从未完全实现。它不可避免地过于强调某些东西,过于忽略另外一些东西。我们所能期望的最好结果是,能够在凝聚我们的力量和分裂我们的力量之间达到合理平衡。"[②]

学术界对数字时代会出现什么样的"观念市场"存在分歧。乐观主义者认为,受众的参与会越来越积极,未来的"观念市场"是开放和多元的,"(公民的)角色不再局限于读者、观众和听众。他们开始让公共议程设置不再依赖于管理者的判断,这些管理者的工作是在注意力市场上出售最大数量的读者、观众和听众"[③]。而悲观主义者则强调数字时代的受众容易两极分化,可能限制公共领域的多样化,进而削

[①] James G. Webster,"The audience",*Journal of Broadcasting and Electronic Media*,Vol. 42,No. 2,1998,p. 190.
[②] [美]詹姆斯·韦伯斯特:《注意力市场:如何吸引数字时代的受众》,郭石磊译,中国人民大学出版社2017年版,第153页。
[③] [美]詹姆斯·韦伯斯特:《注意力市场:如何吸引数字时代的受众》,郭石磊译,中国人民大学出版社2017年版,第158页。

弱"观念市场"。① 通过对数字时代电视传播新特点的分析，韦伯斯特指出，节目多样化、接收渠道差异化以及渠道和内容的关联性导致了受众行为的分化和极化，进而影响到受众注意力在"观念市场"中的分配。②

"分化"描述了曾经集中在几个观看选项上的大量受众变得更加分散的过程。这在美国电视业发展过程中是有据可查的。尽管较早的主流广播网络（即 ABC、CBS 和 NBC）的受众人数仍然远远高于其较新的竞争对手，但是竞争的总和已经受到影响；一个广播网络曾经可能指望占据电视受众中的30%或40%的份额，如今能拥有两位数的观众份额便已是幸运。③ 分化可能意味着，受众对电视内容的选择更加多元化、更加分散，多数人致力于观看少数节目的情形难以再现。

"极化"即受众的两极分化，它描述的是一大群受众的收视行为。在以往只有有限节目可供选择的媒体环境中，受众极化的可能性也是有限的。在新媒体环境之下，有两个原因会造成受众两极分化：（1）内容与频道的相关性；（2）这些频道的差异化可用性。④ 媒体选择的经济模型、满足主义理论以及数十年的行业实践证明，不同类型的人喜欢不同类型的节目，他们根据喜好来选择和满足各种需求。现代电视网络的设计就是考虑到这一点，专门设计了包括新闻、体育、音乐、电影、历史、艺术、科学、科幻、宗教、喜剧、漫画、烹饪、天气等专业频道。有的电视网络提供更多种类的节目类型，但也更明确地迎合男性、女性、儿童、黑人或拉美裔受众。实际上，媒体环境的结构性变化也迫使一些频道的潜在受众不再观看该频道的内

---

① ［美］詹姆斯·韦伯斯特：《注意力市场：如何吸引数字时代的受众》，郭石磊译，中国人民大学出版社2017年版，第158页。

② James G. Webster, "The Television Audience Behavior in the New Media Environment", *Journal of Communication*, Vol. 36, No. 3, 1986, p. 77.

③ James G. Webster, "Beneath the Veneer of Fragmentation: Television Audience Polarization in a Multichannel World", *Journal of Communication*, Vol. 55, No. 2, 2005, pp. 366–382.

④ James G. Webster, "Beneath the Veneer of Fragmentation: Television Audience Polarization in a Multichannel World", *Journal of Communication*, Vol. 55, No. 2, 2005, pp. 366–382.

容。这便是韦伯斯特所说的电视受众两极分化。遗憾的是,现有的媒介理论和实证证据都不能确定观众两极分化的广度和深度。

伊莱休·卡茨曾表达了对共有"观念市场"的担忧:"随着频道数量的快速增长,电视几乎不再发挥共享公共空间的作用。除了偶尔的媒体事件,整个国家不再聚集在一起。电视取代广播时,广播经历了相似的市场细分过程。与此不同的是,我们现在还没有找到能够促进国家政治融合的新媒介"[1]。同卡茨一样,韦伯斯特也认为,印刷媒介和广播电视为社会提供了一种文化"压舱石",帮助社会保持平衡。数字化时代的"观念市场"更多的是一种隐喻,是一个值得媒体和受众去追求的理想,虽然"它不可避免地过于强调某些东西,过于忽略另外一些东西"[2]。韦伯斯特坚信,一个包罗万象的"观念市场"将在数字化时代继续存在。这个"观念市场"不再聚集于报纸、广播或电视,而是存在于多个平台,"这些平台提供了广泛共有的媒体接触,使公众注意力集中于最显著的新闻与娱乐。这才是人们相互谈论并在社交网络分享的东西。新的公共领域将由媒体与受众动态共建"[3]。

行文至此,詹姆斯·韦伯斯特的电视受众观念已经清晰。韦伯斯特的电视受众观念缘起对过往受众研究传统的反思以及对数字化时代媒介传受关系变革的思考,在对媒体结构、受众和收视率调查的综合分析的基础之上,形成了关于受众研究的"混合模型"与"注意力市场"框架。这种思想体现了数字时代媒介内容丰富而受众注意力短缺的时代特征,也体现出了对美国媒介传播发展现状的本土观照。我国的媒介传受关系也正在经历巨大的变革,移动化、智能化、参与式和

---

[1] James G. Webster, "Beneath the Veneer of Fragmentation: Television Audience Polarization in a Multichannel World", *Journal of Communication*, Vol. 55, No. 2, 2005, p. 167.

[2] James G. Webster, "Beneath the Veneer of Fragmentation: Television Audience Polarization in a Multichannel World", *Journal of Communication*, Vol. 55, No. 2, 2005, p. 166.

[3] James G. Webster, "Beneath the Veneer of Fragmentation: Television Audience Polarization in a Multichannel World", *Journal of Communication*, Vol. 55, No. 2, 2005, p. 170.

交互式的媒介传播特征使受众的使用模式变得比以往更为复杂,有关受众的各种观念也面临着与时俱进的困境。因此,韦伯斯特的受众理论对我们分析我国媒介受众的复杂生态具有诸多启发。

首先,在理论层面,受众研究应该注重全面整合的研究思路,打破多维视角各自为政的局限,这对我国的媒介受众研究大有裨益。我国学术界在受众研究领域已经取得了一定的研究成果,但从研究思路来看,大多是对媒介受众进行实证研究,较少在此基础上进行理论建构,导致受众研究难以形成具有普遍性的理论成果。对于理论发展来说,实证研究固然重要,但若把简单的实证研究等同于理论研究,脱离对受众行为的综合考察则是不可取的。因此,数字时代的受众研究应注重媒介结构、受众行为和测量机制三者之间的互动逻辑,对受众进行整合性研究。

其次,受众研究应该对受众行为保持反思。韦伯斯特的受众研究告诫我们,数字时代的受众在观点表达和文化参与方面拥有更多的自主性,但受众的能动性是有限的。只有保持对其能动性的反思,才能不至于过于乐观而忽视受众的行为后果。数字媒介时代的最大特点是"技术赋权",如果受众研究以技术为中心,忽视文化环境、社会结构、媒体传播结构、测量机制等因素的思考,必然会造成极度悲观和极度乐观的二元对立的受众观念,进而使受众研究失去其应有的想象力。

最后,韦伯斯特注意到了数字时代的受众存在被操纵的风险,但我们还应该关注被操纵带来的负面影响。现在国内学界少数学者已经注意到了网络推荐机制与极端化社群之间的关系,但是该研究领域还没有得到足够的重视。用"观念市场"的视角去看待这种同质化、极端化受众群体的产生及其相关问题,能让我们对数字时代的受众形成、媒介传播、测量机制与公共领域等问题产生更深刻的认识,也更有利于受众研究的长远发展。

结语 当代西方电视受众研究的学术传统、发展前景与启示

本书的研究内容是在电视媒体转型发展、电视受众研究繁荣与困境并存的历史背景之下确定的,试图在回溯当代西方电视受众观念发展的基础之上厘清其学术传统、梳理其理论逻辑、分析其发展前景。通过这样的研究,我们希望可以更好地理解电视媒介的发展历程及其与电视受众研究之间的关系,更好地吸收西方学界的理论营养。而这一切的最终目的,是能在数字媒体时代更好地促进视听受众研究。

一 电视受众观念的学术传统与超学科发展前景

第二次世界大战以后,电视媒介得到了迅猛发展,电视对人和社会的极大影响促进了电视受众研究的产生,吸引了来自不同研究领域的学者的关注和参与。当代西方电视受众观念,就是由这些拥有不同理论背景的学者所思考和建构的关于电视、人和社会之关系的理论话语。不同研究领域的学者采用不同的研究视角,因此形成了纷繁复杂的电视受众观念。其中,既有为电视负面效果论辩护的论述,也有为马克思主义政治经济学研究提供素材的研究;既有促进媒介文化研究发展的成果,又有为传播政治经济学批评提供依据的阐释。总体而言,电视受众研究跨越了传播学、社会学、社会心理学、认知心理学、哲学、政治经济学、人类学、符号学等学科之间的界限,形成

了一个超学科的研究传统。本书以西方学界中将电视媒介发展与电视受众观念相结合的研究为线索,从四个维度对电视受众观念进行了散点透视式的梳理与分析。

第一个维度是以电视对受众的影响和受众对电视的需求为核心的电视影响研究和电视受众的使用与满足研究。在这一维度的研究中,电视受众理论主要考察受众的认知、态度、行为与能动性,追求实证研究的可操作性和研究结果的实用性。电视影响研究把受众看作是电视传播的客体,关注电视内容如何影响个人或群体;而电视受众的使用与满足研究则着重关注受众如何使用电视讯息满足自己的需求,受众的能动性问题得到了重视。前者将受众看作是被动的群体,后者又过分地夸大了受众的能动性。相互矛盾的两种态度,体现出了电视媒介崛起时期整个社会对电视传播的欢喜与焦虑。

第二个维度关注电视媒体在多频道切换时期的发展特点以及受众对电视文本的解码和意义再生产问题。文化研究学者斯图亚特·霍尔、戴维·莫利、约翰·费斯克、洪美恩等将意识形态、电视文本、社会文化结构、日常生活等因素引入了电视受众研究,指出了受众对电视的接受与阐释及其与意识形态权力、社会文化背景、家庭生活、性别政治、公共知识结构等之间的关系。阐释研究指出了电视受众能对电视内容进行积极诠释并生产意义,但同时也揭示了诠释过程中所隐含的意识形态和社会结构问题。

第三个维度聚焦于数字电视的发展与电视粉丝的身份建构机制问题。从人机互动、心理因素、文本解读等角度探讨了粉丝与电视的"准社交互动"和"心灵社交"机制,粉丝对电视文本的盗猎、游牧与文化参与,以及媒介文化环境下电视粉丝的自恋、想象与展演。这一研究维度将粉丝看作是特殊的受众群体,既强调其群体性也关注他们的主体性和个体性。

第四个维度从马克思主义政治经济学中寻找理论基础,重在分析西方垄断资本控制下的传播体制及其在市场经济运行过程中对电视受众的引导与控制问题。达拉斯·斯麦兹的受众商品论、艾琳·米汉的受众分级论和詹姆斯·韦伯斯特的注意力市场分析从不同的角度讨论了电视受众如何自始至终都被电视媒体的政治经济逻辑所操纵与引导。

从时间顺序上看，上述四个研究维度较早出现的是电视影响研究，其次是"准社交互动"研究、达拉斯·斯麦兹的受众商品论和使用与满足研究，再次是受众解码研究、女性主义电视受众研究、电视与受众的"心灵社交"、受众分级论和受众注意力研究。在受众观念的发展过程中，它们并没有完全代替彼此，而是特定的历史时段内以某个研究维度为主导，多个维度共同存在、共同发展。正如索尼娅·利文斯通所指出的："没有一个问题能独自承受受众研究之重——无论是对抗性声音问题或语境化定位的受众问题，抑或多样性阅读问题——虽然我不会倡导把所有变量纳入一个宏大研究框架的某种某大模型，因为这一类东西最终一般会导向还原论、教条主义和功能主义。"[①]

值得注意的是，在这条错综复杂的时间轨迹上隐藏着一条明晰的研究路线，那就是不断寻求在"人作为社会关系中的主体"的意义上建构电视受众观念。麦奎尔也曾指出，受众是这样一种大众的集合，通过个人对愉悦、崇拜、学习、消遣、恐惧、怜悯和信仰的某种获益性期待，自愿做出选择性行为，在一个给定的时间范围内形成。[②] 在这样的逻辑前提之下，电视受众观念就可被视为不断探索作为主体的受众与电视和社会之间的复杂关系的研究传统。影响研究把电视受众看作是被动受到电视影响的个体或群体，是缺乏能动性的客体。使用与满足研究表面上强调受众个体主动使用电视以满足自身需求，实

---

① [英]索尼娅·利文斯通：《理解电视：受众解读的心理学》，龙耘译，新华出版社2006年版，第273页。
② 参见[英]罗杰·迪金森等《受众研究读本》，单波译，华夏出版社2006年版，译者序第5页。

际上因过于强调个人的使用、需求与满足而使得受众与传播者主客对立，进而消解了人的主体性。当以受众的个人满足为中心时，其隐藏的主体便是电视媒体的管理者和电视内容的制作者。达拉斯·斯麦兹、艾琳·米汉和詹姆斯·韦伯斯特都将电视受众看作是商业逻辑中的消费者，是内含经济关系的一类抽象群体，在强调其"类主体"属性的同时也削弱了受众的主体性。解码研究放弃了将受众客体化和主客对立化的看法，将电视受众视为具有千差万别的生产式主体，却由于过于注重电视文本的意识形态属性而限制了探讨受众主体性和能动性的广度和深度。电视粉丝研究虽然同样将受众视为生产式主体，但也陷入了类主体化的窠臼当中。在这一系列的理论话语中，受众的主体性期待一直是研究的核心内容。

此外，我们还应该注意媒介融合环境给当代电视受众研究带来的挑战。20世纪末以来，在媒介技术和网络技术迅猛发展、资本市场膨胀等多重因素的影响之下，电视逐渐与网络媒体相融合，电视传播渠道、接收终端、受众的观看和解码方式以及影像文化的样貌都发生了很大的变化。在媒介融合时代，尽管坐在电视机前面的受众不一定很多，但通过电脑、手机、IPod等移动设备收看电视内容的受众依然无处不在。"电视受众"的所指越加泛化，不但可以指代电视机前的受众，还指代利用各种移动终端收看影像内容的受众。因此，当今之"电视受众"亦可称为"媒介受众"。

基于一系列新的客观变化，我们可以从两个方面去分析当代媒介受众研究的理论前景。

第一，进一步明确媒介受众的接受主体性，避免对媒介受众作出客体化、主客对立化和类主体化的理解。

此前西方学界对电视受众的理解存在一些局限。其一，有些研究把电视机构或节目制作人看作是传播主体，把受众看作是传播客体；有些研究把受众看作是电视讯息传播过程中的主导者，一个孤立于传播者的、以自我为中心的主体,从而在"主—客"二元对立的框架下割裂了传播者与受众的关系。电视受众的影响研究将电视传播过程看作是传者主宰受众的过程,忽略了传者与受众的"共生"(coexistence or symbiosis)与"互构"(co-configuration),而使用与满足研究关注电视受众的个人需求、使用与满足,但正是由于过于强调"个人"而使得这个理论缺乏对宏观社会结构的观照。使用与满足研究中的受众通过电视使用获得满足,电视媒介也会根据受众的需求提供相应的内容,而且只有提供能带给受众满足的内容才会吸引受众的使用行为。换句话说,使用与满足研究中隐藏的主体依然是电视媒介。其二,以"类主体化"思维将电视受众看作是大众、公众、消费者、女性群体或粉丝群体等,强调电视受众是许多同质个体的集合,是一种内在含有丰富关系的集体形态。单波认为,这种思考方式既取消了主体间性,又因为类的聚合而消解了主体性。[1] 受众商品论、受众分级论和受众的注意力市场分析为我们提供了理解受众被物化的政治经济学背景,但它是在经济决定论的思维框架内看到了受众被降低为无生命的商品的事实,也是在"主—客关系"范围内把受众当作被动的客体。虽然批判了电视受众商品化现象,但没能恢复人的主体性。莫利、费斯克、詹金斯、阿伯克龙比以及女性主义的电视受众研究在强调受众作为主体的差异性和多元性的同时,也注意到了通过交往和对话达到主体性的实现,但由于他们往往过多关注电视文本而限制了探索的深度和广度。正如单波所述,西方主流传播理论中的受众理论有一个根本的缺陷,就是直接或间接地把受众对象化进而物化,通过科学化、市场化思维"肢解"了受众。[2]

马克思早已告诉我们,人是一切社会关系的总和。按照此逻辑,

---

[1] 参见单波《在主体间交往的意义上建构受众观念——兼评西方受众理论》,《新闻与传播评论》2001年第1期。
[2] 参见单波《在主体间交往的意义上建构受众观念——兼评西方受众理论》,《新闻与传播评论》2001年第1期。

人也是一切传播关系的总和。斯蒂文·小约翰在其著作《传播理论》对此进行过解释：第一，人与人的关系总是同传播紧密地联系在一起，是不可分割的；第二，人与人的关系的性质是由成员之间的传播所界定的；第三，人与人的关系是在参与者的协商谈判中发展的。[①] 易言之，人是在传播活动中存在的，人不仅通过传播活动传递和接受信息，而且也在与他人的协商谈判中进行文化创造和建构自身的精神世界。由此可见，在传播过程中，传播者与受众之间不是主客体二元对立的关系，而是同一传播活动中的两个主体共同存在的关系。因此，有学者提出，"受众研究应该从作为个体的接受者出发，以他们的视角来看待作为环境的媒介，以及媒介与他们生活的关系……从'他（她）'的视角转向'我'的视角，从'受众'转向'受体'"。[②]

第二，进一步明确媒介受众研究的超学科性，避免陷入跨学科研究的浪漫主义想象。

瑞士心理学家皮亚杰和奥地利学者J.詹奇认为，跨学科研究是指整合多门学科的工具、观点、概念和理论等对所提出的问题进行跨单一学科或领域的、能起到相互补充作用的研究。西方电视受众理论的跨学科性质是不言而喻的。[③] 人本身是一个复杂的命题，加上社会背景、媒介文化环境、电视内容、电视传播手段、媒介机制、商业逻辑、研究目的等的复杂性和多样性，受众研究不可能依靠某个单一的研究方法或理论话语就能作出较为合理的解释。半个多世纪以来，学术界跨越了人文科学、社会科学和自然科学，从多学科背景和多个视角对媒介受众进行了深入的剖析。美国学者劳瑞·格瑞斯贝格（Larry

---

[①] 参见［美］斯蒂文·小约翰《传播理论》，陈德民等译，中国社会科学出版社1999年版，第451页。

[②] 邵培仁、姚锦云：《传播受体论：庄子、慧能与王阳明的"接受主体性"》，《新闻与传播研究》2014年第10期。

[③] 参见臧海群、张国良《受众研究的跨学科性质与方法——兼论建立跨学科的受众研究》，《现代传播》2005年第4期。

Crossberge）和奥斯汀大学艾伦·沃特那（Ellen Wartella）等人曾在1990年的"走向综合、全面的受众理论"学会上探讨过受众研究的"跨学科"（interdisciplinary）问题，其研究成果汇集在《受众和它的图景》（The Audience and it's Landscape）一书中。其中，罗森格瑞（Karl Erik Rosengren）的文章《联合、对比和对抗——走向全面的受众研究》中提出了联合、对比和对立的跨学科研究方法。"联合"即把过去在不同的传统中孤立运用的方法和技术联合起来使用；"对比"就是把拥有相同或不同学术传统的学者所得出的（地域性）研究结果进行时间和空间上的具体对照和比较；"对立"即从对立的研究传统和路径中寻找到其理论和方法的相同和相异之处。[1] 通过对不同学科的方法和理论的移植、渗透和融合，当代电视受众理论已经从经验的、历史的、文化的和政治经济学的角度展开了研究，这些理论相互补充，共同构成了学界对电视受众的多维认知。

但是，正如藏海群所论述的，由于不同学科之间往往存在不可通约性，难以进行充分的交流，它们的合作必然存在空隙和裂痕。[2] 跨学科研究一定程度地造成了电视受众研究的重心位移，从而使其呈现出泛化状态，甚至面临着自我消解的危机。当前电视受众研究面临的实际情况是，尽管半个多世纪以来论著迭出，研究内容涉及电视文化的各个方面，但无论是电视研究界还是传播研究界，都感受到了电视受众理论研究的边缘化。易言之，面对当前电视产业转型和媒介融合的发展态势，受众理论研究并没有延续其之前的丰富性和独特性，理论的深刻性和现实性也日渐式微。因此，虽然电视受众研究仍然是电视研究和传播研究中的重要分支，但它却变成了一个缺乏生机的领域。

---

[1] James hay, Lawrence Grossberg, Ellen Wartella, *The audience and its landscape*, Westview Press, 1996, p. 28. 藏海群：《走向综合、全面的阅听人理论》，《新闻大学》2005年第2期。

[2] 参见藏海群、张国良《受众研究的跨学科性质与方法——兼论建立跨学科的受众研究》，《现代传播》2005年第4期。

此外，由于电视与其他媒介日益融合，电视受众观念也逐渐更新，研究方法和视野更趋多元，单一媒介的、类型化的研究界限早已打破。电视受众的影响研究、使用研究、解码研究、政治经济学研究已经不能满足全面的媒介受众研究的需要，因而超越学科界限的研究观念，并且超越电视受众研究自身的综合研究，已经成为当代媒介受众研究领域的迫切需要。

超学科（trans-disciplinary）是在多学科和跨学科研究的基础上发展起来的一种新型的研究形式，"把传统跨学科合作的旧形式与科学复杂性世界观所塑造的知识和文化统一的新追求区分开来"，"打破了学科内外的界限，对学科知识和非学科知识进行了高度的整合"，以实现对世界的整体认识。[①] 超学科研究是以问题的分析和解决为核心目的的学科间相互配合与协调的研究方法。媒介受众研究的超学科研究是指除了本文中所述的基本方法和研究视角之外，还可以在媒介与受众之间的协调关系上作出拓展。一方面，媒介融合时代电视内容的传播途径更多是跨媒介传播，因此电视机不再是信息来源的核心，受众接受了手机、电脑、电视等各种接收终端的相互影响；另一方面，受众不再被看作是被动的客体，而是接受主体，因此"以受众为中心"的研究思路应转变为以"接受主体"为中心。以融媒环境下的视听影像为一极，以作为接受主体的受众为另一极，在媒介融合和接受主体的总和中求取对"人"的超学科认识。

在具体实践方面，媒介受众研究应该尽量避免对受众的使用行为、文本解读、类型化现象、经济属性等做单一的、简单化的分析，应尽量回溯到特定的历史环境之下，立足媒介与人的关系，探讨媒介与人的内在关系和相互影响。如对电视粉丝的研究就可以放在政治经济学和特定历史背景的视野下进行综合考察。同时，也可通过对电视、电影、网络

[①] 参见蒋逸民《作为一种新的研究形式的超学科研究》，《浙江社会科学》2009年第1期。

等各种影像传播媒介之间的比较，发现电视传播的影像与其他媒介传播的影像之间在传播方式、接受方式、内容特征、审美形态、审美效果方面的共同和相异之处，揭示电视与其他媒介之间的内在联系，最终站在总体媒介的高度，探讨媒介与人的关系。因而，超学科研究不只是一种研究工具，更是一种高屋建瓴的研究观念。超学科的研究路径将既能深化和发展电视受众研究，也能完善媒介受众研究的理论建设。

不容忽视的是，从某种特定意义上看，新的媒介环境、新的电视内容、新的媒介传受方式和新的受众体验，并不会给"受众"这个概念带来根本性的变化。固然，电视频道的增多、内容的丰富、观看渠道的便捷，会给受众的经验和感知提供更多的选择，形成新的观看习惯，但这些不会从根本上改变受众的媒介使用行为。正如纽曼（Neuman, 1991）在《大众受众的未来》（*The Future of Mass Audience*）一书中所述，当新的媒介技术和信息传播活动向着更加多样化和更强参与性发展时，受众的形成及其行为会受到"根深蒂固的、消极的、心不在焉的媒介使用习惯"和大众传播工业两股强大的抵制力量的制约。[1] 虽然媒介使用的社会心理和媒介工业的经济逻辑并不是制约受众行为的仅有的两个因素，但它们实际在其中仍然扮演着重要角色。媒介融合环境下，电视与其他媒介技术的融合确实增加了传受双方的互动，赋予了受众很多权力，但同时也强化了媒介机构的传者地位。"媒介创造受众"的传统观念还没有消失，受众并没有绝对的自主性。

二 当代西方电视受众观念研究对中国媒介受众研究的启示

21世纪以来，中国电视受众研究取得了比较丰富的成果。据统计，

---

[1] 参见［英］丹尼斯·麦奎尔《受众分析》，刘燕南等译，中国人民大学出版社2006年版，第177页。

从2000年到2007年，电视受众一直是媒介研究的主要对象，相关文章的发表数量也逐年增加。[①] 2007年以后由于新媒体对电视的冲突，电视受众研究虽然成果较往年偏少，但依然在积累力量的同时往纵深方向发展。

从研究方法上看，与西方电视受众研究主要采取实证研究和批判研究不同，中国的电视受众研究主要侧重于实证研究，较少采用批判研究。实证研究强调科学调查和数据分析，批判研究则重在逻辑梳理和理性思辨。电视受众的实证研究，包括对不同受众的电视使用行为、电视认知、电视素养、受众的节目内容偏好等方面进行定量调查，试图通过科学与规范的量化研究来认识电视与受众之间的关系。对于理论发展来说，实证研究固然非常重要，但若把简单的实证研究等同于理论研究则是不可取的。目前国内学术界有关电视受众的实证研究大多处于描述调查结果以及量化分析的阶段，较少在此基础上进行理论建构，导致电视受众研究难以形成具有普遍性的理论成果。

此外，也有部分学者结合中国媒介环境、电视产业和电视文化的发展对西方电视受众理论进行本土化验证或理论反思，因此"受众本位""传受合一""受众即用户"等概念成为他们讨论的焦点。然而，进行本土验证的学者会发现，西方理论并不能拿来就用，因为这些理论产生的背景与中国的国情有一定差距。在有关理论反思的研究成果中，有些文章思辨色彩浓厚，见解精辟，而有的文章则理论思辨较为薄弱。因此，有学者指出，"目前中国受众研究中许多看似'思辨'的研究其实算不上真正意义上的'思辨'，多数'思辨'的论文或者套用国外的时髦理论，或者流于形式化的'口号'，真正创新的成果很少。"[②] 正是由于上述这些现实情况，中国的媒介受众研究即便已经

[①] 参见梅琼林、胡力荣、袁光锋《关于受众的表述——中国传播学受众研究问题》，《河南社会科学》2011年第1期。

[②] 梅琼林、胡力荣、袁光锋：《关于受众的表述——中国传播学受众研究问题》，《河南社会科学》2011年第1期。

取得了较大的进展,但要实现真正的理论建构则还有比较长的路要走。

基于本书的分析与阐释,我们认为当代西方电视受众观念的学术传统可为我国学者开展媒介受众的相关研究提供以下三个方面的启示。

首先,理解当代西方电视媒介的演变和受众观念的变迁对我国媒介受众研究具有理论指导意义。理解西方电视受众研究的学术传统和理论脉络,以及影响其产生和发展的媒介环境、媒介体制、社会文化语境、学术思潮等因素,有利于我们在确立研究方向、选题和研究思路时更加关注媒介环境的演变,更好地与中国国情相结合、与国际相接轨。比如,在确立研究方向方面,中国对媒介受众解码问题的研究还不充分。国内学术界大多从霍尔的编码/解码模式去阐释受众的解码问题,而对编码与解码的结构化因素、受众的心理与认知结构方面的研究却讨论得较少。另外,国内在从政治经济学的视角对受众进行批判研究方面也较为薄弱。中国的媒体管理体制、媒介传播环境与西方有所不同,因而对媒介受众进行批判研究有助于丰富我国媒介理论的发展。同时,在厘清西方电视受众理论的学术传统的基础上合理地、创造性地应用这些理论,也会加深我们对国内媒介受众情况的了解。

其次,西方电视受众研究对一些重要理论的归因考察主要局限在西方,尤其是英美两国的媒介产业、政治制度以及社会文化语境,对中国媒介受众的相关研究能够拓展受众理论的学术内涵。比如,关于中国受众对媒介内容所做的"生产式文本阅读"的讨论,无疑应该包括传统的政治文化背景、受众与主导意识形态之间的"协商"、中国特有的媒介文化资源和社会变革。在分析中国媒介文化与受众的日常生活之间的动态关系时,需要跳出简单的文化乐观立场,认真思索受众的日常生活与媒介文化之间的相关性,即哪些内容是受众需要关心的,哪些内容是与受众日常生活相关性不大却是他们实际关注的。电视与受众之间的"准社交互动"研究在西方理论研究界引起的关注较少,但对于中国媒介受众研究,尤其是在交互电视、虚拟影像出现以后，应该是一个值得深入探究的议题。此外，中国特殊的媒介文化传播现象也可以在西方电视受众研究的基础上作出新的理论拓展。例如，中国受众对于优秀传统文化节目的热衷与渴望，与受众的信息接受权利和道德责任义务存在紧密关联，发掘这些涉及受众权利、受众伦理的相关变量会对现有的媒介受众理论作出较大的发展。而这也是目前当代西方电视受众研究较为薄弱的地带。

最后，西方电视受众研究的学术进路在发展过程中都遇到一些"瓶颈"，如注重从某个特定视野观看受众的"侧面像"，较少将局部反映和整体观照相结合的研究视野。因此，突破自身的理论视野，跨越学科界限，实现对媒介受众的全面而准确的认识是西方媒介受众研究发展面临的集体困境。为了避免这些困境，我们有必要在研究方法和内容上有所改进。在研究方法上，我国的媒介受众研究虽然还处于实践探索阶段，但大量的实证研究已经出现了发展困境，因此迫切需要在实证研究的基础上扩展思考的维度和加深思辨的力度。另外，也有学者提出在受众研究中引入现象学的研究方法，具体来说是"把受众在传播中的生理方面和物理方面的东西放进括号里存而不论，这样一来，受众在传播中的精神状态就最直接地向人呈现出来"[①]。现象学的研究方法主要关注媒介受众的精神状态，对媒介传播技术、媒介设备等问题存而不论，这一研究方法是否有助于弥补西方媒介受众研究的不足，也值得国内学者进一步研究。在研究内容方面，中国特定语境下的受众权利、受众伦理、受众心理与认知问题等都需要加强研究，这样既可以丰富媒介受众研究的理论视野，也可以更加了解作为中国媒介受众的我们自身。此外，中国的媒介产业已经进入媒体融合发展的阶段，媒介产业变革、网络交互技术的盛行是否会对受众的注意力

[①] 梅琼林、胡力荣、袁光锋：《关于受众的表述——中国传播学受众研究问题》，《河南社会科学》2011年第1期。

市场造成影响、受众是否更加具有能动性还是更加被控制等问题也需要学术界深入深究。总之，多角度、多形式、超学科地探索媒介受众问题，将有助于丰富国内媒介受众研究领域的理论与实践。

从上述分析可以看出，只有深入理解当代西方电视受众理论及其与中国媒介受众研究实践之间的关系，立足中国本土的媒介产业发展和媒介变革现实，并积极利用超学科的研究方法，我们才能对当下中国媒介受众研究的发展困境提出更加切实可行的研究方案。而这一探索过程，也是我们发展更有意义的媒介受众研究的机遇所在。

参考文献

一 中文文献

（一）国内学者著述

蔡骐、黄金：《百年广播电视与传播研究》，湖南教育出版社 2006 年版。

曹书乐：《批判与重构：英国媒体与传播研究的马克思主义传统》，清华大学出版社 2013 年版。

常昌富等编：《大众传播学：影响研究范式》，中国社会科学出版社 2000 年版。

陈崇山等编：《媒介·人·现代化》，中国社会科学出版社 1997 年版。

陈立旭：《重估大众文化的创造力——费斯克大众文化理论研究》，重庆出版社 2009 年版。

陈龙：《在媒介与大众之间：电视文化论》，学林出版社 2001 年版。

陈士部：《法兰克福学派批判理论的历史演进》，北京师范大学出版社 2010 年版。

陈学明等编：《社会水泥——论大众文化》，云南人民出版社 1998 年版。

陈永国：《视觉文化读本》，北京大学出版社 2009 年版。

邓惟佳：《迷与迷群：媒介使用中的身份认同》，中国传媒大学出版社 2010 年版。

冯建三：《传媒公共性与市场》，华东师范大学出版社 2015 年版。

高金萍：《西方电视传播理论评析》，中国传媒大学出版社 2008 年版。

郭庆光：《传播学教程》，中国人民大学出版社1999年版。

和磊：《伯明翰学派：文化研究的源流与方法》，北京大学出版社2016年版。

胡翼青：《传播学：学科危机与范式革命》，首都师范大学出版社2004年版。

胡翼青：《再度发言：论社会学芝加哥学派传播思想》，中国大百科全书出版社2007年版。

胡翼青主编：《西方传播学术史手册》，北京大学出版社2015年版。

贾磊磊：《电影学的方法与范式》，北京时代华文书局2015年版。

贾磊磊：《电影语言学导论》，复旦大学出版社2011年版。

贾磊磊：《影像的传播》，广西师范大学出版社2005年版。

贾磊磊：《中国电视批评》，中国广播影视出版社2015年版。

金惠敏：《积极受众论》，中国社会出版社2010年版。

柯惠新、王锡苓、王宁：《传播研究方法》，中国传媒大学出版社2010年版。

李金铨：《大众传播研究》，三民书局1984年版。

李明海、郝朴宁：《中外电视史纲要》，西南师范大学出版社2007年版。

林少雄、吴小丽：《影视理论文献导读（电视分册）》，上海大学出版社2005年版。

刘海龙：《大众传播理论、范式与流派》，中国人民大学出版社2008年版。

刘海龙：《重访灰色地带：传播研究史的书写与记忆》，北京大学出版社2015年版。

刘燕南：《电视传播研究方法》，北京师范大学出版社2003年版。

陆道夫：《文本/受众/体验——约翰·费斯克媒介文化研究》，北京邮电大学出版社2008年版。

陆扬、王毅：《大众文化与传媒》，上海三联书店2000年版。

陆扬、王毅：《文化研究导论》，复旦大学出版社 2010 年版。

陆扬、王毅：《文化研究导论》，复旦大学出版社 2015 年版。

罗钢、刘象愚编：《文化研究读本》，中国社会科学出版社 2000 年版。

罗钢、王中忱：《消费文化读本》，中国社会科学出版社 2003 年版。

潘知常、林玮：《传媒批判理论》，新华出版社 2002 年版。

石义彬：《单向度、超真实、内爆：批判视野中的当代西方传播思想研究》，武汉大学出版社 2003 年版。

石义彬：《批判视野下的西方传播思想》，商务印书馆 2014 年版。

宋瑜：《后现代语境下的传媒研究》，中国大百科全书出版社 2014 年版。

陶东风：《文化研究精粹读本》，中国人民大学出版社 2006 年版。

陶东风、杨玲：《粉丝文化读本》，北京大学出版社 2009 年版。

汪振城：《当代西方电视批评理论》，中国广播电视出版社 2007 年版。

王逢振编：《电视与权力》，天津社会科学院出版社 2000 年版。

王逢振编：《文化研究》，天津社会科学院出版社 2000 年版。

王卓慧：《伯明翰学派的电视观》，中央编译出版社 2017 年版。

韦路：《传播技术研究与传播理论的范式转移》，浙江大学出版社 2010 年版。

位迎苏：《伯明翰学派的受众理论研究》，中国传媒大学出版社 2011 年版。

吴伯凡：《孤独的狂欢——数字时代的交往》，中国人民大学出版社 1998 年版。

武桂杰：《霍尔与文化研究》，中央编译出版社 2009 年版。

肖小穗：《传媒批评：揭开公开中立的面纱》，黑龙江人民出版社 2002 年版。

杨东篱：《伯明翰学派的文化观念与通俗文化理论研究》，山东大学出版社 2011 年版。

叶家铮：《电视传播理论研究》，北京师范大学出版社 2000 年版。

易前良：《美国"电视研究"的学术源流》，中国传媒大学出版社 2010 年版。

殷晓蓉：《战后美国传播学的理论发展》，复旦大学出版社 2000 年版。

尤战生：《流行的代价——法兰克福学派大众文化批判理论研究》，山东大学出版社 2006 年版。

于海：《西方社会思想史》，复旦大学出版社 2000 年版。

于海：《西方社会思想史》，复旦大学出版社 2011 年版。

臧海群、张晨阳：《受众学说：多维学术视野的观照与启迪》，复旦大学出版社 2007 年版。

张斌、蒋宁平编：《电视研究读本》，上海交通大学出版社 2014 年版。

张国良：《传播学经典文本》，复旦大学出版社 2003 年版。

张艳华：《女性主义视野下的媒介批评》，知识产权出版社 2009 年版。

张咏华：《媒介分析：传播技术神话的解读》，复旦大学出版社 2002 年版。

章辉：《伯明翰学派与媒介文化研究》，河南大学出版社 2016 年版。

赵毅：《历史与嬗变：1980—2000 年美国商业电视转型研究》，四川大学出版社 2011 年版。

赵勇：《整合与颠覆：大众文化的辩证法》，北京大学出版社 2005 年版。

周葆华：《效果研究：人类传受观念与行为的变迁》，复旦大学出版社 2008 年版。

周勇：《理解电视：从理论到方法的路径》，中国广播电视出版社 2012 年版。

(二) 论文

[美] 艾琳·米汉、赖昀：《文化研究与批判传播研究》，《新闻大学》2011 年第 1 期。

卜卫：《方法论的选择：定性还是定量》，《国际新闻界》1997 年第 5 期。

蔡骐：《多维视野中的受众研究》，《湖南师范大学社会科学学报》2003

年第 3 期。

蔡骐、谢莹：《文化研究视野中的传媒研究》，《国际新闻界》2004 年第 3 期。

蔡骐、谢莹：《英国文化研究学派与受众研究》，《新闻大学》2004 年第 2 期。

蔡琪：《粉丝型受众探析》，《新闻与传播研究》2011 年第 2 期。

曹晋：《批判的视野：媒介与社会性别研究评述》，《新闻大学》2005 年第 4 期。

曹晋、赵月枝：《传播政治经济学的学术脉络与人文关怀》，《南开学报》（哲学社会科学版）2008 年第 5 期。

曹书乐、何威：《"新受众研究"的学术史坐标以及受众理论的多维视野》，《新闻与传播研究》2013 年第 10 期。

陈力丹、林羽丰：《继承与创新：研读斯图亚特·霍尔代表作〈编码/解码〉》，《新闻与传播研究》2014 年第 8 期。

陈世华：《"受众商品论"的理论溯源与未来走向》，《新闻知识》2012 年第 1 期。

陈世华：《"我们不自由的传播"：北美传播政治经济学的理论精髓》，《国际新闻界》2012 年第 1 期。

陈世华：《北美传播政治经济学研究——知识谱系的写法》，博士学位论文，华中科技大学，2013 年。

陈世华：《北美传播政治经济学知识谱系与理论发展》，《浙江传媒学院学报》2010 年第 2 期。

陈世华：《博采众长：传播政治经济学的跨学科取向》，《国际新闻界》2016 年第 8 期。

陈世华：《达拉斯·斯麦兹的传播思想新探》，《南昌大学学报》（人文社会科学版）2014 年第 3 期。

陈向明：《社会科学中的定性研究方法》，《中国社会科学杂志》1996

年第 6 期。

陈新民：《解读戴维·莫利民族志受众研究》，《科学·经济·社会》2004 年第 2 期。

陈新民、马廷魁：《"人机互动"还是"人际互动"？——对电视社交化生存的多维度思考》，《现代传播》2017 年第 2 期。

陈彧：《从"看"到"炫"——粉丝再生性文本中的自我展演与认同建构》，《现代传播》2013 年第 11 期。

崔朝阳：《结构的、行为的和文化的——受众的三种传统》，《国际新闻学界》1998 年第 1 期。

[加] 达拉斯·斯麦兹、王洪喆：《自行车之后是什么？——技术的政治与意识形态属性》，《开放时代》2014 年第 4 期。

方建移、葛进平、章洁：《缺陷范式抑或通用范式——准社会交往研究述评》，《新闻与传播研究》2006 年第 3 期。

高金萍：《西方电视研究范式的价值分析》，《国际新闻界》2007 年第 10 期。

高金萍、孙利军：《伯明翰学派电视研究的关键概念》，《湖南大学学报》（社会科学版）2007 年第 4 期。

高金萍、孙利军：《西方电视研究的理论进路》，《国外社会科学》2008 年第 6 期。

龚芳敏：《西方媒介暴力研究的学术图谱与发展趋势——基于 EBSCO 数据库中近年来相关论文的内容分析》，《湖南省社会主义学院学报》2015 年第 2 期。

郭镇之：《传播政治经济学理论泰斗达拉斯·斯麦兹》，《国际新闻界》2001 年第 3 期。

郭镇之：《乔治·格伯纳及其"电视教养"理论和"文化指标"研究》，《国际新闻界》2006 年第 1 期。

郭镇之：《席勒——传播政治经济学的批判领袖》，《国际新闻界》2002

年第 1 期。

郭中实：《涵化理论：电视世界真的影响深远吗?》，《新闻与传播研究》1997 年第 2 期。

胡翼青：《传播实证研究：从中层理论到货币哲学》，《新闻与传播研究》2010 年第 3 期。

胡翼青：《科学主义的困顿：对中国受众研究 30 年的反思》，《西北大学学报》（哲学社会科学版）2010 年第 7 期。

胡翼青：《论传播政治经济学的洞见与局限》，《新闻界》2017 年第 1 期。

胡翼青：《论文化向度和社会向度的传播研究》，《新闻与传播研究》2012 年第 3 期。

胡翼青、吴欣慰：《双面霍尔：从编码/解码理论出发》，《河北学刊》2016 年第 9 期。

胡翼青、杨馨：《解构神话：传播政治经济学学科合法性问题辨析》，《南昌大学学报》2016 年第 5 期。

胡翼青、张婧研：《功能主义传播观批判：再论使用与满足理论》，《新闻大学》2016 年第 1 期。

黄典林：《重读〈电视话语的编码与解码〉——兼评斯图亚特·霍尔对传媒文化研究的方法论贡献》，《新闻与传播研究》2016 年第 5 期。

蒋逸民：《作为一种新的研究形式的超学科研究》，《浙江社会科学》2009 年第 1 期。

蒋忠波：《从庸众到战士——论西方大众文化理论中受众观的嬗变》，《西华师范大学学报》2009 年第 2 期。

金惠敏：《抵抗的力量决非来自话语层面——对霍尔编码/解码模式的一个批评》，《文艺理论研究》2010 年第 2 期。

金玉萍：《身份认同与技术转向：新受众研究的发展态势》，《国际新闻界》2011 年第 7 期。

孔令华：《费斯克的生产性受众观》，《南京航空航天大学学报》（社会科学版）2005 年第 1 期。

李邦媛：《美国电视观众的收视率》，《当代电视》1987 年第 4 期。

李炳慧：《学者流动性对澳大利亚文化研究的影响——以约翰·费斯克为例》，《黑龙江社会科学》2015 年第 3 期。

李鹏：《论"文本间性"思想与约翰·费斯克电视文本接受观》，《国际新闻界》2012 年第 12 期。

廖圣清：《西方受众研究新进展的实证研究》，《新闻大学》2009 年第 4 期。

林福岳：《阅听人地理学——以民族志法进行阅听人研究之缘起与发展》，《新闻学研究》2008 年第 4 期。

刘军：《女性主义方法研究》，《妇女研究论丛》2002 年第 1 期。

刘立刚、陶丽：《文化研究学派中"受众"意识的流变》，《中央民族大学学报》（哲学社会科学版）2013 年第 6 期。

刘晓红：《行为主义和传播研究》，《新闻与传播研究》1998 年第 9 期。

刘新慧：《解读肥皂剧消费的"快感机制"》，《当代传播》2010 年第 2 期。

刘燕南：《〈受众分析〉：解读与思考》，《现代传播》2006 年第 1 期。

刘燕南：《麦奎尔学术背景探源》，《国际新闻界》2013 年第 1 期。

刘燕南：《数字时代的受众分析——〈注意力市场〉的解读与思考》，《国际新闻界》2017 年第 3 期。

［英］刘易斯：《你在收看我么?》，胡正荣译，《世界电影》1994 年第 3 期。

陆亨：《使用与满足：一个标签化的理论》，《国际新闻界》2011 年第 2 期。

路璐：《媒介、哲学、政治：西方新媒体研究的三大面向》，《南京社会科学》2015 年第 5 期。

吕晓志：《历史·理论·意义：西方女性主义电视批评综述》，《现代传播》2013 年第 4 期。

马驰：《伯明翰与法兰克福——两种不同的文化研究途径》，《西北师范大学学报》2005年第2期。

马薇薇：《肥皂剧的魅力》，《中华女子学院学报》2009年第2期。

毛珺琳：《媒介环境学电视理论研究》，博士学位论文，中国艺术研究院，2017年。

梅琼林、胡力荣、袁光锋：《关于受众的表述——中国传播学受众研究问题》，《河南社会科学》2011年第1期。

潘霁：《恢复人与技术的"活"关系：对"使用与满足"理论的反思》，《国际新闻界》2016年第9期。

潘萍：《论父权制意识形态及其对性别意识与女性历史主体性的影响》，《求索》2015年第10期。

[美]乔治·格伯纳、拉理·戈罗斯：《与电视共同成长：涵化过程》，石义彬译，《新闻与传播评论》2004年第6期。

单波：《在主体间交往的意义上建构受众观念——兼评西方受众理论》，《新闻与传播评论》2001年第1期。

邵培仁、姚锦云：《传播受体论：庄子、慧能与王阳明的"接受主体性"》，《新闻与传播研究》2014年第10期。

石长顺、方雪琴：《电视收视语境与文本意义的重构——评戴维·莫利的民族志受众研究》，《当代传播》2005年第6期。

隋岩：《受众观的历史演变与跨学科研究》，《新闻与传播研究》2015年第8期。

孙婕：《法兰克福学派与电视文化批评》，博士学位论文，中国艺术研究院，2015年。

王华：《从传播学走向多学科融合：欧美真实电视研究路径与启示》，《新闻大学》2012年第1期。

王怡：《传播学经验学派电视研究考论》，博士学位论文，中国艺术研究院，2017年。

王怡红：《美国传播效果研究的实用主义背景探讨》，《新闻与传播研究》1995年第4期。

吴明靖：《戴维·莫利与媒介研究》，《南阳师范学院学报》2007年第1期。

吴小英：《当知识遭遇性别——女性主义方法论之争》，《社会学研究》2003年第1期。

吴小英：《女性主义社会研究综述》，《国外社会科学》2000年第2期。

肖云：《作为生产者的受众与媒介批评——一个马克思主义的考察视角》，《西南民族大学学报》（人文社会科学版）2007年第12期。

幸小利：《新媒体环境下的受众研究范式转换与创新》，《国际新闻界》2014年第9期。

熊慧：《范式之争：西方受众研究"民族志转向"的动因、路径与挑战》，《国际新闻界》2013年第3期。

徐贲：《影视观众理论与大众文化批评》，《文艺争鸣》1996年第3期。

徐帆：《电视研究正当时：基于社会转型、媒介演进和理论纵深的思索》，《现代传播》2012年第11期。

徐翔：《"涵化"理论及其在效果研究应用中的主要矛盾》，《西南民族大学学报》（人文社会科学版）2010年第3期。

杨东篱：《伯明翰学派与文化民粹主义》，《山东社会科学》2009年第3期。

杨玲：《媒介、受众与权力：詹金斯的"融合文化"理论》，《山西大学学报》2011年第4期。

杨玲：《西方消费视野中的粉丝文化研究》，《长江学术》2011年第1期。

易前良：《美国"电视研究"的学科起源和发展》，《中国电视》2009年第5期。

易前良：《西方"电视研究"学科生成的文化渊源》，《南京社会科学》2009年第12期。

易前良:《西方电视文化研究的三种范式》,《现代传播》2006年第5期。

殷乐:《媒介融合环境下欧美受众研究的范式转换》,《新闻与传播研究》2010年第6期。

臧海群:《走向综合、全面的阅听人理论》,《新闻大学》2005年第2期。

臧海群、张国良:《受众研究的跨学科性质与方法——兼论建立跨学科的受众研究》,《现代传播》2005年第4期。

臧海群、邹驯智:《受众:历史渊源和研究起源》,《湖南师范大学社会科学学报》2005年第3期。

张放:《非浸入式诠释性探究:方法论视野下"受众民族志"的重新定位及其当代意义》,《新闻与传播研究》2015年第2期。

张亮:《雷蒙·威廉斯"文化唯物主义"视域中的电视》,《文化研究》2008年第4期。

张玉良:《多元赢利:美国有线电视网给我们的启示》,《视听界》2010年第4期。

张玉佩:《从媒介影像观照自己:观展/表演典范之初探》,《新闻学研究》2005年第82期。

章辉:《电视话语与阶级斗争——斯图亚特·霍尔〈编码/解码〉的文本主题》,《学习与探索》2012年第4期。

赵永华、姚晓鸥:《媒介的意识形态批判抑或受众研究:霍尔模式的现象学分析》,《国际新闻界》2013年第11期。

赵勇:《阿多诺〈文化工业述要〉的文本解读》,《贵州社会科学》2011年第6期。

郑大群:《西方女性主义电视批评》,《求索》2004年第6期。

周莉:《电视观看与受众认知培养:关于涵化研究的后设分析》,博士学位论文,华中科技大学,2009年。

周晓红:《认同理论:社会学与心理学的分析路径》,《社会科学》2008年第4期。

(三) 译著

［英］阿兰·斯威伍德：《大众文化的神话》，冯建三译，生活·读书·新知三联书店 2003 年版。

［美］艾英戈、［美］金德：《至关重要的新闻——电视与美国民意》，刘海龙译，新华出版社 2004 年版。

［法］埃里克·麦格雷：《传播理论史——一种社会学的视角》，刘芳译，中国传媒大学出版社 2009 年版。

［俄］安娜耶夫：《人学——未来世纪的热点》，龚浩然等译，北京广播学院出版社 1993 年版。

［英］安东尼·吉登斯：《现代性与自我认同》，赵旭东等译，生活·读书·新知三联书店 1998 年版。

［美］安东尼·奥勒姆：《政治社会学导论》，董云虎等译，浙江人民出版社 1998 年版。

［英］安东尼·吉登斯：《为社会学辩护》，周红云、陶传进、徐阳译，社会科学文献出版社 2003 年版。

［英］安东尼·吉登斯：《现代性的后果》，田禾译，译林出版社 2000 年版。

［英］安东尼·古登斯：《社会学方法的新规则——一种对解释社会学的建设性批判》，田佑中、刘江涛译，社会科学文献出版社 2003 年版。

［英］安吉拉·麦克罗比：《文化研究的用途》，李庆本译，北京大学出版社 2007 年版。

［英］奥利费·博伊德-巴雷特、［英］克里斯·纽博尔德：《媒介研究的进路》，汪凯等译，新华出版社 2004 年版。

［法］鲍德里亚：《消费社会》，刘成富等译，南京大学出版社 2000 年版。

［美］保罗·莱文森：《数字麦克卢汉》，何道宽译，社会科学文献出版社 2001 年版。

［法］保罗·利科：《解释学与人文科学》，陶远华、袁耀东等译，河北人民出版社1987年版。

［美］彼得斯：《交流的无奈——传播思想史》，何道宽译，华夏出版社2003年版。

［美］贝斯特、［美］凯尔纳：《后现代理论》，张志斌译，中央编译出版社1999年版。

［美］大卫·莫里森：《寻找方法：焦点小组和大众传播研究的发展》，柯惠新、王宁译，新华出版社2004年版。

［美］大卫·理斯曼等：《孤独的人群：美国人性格变动之研究》，刘翔平译，辽宁人民出版社1989年版。

［美］大卫·克罗图、［美］威廉·霍伊尼斯：《媒介·社会：产业、形象与受众》，邱凌译，北京大学出版社2009年版。

［美］丹尼尔·杰·切特罗姆：《传播媒介与美国人的思想——从莫尔斯到麦克卢汉》，曹静生等译，中国广播电视出版社1991年版。

［美］丹尼尔·贝尔：《后工业社会的来临——对社会预测的一项探索》，高恬等译，新华出版社1997年版。

［美］丹尼尔·贝尔：《资本主义文化矛盾》，赵一凡等译，生活·读书·新知三联书店1992年版。

［英］丹尼斯·麦奎尔：《受众分析》，刘燕南等译，中国人民大学出版社2006年版。

［英］丹尼斯·麦奎尔、［瑞典］温德尔：《大众传播模式论》，祝建华译，上海译文出版社2008年版。

［英］丹尼斯·麦奎尔：《大众传播理论》，潘邦顺译，风云论坛出版社1996年版。

［英］丹尼斯·麦奎尔：《麦奎尔大众传播理论》（第四版），崔保国、李琨译，清华大学出版社2006年版。

［英］戴维·莫利：《电视、受众与文化研究》，史安斌译，新华出版

社 2005 年版。

［英］戴维·莫利：《传媒、现代性和科技》，郭大为等译，中国传媒大学出版社 2010 年版。

［英］戴维·莫利、［英］罗宾斯：《认同的空间——全球媒介、电子世界景观与文化边界》，司艳译，南京大学出版社 2001 年版。

［美］戴扬、［美］卡茨：《媒介事件》，麻争旗译，北京广播学院出版社 2000 年版。

［美］道格拉斯·凯尔纳：《后现代理论——批判性的质疑》，张志斌译，中央编译出版社 1999 年版。

［美］道格拉斯·凯尔纳：《媒体文化——介于现代与后现代之间的文化研究、认同性与政治》，丁宁译，商务印书馆 2004 年版。

［美］德弗勒、［美］丹尼斯：《大众传播通论》，严建军等译，华夏出版社 1989 年版。

［法］迪尔凯姆：《社会学方法的准则》，狄玉明译，商务印书馆 1995 年版。

［美］杜威：《人的问题》，傅统先等译，上海人民出版社 1986 年版。

［英］多米尼克·斯特里纳蒂：《通俗文化论导论》，阎嘉译，商务印书馆 2001 年版。

［美］范伯格：《自由、权利和社会正义》，王守昌等译，贵州人民出版社 1998 年版。

［澳］弗吉尼亚·奈廷格尔、［英］卡伦·罗斯：《批评性读本：媒介与受众》，北京大学出版社 2007 年版。

［美］弗雷德里克·詹姆逊：《文化转向》，胡亚敏等译，中国社会科学出版社 2000 年版。

［法］古斯塔夫·勒庞：《乌合之众——大众心理研究》，冯克利译，中央编译出版社 2000 年版。

［英］格雷：《文化研究——民族志方法与生活文化》，许梦云译，重

庆大学出版社 2009 年版。

［英］古德温、［英］惠内尔：《电视的真相》，魏礼庆、王丽丽译，中央编译出版社 2001 年版。

［德］哈贝马斯：《公共领域的结构转型》，曹卫东等译，学林出版社 1999 年版。

［德］哈贝马斯：《交往与社会进化》，张博树译，重庆出版社 1993 年版。

［德］哈贝马斯：《交往行动理论》（一、二卷），洪佩郁等译，重庆出版社 1996 年版。

［德］汉斯·罗伯特·姚斯：《审美经验与文学解释学》，顾建光等译，上海译文出版社 1997 年版。

［美］赫伯特·阿特休尔：《权力的媒介》，黄煜等译，华夏出版社 1989 年版。

［美］赫伯特·席勒：《大众传播与美帝国》，刘晓红译，上海译文出版社 2013 年版。

［美］华生：《行为主义》，李维译，浙江教育出版社 1999 年版。

［美］哈特：《传播学批判研究——美国的传播、历史和理论》，何道宽译，北京大学出版社 2008 年版。

［英］霍尔：《表征——文化表象与意指实践》，徐亮、陆兴华译，商务印书馆 2003 年版。

［德］霍克海默、［德］阿多诺：《启蒙辩证法》，渠敬东、曹卫东译，上海人民出版社 2006 年版。

［美］哈罗德·拉斯韦尔：《世界大战中的宣传技巧》，张洁等译，中国人民大学出版社 2003 年版。

［美］亨利·斯蒂尔康马杰：《美国精神》，杨静予等译，光明日报出版社 1988 年版。

［美］亨利·詹金斯：《融合文化——新媒体和旧媒体的冲突地带》，杜永明译，商务印书馆 2012 年版。

［美］亨利·詹金斯等:《参与的胜利:网络时代的参与文化》,高芳芳译,浙江大学出版社 2017 年版。

［美］亨利·詹金斯:《文本盗猎者:电视粉丝与参与式文化》,郑熙青译,北京大学出版社 2016 年版。

［英］吉姆·麦克盖根:《文化民粹主义》,桂万先译,南京大学出版社 2001 年版。

［美］加里·埃杰顿:《美国电视史》,李银波译,中国人民大学出版社 2012 年版。

［美］科尼利斯·瓦尔:《皮尔士》,郝长墀译,中华书局 2003 年版。

［法］孔德:《论实证精神》,黄建华译,商务印书馆 1996 年版。

［美］库恩、金吾伦:《科学革命的结构》,胡新和译,北京大学出版社 2003 年版。

［美］理斯曼:《孤独的人群》,王昆等译,南京大学出版社 2002 年版。

［美］理查德·布茨:《美国受众成长记》,王瀚东译,华夏出版社 2007 年版。

［美］理查德·沃林:《文化批评的观念》,张闰清译,商务印书馆 2000 年版。

［美］理查德·韦斯特、［美］林恩·特纳:《传播理论导引:分析与应用》(第 2 版),中国人民大学出版社 2007 年版。

［美］劳拉·斯·蒙福德:《午后的爱情与意识形态——肥皂剧、女性及电视剧种》,林鹤译,中央编译出版社 2000 年版。

［美］隆·莱博:《思考电视》,葛忠明译,中华书局 2005 年版。

［英］利萨·泰勒、［英］安德鲁·威利斯:《媒介研究:文本、机构与受众》,吴靖、黄佩译,北京大学出版社 2005 年版。

［英］雷蒙·威廉斯:《文化与社会》,高晓玲译,吉林出版集团 2011 年版。

［英］雷蒙·威廉斯:《电视、科技与文化形式》,冯建三译,远流出

版有限公司 1992 年版。

［美］理查德·沃林：《文化批评的观念》，张国清译，商务印书馆 2000 年版。

［美］洛厄里、德弗勒：《大众传播效果研究的里程碑》，刘海龙等译，中国人民大学出版社 2004 年版。

［美］罗伯特·艾伦编：《重组话语频道：电视与当代批评理论》，牟岭译，北京大学出版社 2008 年版。

［英］罗杰·迪金森等：《受众研究读本》，单波译，华夏出版社 2006 年版。

［英］罗杰·西尔弗斯通：《电视与日常生活》，陶庆梅译，江苏人民出版社 2004 年版。

［美］罗杰斯：《传播学史：一种传记式的方法》，殷晓蓉译，上海译文出版社 2005 年版。

［美］罗兰·罗伯森：《全球化——社会理论和全球文化》，梁光严译，上海人民出版社 2000 年版。

［德］马克思、恩格斯：《马克思恩格斯全集》（第 1、16、23 卷），人民出版社 1982 年版。

［美］马尔库塞：《单向度的人》，张峰等译，重庆出版社 1993 年版。

［美］马丁·杰伊：《法兰克福学派史》，单世联译，广东人民出版社 1998 年版。

［德］马克斯·韦伯：《新教伦理与资本主义精神》，于晓等译，生活·读书·新知三联书店 1992 年版。

［德］马克斯·韦伯：《社会科学方法论》，李秋零等译，中国人民大学出版社 1999 年版。

［美］马克·波斯特：《第二媒介时代》，范静晔译，南京大学出版社 2000 年版。

［美］马克·波斯特：《信息方式》，范静晔译，商务印书馆 2000 年版。

［美］马尔库塞：《单向度的人》，刘继译，上海世纪出版集团2008年版。

［加］马歇尔·麦克卢汉：《理解媒介——论人的延伸》，何道宽译，商务印书馆2000年版。

［英］迈克·费瑟斯通：《消费文化与后现代主义》，刘精明译，译林出版社2000年版。

［美］米德：《心灵、自我与社会》，赵月瑟译，上海译文出版社1992年版。

［英］弥尔顿：《论出版自由》，吴之椿译，商务印书馆1996年版。

［英］尼古拉斯·阿伯克龙比：《电视与社会》，张永喜等译，南京大学出版社2001年版。

［英］尼克·史蒂文森：《认识媒介文化》，史安斌译，商务印书馆2001年版。

［美］欧文·戈夫曼：《日常生活中的自我呈现》，冯钢译，北京大学出版社2016年版。

［美］帕森斯：《现代社会的结构与过程》，梁向阳译，光明日报出版社1988年版。

［美］乔治·H. 米德：《心灵、自我与社会》，赵月瑟译，上海译文出版社1997年版。

［美］R－E. 帕克等：《城市社会学》，宋俊岭等译，华夏出版社1987年版。

［法］让－诺埃尔·让纳内：《西方媒介史》，段慧敏译，广西师范大学出版社2005年版。

［美］斯坦利·费什：《读者反应批评：理论与实践》，文楚安译，中国社会科学出版社1998年版。

［美］斯坦利·巴兰：《大众传播理论：基础、争鸣与未来》，曹书乐译，清华大学出版社2014年版。

［美］斯蒂文·小约翰：《传播理论》，陈德民等译，中国社会科学出

版社 1999 年版。

[英] 斯图亚特·霍尔：《表征——文化表征和意指实践》，徐亮、陆兴华译，商务印书馆 2013 年版。

[英] 索尼娅·利文斯通：《理解电视：受众解读的心理学》，龙耘译，新华出版社 2006 年版。

[英] 泰玛·利贝斯、[美] 卡茨：《意义的输出——达拉斯的跨文化解读》，刘自雄译，华夏出版社 2003 年版。

[英] 汤林森：《文化帝国主义》，冯建三译，上海人民出版社 1999 年版。

[美] 托马斯·库恩：《科学革命的结构》，金吾伦、胡新和译，北京大学出版社 2003 年版。

[奥] 威尔海姆·赖希：《法西斯主义群众心理学》，张峰译，重庆出版社 1997 年版。

[美] 威廉·詹姆士：《实用主义》，陈羽纶等译，商务印书馆 1979 年版。

[美] 沃纳·赛佛林、[美] 小詹姆斯·坦卡德：《传播理论——起源、方法和应用》，郭镇之等译，华夏出版社 2000 年版。

[美] 威尔伯·施拉姆、[美] 波特：《传播学概论》，陈亮等译，新华出版社 1984 年版。

[加] 文森特·莫斯可：《传播政治经济学》，胡正荣等译，华夏出版社 2000 年版。

[加] 文森特·莫斯可：《传播：在政治和经济的张力下》，胡正荣等译，华夏出版社 2000 年版。

[美] 伊莱休·卡茨等：《媒介研究经典文本》，常江译，北京大学出版社 2011 年版。

[英] 约翰·费斯克：《解读大众文化》，杨全强译，南京大学出版社 2001 年版。

[英] 约翰·费斯克：《电视文化》，祁阿红、张鲲译，商务印书馆 2005 年版。

［英］约翰·费斯克：《传播符号学导论》，远流出版事业股份有限公司1995年版。

［英］约翰·费斯克：《传播研究导论：过程与符号》，许静译，北京大学出版社2008年版。

［英］约翰·费斯克：《理解大众文化》，王晓珏、宋伟杰译，中央编译出版社2006年版。

［英］约翰·费斯克等：《关键概念：传播与文化研究辞典》，李彬译注，新华出版社2004年版。

［英］约翰·斯道雷：《文化理论与大众文化导论》（第五版），常江译，北京大学出版社2010年版。

［英］约翰·塔洛克：《电视受众研究——文化理论与方法》，严忠志译，商务印书馆2004年版。

［美］詹姆斯·韦伯斯特：《注意力市场：如何吸引数字时代的受众》，郭石磊译，中国人民大学出版社2017年版。

［美］詹姆斯·韦伯斯特等：《视听率分析：受众研究的理论与实践》，王兰柱、苑京燕译，华夏出版社2004年版。

［美］詹姆斯·沃克、［美］道格拉斯·弗格森：《美国广播电视产业》，陆地、赵丽颖译，清华大学出版社2005年版。

二　英文文献

Aden, Michael J., *Living-room War*, NY: The Viking Press, 1969.

A. F. Weber, *The Growth of Cities in the Nineteenth Century*, A Study in Statistics, New York, 1963.

Allen, Robert Clyde, *Speaking of Soap Operas*, Chapel Hill: University of North Carolina Press, 1985.

Allan, Stuart, *Raymond Williams and the Culture of Televisual*, *Flow edited by Wallace*, Jeff, Raymond Williams Now: Knowledge, Limits and the Future, NY: St. Martin's Press, 1997.

Akert, R. M., Panter, A. T., *Extraversion and the Ability to Decode Monverbal Communication*, Personality and Individual Differences, 1988.

Amanda, Lotz, On "Television Criticism": The Pursuit of the Critical Examination of a Popular Art, *Popular Communication*, 2008 (6).

Amanda D. Lotz, Post feminist Television Criticism: Rehabilitating Critical Terms and Identifying Post feminist Attribute, *Feminist Media Studies*, 2001 (1).

Annette Hill, *Shocking Entertainment: Viewer Response to Violent Movies*, Luton: John Libbey Media, 1997.

Annette Hill, Reality TV: Audiences and Popular Factual Television, *Routledge*, 2005.

Annette Hill, Paranormal Media: Audiences, Spirits and Magic in Popular Culture, *Routledge*, 2011.

Auter, P. J., TV that talks back: An experimental validation of a parasocial interaction scale, *Journal of Broadcasting and Electronic Media*, 1992.

Blumer, H., The mass, the public and public opinion, in A. M. Lee (ed.), *New Outlines of the Principles of Sociology*, New York: Barnes and Noble, 1939.

Boddy, William, *Fifties Television: the industry and its Critics*, Urbana and Chicago: University of Illinois Press, 1990.

Bonnie Dow, Primetime Feminism: Television, Media culture, and the women's Movement since 1970, *University of Pennsylvania press*, 1996.

Bryant, J., Miron, D., *Theory and Research in Mass Communication*, Journal of Communication, Vol. 54, No. 4, 2004: 662 – 704.

Brown, Nick, *The Political Economy of the TV Super Text*, Quarterly Review of Film Studies, No. 3, 1984 (9).

Bucy, Eric, *Living in the Information Age*, CA: Wadsworth Group, 2002.

Brunsdon, C., *The Feminist, the Housewife and the Soap Opera*, Oxford: Clarendon Press, 2000.

Brunsdon, C., *Screen Tastes: Soap Opera to Satellite Dishes*, London: Routledge, 1997.

Brunsdon, C., *Morley D. Everyday Television: Nationwide*, London: British Film Institute, 1978.

Carragee, K. M., *Interpretive Media Study and Interpretive Social Science*, Critical Studies in Mass Communication, Vol. 7, No. 2, 1990.

Cawelti, John, *Formula and Genre: Reconsider Once Again. Mystery, Violence and Popular Culture*, Wisconsin: The University of Wisconsin Press, 2003.

Charlotte Brunsdon, David Morley, *The Nationwide Television Studies*, London, New York: Routledge, 1999.

Clapper, Joseph, T., *The Effects of Mass Communication*, NY: Free, 1967.

Corner, J., *Critical Ideas in Television Studies*, Oxford England, Clarendon Press, 1999.

Curran, J., The new revisionism in mass communication research: a reappraisal, *Europe Journal of Communication*, Vol. 5, No. 2 – 3, 1990.

Dahlgren, P., *Television and the Public Sphere: Citizenship, Democracy and the Media*, London: Sage, 1995.

Dallas Smythe, Thomas Guback, *Counterclockwise: Perspectives on Communication*, Boulder: West view Press, 1992.

Dallas W. Smythe, *Television in Relation to Other Media and Recreation in American Life*, Hollywood Quarterly, Vol. 4, No. 3 (Spring, 1950).

Dallas W. Smythe, *The Consumer's Stake in Radio and Television*, The Quarterly of Film Radio and Television, Vol. 6, No. 2 (Winter) 1951.

Dallas W. Smythe, *What TV Programming Is like*, The Quarterly of Film Radio and Television, Vol. 7, No. 1 (Autumn, 1952).

Dallas W. Smythe, Television: TV Programs We Haven't Seen, *Audio Visual Communication Review*, Vol. 3, No. 3 (Summer, 1955).

Dallas W. Smythe, *Time, Market and Space Factors in Communication Economics*, Journalism & Mass Communication Quarterly, 1962.

Dallas W. Smythe, Communications: Blindspot of Western Marxism, *Canadian Journal of Political and Society Theory*, 1977, 1 (3).

Dallas W. Smythe, A National Policy on Television?, *The Public Opinion Quarterly*, Vol. 14, No. 3 (Autumn, 1950).

Dallas W. Smythe, Reality as Presented by Television, *The Public Opinion Quarterly*, Vol. 18, No. 2 (Summer, 1954).

Dallas W. Smythe, Television: Dimensions of Violence, *Audio Visual Communication Review*, Vol. 3, No. 1 (Winter) 1955.

David Morley, *Family Television: Cultural Power and Momestic Leisure*, London: Comedia, 1986.

David Gauntlet, Ten things wrong with the effects model, in Dickinson, Harindranath & Linne, eds., *Approaches to Audiences*, London: Arnold, 1998.

David Gauntlet, Creative Explorations: New Approaches to Identities and Audiences, *Routledge*, 2007.

Dunnett, P., *The World Television Industry: An economic analysis*, NY & London: Routledge, 1990.

Douglas Kellner, Overcoming the Divide: Cultural Studies and Political Economy, in Marjorie Ferguson and Peter Golding (eds) *Cultural Studies in Question*, Thousand Oaks: Sage. 1997. (R)

Dorothy Hobson, Housewives and the Mass Media, in Stuart Hall, Dorothy Hobson, Andrew Lowe & Paul Willis eds. *Culture, Media, Language: Working Papers in Cultural Studies 1972-79*, London: Hutchinson, 1980.

Dorothy Hobson, "Crossroads": The Drama of a Soap Opera, London: Methuen, 1982.

Dorothy Hobson, *Soap Opera*, Boston: Polity Press, 1988.

Donald Horton, Anselm Strauss, Interaction in Audience-Participation Shows, American Journal of Sociology, Vol. 62, No. 6 (May, 1957).

Ellis, John, *Visible Fictions*, London: Routledge & Kegan Paul, 1982.

Elliott, P., Uses and gratifications: a critique and sociological alternative, mimeo, *Centre of Mass Communications Research*, University of Leicester, 1973.

Fiske, J., *Reading the Popular*, London: Routledge, 1989.

Fiske, J., The Cultural Economy of Fandon, In L. Lewis (ed.), *The Adoring Audience: Fan Culture and Popular Media*, London & NY: Routledge, 1992.

Gayle Rubin, The Traffic in Women: Notes on the "Political Economy" of Sex, in R. Reiter, ed., *Toward an Anthropology of Women*, New York: Monthly Review Press, 1975.

Gandy, O., Tracking the Audience, in J. Downing, A. Mohammadi & A. Sreberny-Mohammadi (eds), *Questioning the Media*, pp. 166-79. Newbury Park: Sage, 1990.

Gitlin, T., Media Sociology: The Dominant Paradigm, *Theory and Society*, Vol. 6, No. 2 (Sep., 1978).

Graham Murdock, Blindspots about Western Marxism: A Reply to Dallas Smythe, *Canadian Journal of Political and Social Theory*, 1978 (2).

Grant, A. E., Guthrie, K. K. & Ball-Rokeach, S. J., Television shopping: A media system dependency perspective, *Communication Research*, 1991, 18 (6).

Hall, Stuart, "Encoding/decoding", in Stuart Hall et al. eds., *Culture, Media*, Language: Working Papers in Cultural Studies, London: Routledge, 1980.

Hall, S., Encoding and decoding in the television discourse, in Gray, A. et al. (eds), *CCCS Selected Working Papers* (Vol. 2), London: Routledge, 2007.

Hall, Stuart, Introduction to Media Studies at the Centre, in S. Hall, D. Hobson, A. Lowe and P. Willis (eds), *Culture, Media*, Language.

Hall, S., Notes on deconstruction "the popular", in Samuel, R. (ed.), *People's History and Socialist Theory*, London: Routledge and Kegan Paul, 1981.

Hine, C., Towards ethnography of television on the Internet: a mobile strategy for exploring mundane interpretive activities, *Media, Culture & Society*, 2011.

Hobson, D., *Crossroads: the drama of a soap opera*, London: Methuen, 1982.

Haraolovich, Lauren Rabinovitz, eds., Television History, and American Culture, Duke University Press, 1999.

Helen Davis, *Understanding Stuart Hall*, London: Sage Publications Ltd., 2004.

Horton, D., Strauss, A., Interaction in audience-participation shows, *The American Journal of Sociology*, 1957.

Horton, D. & Wohl, R. R., Mass communication and para-social interaction, *Psychiatry*, 19, 1956.

Ien Ang, *Desperately Seeking the Audience*, London: Routledge, 1991.

Ien Ang, Culture and communication: towards an ethnographic critique of media consumption in the transnational media system, *European Journal of Communication*, Vol. 5, No. 2, 1990.

Ien Ang, On the Politics of Empirical Audience Research, in M. G. Durham, D. Kellner eds., Media and Cultural Studies: Keyworks, *Blackwell Publishing*, 2001.

Ien Ang, Watching "Dallas": Soap Opera and the Melodramatic Imagination, London: Methuen, 1985.

James W. Carey, Communication as Culture, *Rutledge*, 1992.

Jhally, S. and B. Livant, Watching as Working: The Valorization of Audience Consciousness, *Journal of Communication*, 1986, 3, 6 (3).

James G. Webster, The Television Audience Audience Behavior in the New Media Environment, *Journal of Communication* (1986 – 1998), Summer 1986.

James G. Webster and Gregory D. Newton, *Structural Determinants of the Television News Audience*, Journal of Broadcasting & Electronic Media, Vol. 32, No. 4, Fall 1988.

James G. Webster, *The audience*, Journal of Broadcasting & Electronic Media, March 1998.

James G. Webster, *Beneath the Veneer of Fragmentation*, Television Audience Polarization in a Multichannel World: Journal of Communication, June 2005.

James G. Webster, *Audience Flow Past and Present: Television Inheritance Effects Reconsidered*, Journal of Broadcasting & Electronic Media, June 2006.

James G. Webster, *The Role of Structure in Media Choice*, Northwestern University, July, 2007.

James G. Webster, The Duality of Media: A Structurational Theory of Public Attention, *Communication Theory*, 2011.

James G. Webster, Thomas B. Ksiazek, The Dynamics of Audience Fragmentation: Public Attention in an Age of Digital Media, *Journal of Communication*, 2012 (62).

James Hay, Lawrence Grossberg, Ellen Wartella, *The Audience and Its Landscape*, Boulder: Westview Press, 1996.

Janet Wasko and Eileen R. Meehan, Critical Crossroads or Parallel Routes? Political Economy and New Approaches to Studying Media Industries and Cultural Products, *Cinema Journal*, Vol. 52, No. 3 (Spring) 2013.

Jenkins, Henry, Star Trek Rerun, Reread, Rewritten: Fan Writing as Textual Poaching, *Critical Studies in Mass Communication*, June 1988.

Jensen, K. B., Rosengren, K. E., *Five traditions in Search of the Audience European*, Journal of Communication, Vol. 5, No. 2, 1990.

Jensen, J., Fandom as pathology: the consequences of characterisation, In L. Lewis (ed.), *The adoring audience: fan culture and popular media*, London: Routledge, 1992.

Jenkins, H., *Textual poachers: television fans and participatory cultures*, London: Routledge, 1992.

John Corner, Meaning, genre and context, in J. Curran, M. Gurevitch, *Media and Society*, London: Edward Arnold, 1991.

John Comer, Studying Media: Problems of Theory and Method, Edinburgh University Press, 1998.

John Comer, Meaning, genre and context, in J. Curran, M. Gurevitch, eds., *Mass Media and Society*, London: Edward Arnold, 1991.

John Fiske, The Cultural Economy of Fandom, The Adoring Audience: Fan

Culture and popular Media, ed., *Lisa Lewis*, London Routledge, 1992.

Julie D. Acci, Defining Woman: Television and the Case of Cagney & Lacey, *University of North Carolina Press*, 1994.

Katz, E., Mass Communication Research and the Study of Popular Culture: An Editorial Note on a Possible Future for This Journal, *Studies in Public Communication*, Vol. 2, No. 1, 1959.

Kim, S., Rereading David Morley's the "Nationwide" Audience, *Cultural Studies*, Vol. 18, No. 2, 2004.

Kortti, J., Multidimensional social history of television: social uses of Finnish television from the 1950s to the 2000s, *Television & New Media*, 2011, 12 (4).

Kuan-Hsing Chen, A Working Bibliography: Writings of Stuart Hall, *Journal of Communication Inquiry*, Vol. 10, No. 2, 1986.

Laura Stempel Mumford, Feminist Theory And Television Studies in C. Geraghty and D. Lusted, London: Arnold Publishing, 1998.

Lave, J., Duguid, P., Fernandez, N., Axel, E., Coming of Age in Birmingham: Cultural Studies and Conceptions of Subjectivity, *Annual Review of Arthropology*, Vol. 21, 1992.

Lull, J., *The Social Uses of Television*, Human Communication Research, Vol. 6, No. 3, 1980.

Livingstone, S., The rise and fall of audience research: an old story with a new ending, *Journal of Communication* 9, Vol. 43, No. 4, 1993.

Livingstone, S., The Challenge of Changing Audiences, or, What is the Audience Researcher to do in the Age of the Internet?, *European Journal of Communication*, Vol. 19, No. 1, 2004.

Livingstone, S., Relationships between media and audiences: prospects for future audience reception studies, In T. Liebes & J. Curran (eds.), *Media*, ritual and identity: essays in honor of Elihu Katz, London: Routledge, 1998.

Lull, J., *The social uses of television*, Human Communications Research, 1980, 6 (3).

Laura Stempel Mumford, Feminist Theory And Television Studies in C. Geraghty and D. Lusted, London: Arnold Publishing, 1998.

Laura Stempel Mumford, *Women's issues: An annotated bibliograp*, London: Arnold Publishing, 1989.

Laura Stempel Mumford, *Stripping on the girl channel: lifetime*, thirty something and television form. Camera obscura, 1994 (5).

Levy Mark, *Watching TV News as Para-Social Interaction*, Journal of Broadcasting, 1979 (1).

Mary Kelly, *The Television Audience: A Research Review*, Irish Communication Review, Vol. 1, Iss. 1, Article 2.

Marie Gillespie, *Television, Ethnicity and Cultural Change*, New York: Routledge, 1995.

Meehan, E., Ratings and the institutional Approach: a third answer to the commodity question, *Critical Studies in Mass Communication*, 1984, 1 (2).

Meehan, E., Commodity Audience, Actual Audience: The Blindspot Debate, In J. Wasko, V. 403. Mosco, M. Pendakur (eds.) illuminating the blindspots: essays honoring Dallas W. Smythe. Norwood, Ablex Publishing Corporation, 1993.

Meehan, E., Commodity, Culture, Common Sense: Media Research and Paradigm Dialogue, *The Journal of Media Economics*, 1999, 12 (2).

Meehan, E., Watching Television: A Political Economic Approach. Edited by Janet Wasko, A Companion to Television, *Blackwell Publishing*

Ltd. , 2005.

Meehan, E. , Understanding How the Popular Becomes Popular: The Role of Political Economy in the Study of Popular Communication, *Popular Communication*, 5 (3), 2007.

Meehan, E. , Mia Consalvo. Introducing the Issues: An Interview with Eileen Meehan, *Journal of Communication Inquiry*, 23: 4 (October 1999).

Meehan, E. , Between Political Economy and Cultural Studies: Towards a Refinement of American Critical Communication Research, *Journal of Communication Inquiry*, 10 (3), 1986.

Media Group (Hall, S. , Connell, I. and Curti, L.), "The 'Unity' of Current Affairs Television", *CCCS Selected Working Papers* (Vol. 2), Routledge, 2007.

Merri Lisa Johnson, ed. , Third Wave Feminism and Television: Jane Put in a Box. I. B. Tauris, 2007.

Miyazaki, T. , House wives and daytime serials in Japan: A uses and gratifications perspective, *Communication Research*, 8 (3), 1981.

Morley, D. , *Family Television*, London: Comedia/Routledge, 1986.

Morley, D. , Silverstone, R. Communication and context: ethnographic perspectives on the media audience, In K. B. Jensen & N. Jankowski (eds.), *A handbook of qualitative methodologies for mass communication research*, London: Routledge, 1991.

Morley, D. , Theoretical orthodoxies: textualism, constructivism, and the "new ethnography" in cultural studies, In M. Ferguson & P. Golding (eds.), *Cultural studies in question*, London: Sage, 1997.

Morley, D. , *Unanswered questions in audience research*, The Communication Review, 2006, 9 (2).

Morley, D. , Silverstone, R. Domestic communication: technologies and meanings Media, *Culture & Society*, 1990, 12 (1).

Morley, D., *Family Television: Cultural power and Domestic Leisure*, London: Comedia, 1986.

Morse, J. M., Designing Funded Qualitative Research, in Norman K. Denzin, Yvonna S. Lincoln (eds.), *Handbook of Qualitative Research*, Thousand Oaks: Sage, 1994.

Moores, S., *Interpreting audience: the ethnography of media consumption*, London: Sage, 1993.

Murphy, P., Kraidy, M., International communication, ethnography, and the challenge of globalization, *Communication Theory*, 2003, 13 (3).

Meehan, E., Ratings and the Institutional Approach: A Third Answer to the Commodity Question, *Critical Studies in Mass Communication*, 1984, 1 (2).

Maxwell, R., The Image is Gold: Value, the Audience Commodity, and Fetishism, *Journal of Film & Video*, 43, 1991 (1).

Mosco, V., *The Political Economy Of Communication: Rethinking And Renewal*, London: Sage, 1996.

Murdock, Garham, *Blindspots about Western Marxism*, Canadian Journal of Political and Social Theory, 1978, 2 (2).

Newcome, H. ed., *Television: The Critical View* (5th edition), New York: Oxford University Press, 1994.

Nightinggale, G. V., *Studying Audiences: The Shock of the Real*, London: Routledge, 1996.

Newcomb Horace, *Television: the Most Popular Art*, NY: Anchor Press, 1974.

Newcomb Horace, *The Critical View*, NY: Oxford University Press, 1976.

Newcomb Horace, On the Dialogic Aspects of Mass Communication. ed by

Avery, R. Critical Perspectives on Media and Society, 1992.

Nicholas Abercrombie, Brian Longhurst. Audiences: A Sociological Theory of Performance and Imagination, London: Sage, 1998.

Nicholas Gamham, *Contribution to a Political Economy of Mass Communication*, Media, Culture & Society, Vol. 1, 1986 (2).

Nightingale, V., What's "ethnographic" about ethnographic audience research?, *Australian Journal of Communication*, 1989, 16.

Nordlund, Jan-Erik, Media interaction, *Communication Research*, 1978, 5 (2).

O'Connor, A. ed., *Raymond Williams on Television*, London and New York: Routledge, 1989.

O'Donnell, *Victoria TV Criticism*, NY: Sage Publications, 2007.

Patricia Palmer, *The lively Audience: A Studies of Children around the TV Set*, Sydney: Allen & Unwin, 1986.

Perse, E. M., Rubin, A. M., *Chronic loneliness and television use*, Journal of Broadcasting and Electronic Media, 1990, 34 (1).

Perse, E. M., Rubin, R. B., *Attribution in social and parasocial relationships*, Communication Research, 1989, 16 (1).

Peters, J. D., The Subflety of Horkheimer and Adorno: Reading "The Culture Industry", In. Elihu Katz, John Durham Peters, Tamar Liebes and Avril Orloff (d), *Canonic Texts in Media Research*, Polity Press, 2003.

Radway, J. A., Reading the romance: women, patriarchy, and popular literature, Cbapel Hill: University of North Carolina Press, 1984.

Radway, J., Reception study: ethnography and the problem of dispersed audiences and nomadic subjects, *Cultural Studies*, 1988, 2 (3).

Robert McChesney, Rich Media, Poor Democracy: Communication Politics in Dubious Timet Urbana, *University of Illinois Press*, 1999.

Rubin, A. M. , Perse, E. M. , Powell, R. A. , Loneliness, parasocial interaction, and local television news viewing, *Human Communication Research*, 1985, 12 (2) .

Rubin, R. B. , McHugh, M. R. , *Development of para-social interaction relationships*, Journal of Broadcasting Electronic Media, 1987, 31 (3) .

Silverstone, R. , *Television and everyday life*, London: Routledge & Kegan Paul, 1994.

Sorice, M. , Mobile audiences, methodological problems and new perspectives in audience studies, *CMCS Working Papers*, Roma, 2009.

Seiter E. Borchers, E. Kreutzner, G. and Warth, E. , Don't treat up like we're so stupid and naive: towards an ethnography of soap opera viewers, in E. Seiter, H. Borchers, G. Kreutzner and E. Warth (eds), *Remote control: Television, Audiences and Cultural Power*, London: Routledge, 1989.

Spitulnik, D. , Anthropology and Mass Media, *Annual Review of Anthropology*, Vol. 22, 1993.

Tania Modleski, Feminism Without Women: Culture and Criticism in a "Postfeminist" Age, London: New York, Routledge, 1991.

Tania Modleski, Loving with a Vengeance: Mass Produced Fantasies for Women, *Rutledge*, 1994.

Tania Modleski, Feminism Without Women: Culture and Criticism in a "Postfeminist" Age, London: New York, Routledge, 1991.

Thomas B. Ksiazek, James G. Webster, Cultural Proximity and Audience Behavior: The Role of Language in Patterns of Polarization and Multicultural Fluency, Journal of Broadcasting & Electronic, Media/September 2008.

Tsao, J., Compensatory'media use: an exploration of two paradigm, *Communication Studies*, 1996, 47.

Turner, J. R., Interpersonal and psychological predictors of para-social interaction with different television performers, *Communication Quarterly*, Vol. 41, No. 4, 1993.

Williams, R., Television: Technology and Culture Fonn, Second edition, London: Fontana, 1990.

Williams, R., Raymond Williams on Television: Selected Writing, NY: Routledge, 1989.

Wilbur Schramm, Jack Lyle, and Edwin Parker, *Television in the Lives of Our Children*, Stanford, Calif, Stanford University Press, 1961.

Winship, J., *Inside wowen's magazines*, London: Pandora Press, 1987.

后　记

　　本书是我在博士论文的基础上修改而成的。

　　感谢恩师贾磊磊研究员的指引和教诲。带着对中国电视理论发展的殷切希望，贾老师把我引入电视理论研究领域，并督促我以电视受众理论为切入点研究西方电视理论。通过观察和思考，我认识到受众理论的变迁与电视媒介的发展紧密相连，因而决定将电视媒介演进与受众理论变迁结合起来进行研究。博士论文写作期间，贾老师反复阅读我的论文，提出了很多宝贵意见，鼓励我好好学习、深入研究。书稿修改过程中，贾老师又给予很多建议。感谢恩师的勉励和帮助。

　　感谢恩师隋岩教授的悉心指导。隋老师对媒介文化的研究给了我很大启发。恩师的许多精湛见解对本书稿的修改有很大的帮助。感谢潘源研究员的指教与鼓励。潘老师曾就本书稿的写作和修改给过许多建议，使我获益匪浅。

　　四川师范大学影视与传媒学院对本书的出版给与了大力资助，在此致以衷心的谢意。

　　责任编辑张玥老师细心校读本书稿，字斟句酌，为本书的出版付出了很多心血，一并致谢。

　　感谢家人在我攻读博士和博士后期间的辛勤付出，感谢他们的支持与爱。

由于受众理论研究仍在拓展和深化，电视革命还在继续，加之本人研究水平有限，书中不足之处恳请读者不吝赐教。

2023 年 5 月于四川师范大学